U0036358

必修！臺灣校園鬼故事考

謝宜安——著

Taiwanese School Ghost Stories and Where They Come From

推薦序 …… 006

前言　學校很陰，還是學生需要學校很陰？ …… 011

宿舍 …… 023

第一章　封鎖的寢室 …… 026

大學屍水宿舍 …… 028

特別的房間 …… 040

成大的「毛球」 …… 053

中原無頭鬼 …… 058

第二章　格子狀的房間 …… 064

找不到 …… 064

成大穿牆人 …… 093

成大「黑十字」 …… 098

第三章　有人在看你 …… 106

記得靠上椅子 …… 108

踢椅子 …… 115

有「人」在床下 …… 116

有「人」在床上 …… 122

紅眼睛 …… 129

第四章　詭異的室友 …… 140

溺死的室友 …… 142

夢遊挖死屍 …… 152

夢遊切西瓜 …… 167

必修！臺灣校園鬼故事考

校舍之內 177

第五章 無人的廁所 180

伸出的手 183

廁所裡的屍骨 190

廁所裡的老婆婆 196

廁所裡的哭聲 202

窺視的臉 206

紅帽子 216

第六章 深夜的特別教室 232

音樂教室鋼琴聲 234

畫像與美術教室 240

生物教室 246

第七章 逆八卦的大樓 254

文化大學大仁館 254

清華大學人社院 270

中興大學綜合大樓 274

政大綜院及其他 278

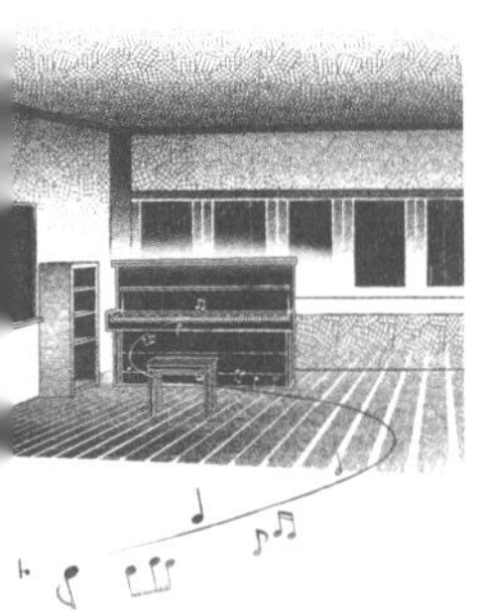

校舍之外……287
第八章　殉情女鬼……290
臺大醉月湖女鬼……290
東海女鬼橋……301
淡江宮燈姊姊……308
交大與其他學校……312
中興大學中興湖……314
香港大學女鬼……316
第九章　操場上的靈異軍人……322
操兵的靈異軍人……324
宿舍裡的靈異軍人……332
美國與日本的戰爭亡靈傳說……339
第十章　午夜幽靈公車……344
文化260公車……344
香港與日本幽靈公車……352
北京靈異公車……358
結語　女校宿舍的鏡子……369

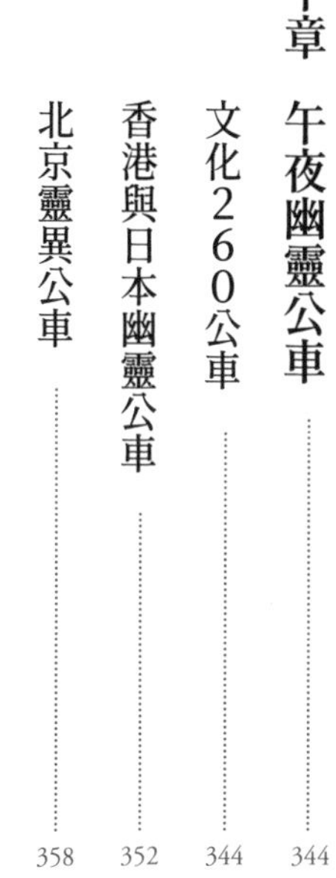

推薦序

當我們在說鬼故事時我們究竟在談論什麼？

文化研究者　曲辰

我的國高中六年生涯，都在南部一間頗具盛名的宗教機構的附屬學校度過。要說明的是，這邊所謂的附屬學校，並不是某某教會麾下或是某某教派資助這樣的概念而已，而是那間學校就在那個宗教機構裡面，你需要穿過大門、走過前庭，才能到接近後山的學校所在。

這也造成我們每次從外面帶鹹酥雞進學校，在大門到校門這段路中間，總會有種莫名其妙的罪惡感，好像油煙玷污了聖潔之地一樣。

照理說，在這種到處充滿了宗教符碼，而且走五分鐘就可以遇到一尊聖像的學校裡，應該很難有鬼故事了吧？

才怪。

什麼「學長為拚聯考週末留校不小心心臟病發作沒有人顧他所以死在寢室裡結果被封起來後來學生太多不得已才開放」啊、或是「在教學區前面的某個閉著眼睛的畫像偶爾會有人發現他在看你」這種鬼故事應有盡有。而且為了不讓宗教的效力減弱，學生間還流傳著某種「學校是三不管地帶好讓那些不可言說的存在可以有地方逃」這種結合「網開一面」成語跟奇特的風水學說的理論，好解釋到底為什麼學校可以鬧鬼這件事。

如此曲折，卻如此合理。我身為那個鬼故事流傳網的一份子，很難以一種客觀的眼光來思考為何當時的我們如此積極地傳遞鬼故事，青春期、聯考壓力大、住宿學校口耳相傳的機會大、過度密集的同儕關係會需要出口，這種種都有可能，也都無所謂。

我們需要鬼故事，因此鬼故事就出現了。

因為這種經驗的關係，我好奇鬼故事這類的恐怖敘事到底在人類的生命經驗中扮演了什麼角色，於是在唸博士班的時候寫出了大概是臺灣第一篇正面討論恐怖小說的論文〈恐懼主體與異質空間的再生產——台灣戰後恐怖小說系譜的生成〉。在這篇文章中，我以陳為民的《無聊男子的軍中鬼話》為解嚴後的鬼故事代表，強調他「在寫作上大幅度的褪去了小說的色彩，以直白、交代時空細節的某種『報導』姿態成為主要的敘事聲腔」。換句話說，由於九〇年代的特殊性，恐怖小說的「虛構」被壓抑了，而狀似真實的鬼故事則成為主要的恐怖文本形式。

由於論述策略的關係，我仍將陳為民的作品視為一種創作，而忽略了其中的重述過程，或是作者有意識地因襲了同時期的鬼故事公式來化為自己的作品，嚴格來說「軍中鬼話」更接近一種集體創作，只是眾多的鬼故事意志假陳為民之手寫出來而已。可是要處理這種集體意志的部分實在是太麻煩了，我就一直擱著沒碰。

這也就是為什麼，當我看到宜安的「校園鬼故事」時，不禁肅然起敬了起來。

這並不是她第一次處理這種民俗學式的題材，之前的《特搜！臺灣都市傳說》就是類似的作品，不過都市傳說一般都有空間或情境上的限制，不管在搜集資料或是找尋情節敘事的變體，都相對單純許多，好像在一個養殖魚塘之中打撈一樣，不能說它容易，願意花力氣總是可以做到一定的程度。

但這次的校園鬼故事研究，有點像從魚塘跳到有多條河流與湖泊貫串的水系，宜安要做的，並不只是一個故事如何變體，而是這個故事如何在不同的地方與空間遊走，這中間變形的未必是「故事的元素」，也有機會是關係性的展現，無論是基於空間的相似性，或是在人際關係上有所扣連、甚至是某種既定敘事的繼承，她都以一個較為寬廣的研究視角，將它們排比在一起，比較異同並建立一個參照點，提供讀者解讀的方向，讀來頗覺過癮。

讀者過癮，背後是宜安付出的大量心力，她搜刮了大量九〇年代以降的鬼故事出版品，以白紙黑字的形式來掌握鬼故事的基本型態，同時透過不知道怎麼上傳到 Google 論壇的 Ptt Marvel 板幾乎全部的備份，來追索鬼故事的變化型態——這邊需要說明一下，在九〇年代乃至二十一世紀初期，BBS 並不單純只是討論區這樣的存在，也具備通訊軟體、個人部落格以及社交平台的功能，雖然如今的 Marvel 板多以創作（含翻譯）或通靈王日記為主，彼時的 Marvel 板則更鬆散、更強調互動一點，也因此保留了大量的口頭傳播的痕跡。

尤有甚者，她並不會單一地認為臺灣鬼故事就只會在臺灣內部變化流傳，於是還會跟國外——特別是日本——的鬼怪敘事橫向比對，舉凡漫畫或研究者記錄下來的鬼故事，都在她討論的範圍內。

這是個大膽的企圖，而我不得不說，宜安成功地融綜了這些材料打造自己的論述資料庫，儘管有時會失之苛細瑣碎，但認真跟著她的思路，反而會理解為什麼即便是某個很細微的差異，也會是引領我們理解當時社會的核心線索。她還深怕單純的詮釋力道不足，同時熱愛動用新聞媒體來還原過去歷史，好證成自己的觀點。

然而，有件事或許值得我以一個在九〇年代度過我的國高中時期的世代身份加以補充，在書中常提到不同學校間會流傳著同樣結構的鬼故事，認為當時的跨校資訊流通早已十分發達。我自己是覺得救國團在其中可能扮演著相當重要的角色，二〇〇〇年以後出生的讀者可能未必知道，在很長的一段時間裡，救國團於寒暑假舉辦的營隊是促成當時國高中以及大學生人際關係流動的重要關鍵，一個營隊會聚集來自全臺灣的學生，並且當時的晚會往往有說鬼故事這個保留項目，所以大家都會聚在一起各自貢獻出自己學校的鬼故事，如此往復，鬼故事便成為一種集體創作的結果。

只是如今救國團式微，鬼故事也比不上電影院的猛鬼影像，鬼故事是否會喪失了它的口傳性，讓文人創作取而代之呢？

我大概在二〇二〇年左右曾經回母校拜訪老師，由於剛好是晚自習，就被抓去跟學弟妹們聊聊。這時的母校已經搬離了那個宗教機構，在空間上有著獨立性，因此我忽然好奇起他們會不會誕生什麼新的校園傳說，於是好奇問了一下，結果聽到了一個學長曾經躲到宿舍的輕鋼架天花板與屋頂間的空隙抽菸，不慎摔死，於是有人會看到學長把頭從天花板探下來的鬼故事。

我猜我聽到的時候的表情應該很複雜，因為那個學長是我們班的，就住在我高二的寢室隔壁，他真上去抽菸了，也真摔了下來，只是沒死，右腳踏破了隔板，當時我不在宿舍，聽說同學圍著他的腳狂笑了好久，還好那時手機還不發達，不然那隻腳現在應該已經成為知名的哏圖了吧。

時間隔了二十幾年，空間甚至不是同一個空間，一個事件脫去了笑話成分，轉為恐怖與陰森，照樣在這間學校的學生間流傳，我不免對鬼故事的可能性多了點信心。

也感謝宜安，在這個不那麼流行口傳鬼故事的時候，以一己之力記錄下了一個時代，讓我們可以有機會，以「校園鬼故事」為出發點，繼續好好地說鬼故事。

前言

前言——學校很陰，還是學生需要學校很陰？

我曾經以為廁所裡有花子。

那應該是我有記憶以來，第一個鬼故事時刻。我的記憶有點模糊，但應該是我到幼稚園的第一天，我還是小班的時候。我獨自一個人在上課期間進到廁所，對我來說過大的廁所裡空無一人，我能清晰的聽見自己的聲音。所有聲音都被放大，我依照大人所教的，上廁所前先敲門。但聽著自己的敲門聲，我突然感到害怕——不知道廁所裡會不會有「花子」？

那時我聽說，如果敲門時有人回敲，打開卻發現沒有人，那就是「花子」在作怪。

這是我的校園鬼故事時刻。我想很多人都經歷過這樣的時刻——放學後的校園、無人的廁所、深夜大家都睡了因此一片寂靜的宿舍……在這些時刻，突然想起來曾經聽說的鬼故事，因此不可抑止地感到害怕。

幾乎誰都聽說過一、兩個校園鬼故事，有時還不只一、兩個。我們為什麼會這麼熟悉鬼故事呢？

在幼稚園聽說「花子」後，長到高中、大學，我又聽說了更多鬼故事。對我來說，讓我意識到「鬼故事值得研究」的關鍵，是第一篇〈封鎖的寢室〉提到的「僑生屍水宿舍」故事。那是政大學弟跟我說的，一名僑生陳屍在宿舍床板的故事。學弟說，那故事發生在他宿舍。我聽說的時間大約是二〇一一年、二〇一二年之間，但我後來（約是五年後）驚訝地意識到這是個都市傳說後，去找這故事的起源，發現早在一九九五年就有BBS紀錄。我聽說時，這故事已經至少流傳了十六年。

這不是唯一一例。我高中時（二〇〇八—二〇一一）聽說的「找不到」故事，一九九六年前就能看到BBS文章；大學時（二〇一一—二〇一五）跑去臺大玩，聽臺大學長嘻笑提起的醉月湖女鬼，一九八五年時簡媜就在〈水問〉裡提過——有沒有人想過，這些鬼故事是怎麼開始流傳的？故事中間又發生了什麼樣的演變？

我對這點非常好奇，好奇得不得了。

在此之前，我寫過追索都市傳說流變的《特搜！臺灣都市傳說》，寫過《臺灣都市傳說百科》裡的「校園怪談」單元，這本書所列的校園鬼故事，性質等同都市傳說，都是「廣泛流傳且大家信以為真」的故事。這些傳說因為被視為荒誕不經，因此往往是大家都知道，卻不一定有人會去認真關心、研究的。我是那個懷抱無窮好奇心的傻子，花了大量時間，搜集上百個故事版本，就只為了搞懂它們的流傳到底是怎麼一回事。

怪力亂神的一九九〇

針對每一類型的鬼故事，我都盡可能列出我能找到的最早版本。除了少數可以追溯到一九八〇年代外，多數故事的起源與大放異彩的年代，都是一九九〇。總是一九九〇。

為什麼一九九〇年代如此重要？

那是靈異故事大量崛起、占領人們心靈的年代。一九八〇年代時，已經有一些學校裡流傳著鬼故事，例如東海女鬼橋、臺大醉月湖女鬼，但流傳媒介有限；到了一九九〇年代，全面進入靈異故事的時代——一九九一年起陳為民《無聊男子的軍中鬼話》出版，開啟了鬼故事書籍（恐怖小說）的出版熱潮。校園鬼故事也是其中一個分支，一九九一年起，黃宗斌、韓小蒂的《學校有鬼》和羅問《校園鬼話》（一九九二）等書陸續出版，在那之後出現了眾多以校園為主題的鬼故事書籍。約與此同時，各大學的 BBS 站也相繼設立，成了大學生交流傳說與各種話題的平台。一九九三年起靈異節目《鬼話連篇》掀起熱潮，後續又出現了許多靈異節目，二〇〇〇年代都在這熱潮之中……

影響所及就是，我們如今知道的多數鬼故事，包括那些你已經聽爛的鬼故事套路，都可以在這個時期的大量文本中，找到起源的身影。

準確來說，我沒有辦法說，我找到了「起源」。都市傳說的特色是，起源往往難以追尋，或許這些故事在一九八〇年代曾有人口耳相傳，但口耳相傳的紀錄，現在難以找到。我使用的媒介主要為BBS與書籍，以及少部分的靈異節目。Google論壇如今有一個備份，這個論壇的存在給我很大的幫助，讓我能用關鍵字撈到故事。雖然我不知道備份的人是誰，但我非常感謝他。這個網站的來源可能包括PTT marval板與各大BBS，但許多格式經歷轉錄已經難以辨認。儘管部分媒介情境模糊，但它依然保留了傳說討論當下人們的好奇與驚訝。

臺灣校園鬼故事的發展，約與日本「學校怪談」同時。日本的「學校怪談」熱潮在一九九〇年代初崛起，當時常光徹《學校怪談》（学校の怪談）系列（講談社KK文庫，一九九〇—一九九七）和日本民話會學校怪談編輯委員《學校怪談》（学校の怪談）系列（ポプラ社，一九九一—一九九三）先後出版，引起轟動。在那之前已經流傳於日本校園的鬼故事，在這時被整理成書，同時也催生了大量娛樂作品，包括各種學校怪談主題的電影、漫畫與動畫。我之所以會聽說「花子」，也與此有關。

我因為「花子」而感到害怕後，才開始困惑：它是男生還是女生？我竟無從想像「花子」的形象。

我不知道也是正常的。因為花子源自日本學校怪談，只有日本人才能不假思索地知道，「花子」是常見的日本女孩姓名。臺灣小孩如我當然不會知道。我出生於一九九二年，我剛進幼稚園小班時，應該是一九九六年或一九九七年吧。一九九六年二月《靈異教師神眉2》單行本出版，裡面提到了「廁所裡的花子」的傳說；一九九七年十月底，《靈異教師神眉》的動畫開始在華視上播出，花子的故事出現在動畫的第二話（播出日應為一九九七年十一月四日）。約在一九九七年開始，靈異節目《鬼話連篇》中固定穿插「學校有鬼，花子來了」的動畫，穿紅衣的花子是每集登場的友善妖怪……這都可能是「花子」故事進入臺灣、變得廣為人知的路徑。四歲的我沒有直接看，但應該有人因此知道了「花子」的故事，並把故事告訴我。無論是哪個，都可以看到這條路徑傳播得非常迅速，「花子」原本是日本的校園傳說，但很快地在幼稚園的我心中，已經成為了在地想像。

日本同樣在一九九〇年代掀起的「學校怪談」浪潮，部分影響到了臺灣。這份影響非常即時，因此對校園鬼故事略有一點了解的人，可能會認為「臺灣的校園鬼故事都是從日本的學校怪談來的」——我也想過，是這樣嗎？兩者確實有相似之處，但也不是全部照抄……因此，才需要整理並釐清「什麼是臺灣校園鬼故事的特色」。日本的學校怪談領域已經累積了許多學術成果，但臺灣的校園鬼故事中，哪些受日本學校怪談影響？哪些是臺灣獨有的？有很多問題值得討論。對我來說，這是想寫這本書的起點。

校園鬼故事的場所與元素

本書中概括校園鬼故事的「類型」，需是「廣泛流傳的傳說」（標準接近於我挑選都市傳說時）。有些故事我有聽過，知道它們經過實際流傳、擁有不少聽眾；但有部分故事我沒有聽說，因此只能從「我能搜集到幾則鬼故事文本」來判斷它是否足以成為「類型」。我的判斷基準是，假使一個故事「至少有三個不同來源，但講述同一個故事模式」，我會把它視為一個鬼故事子類型。因為假使能找到三則文本紀錄，代表背後實際流傳的範圍可能更廣。

一篇文章中，我會帶到以下幾點：

1. 校園鬼故事內容，與各種版本。
2. 列出我所看到最早版本的時間（追尋起源）。
3. 比較各鬼故事版本，拆解鬼故事中的敘事元素，包括視角、伏筆等。

3的部分是較為特別，篇幅也最長的。這些鬼故事儘管被視為實存的傳說，但它們終究是有情節、有轉折的「故事」，甚至情節與轉折，都只是為了使它變得更恐怖或更「真實」的手段而已。這都不改變它的故事本質——既然鬼故事也是「敘事」，那當然可以用敘事學方法來分析。

常光徹說學校怪談「多數以學校內的特定空間為背景」[1]。本書也以學校場所來分類，宿舍、廁所、特別教室、操場、大學……都是學校內的空間，僅「幽靈公車」一篇為通學路上。其中有些故事沒有明講在學校內，主角也幾乎都設定為學生，整體來說，這些都是以學生為講述主體的傳說。

本書前四章都是宿舍，〈封鎖的寢室〉講述那些傳說中因為「出過事」而被封鎖起來的寢室；〈格子狀的房間〉觸及宿舍寢室排列成一排、每一間都一樣的現代化空間；〈有人在看你〉則關於寢室中視線不可及的死角；〈詭異的室友〉收錄那些室友半夜出去或「回來」的故事。

除了宿舍以外，廁所也是典型的鬼故事地點。廁所明明有很多間，學校裡下課時別間廁所幾乎都有人，但鬼故事中往往廁所都空無一人（〈無人的廁所〉）。廁所鬼故事和〈深夜的特別教室〉和〈操場上的靈異軍人〉，都屬於國高中、國小容易出現的故事類型。相較之下，〈殉情女鬼〉、〈逆八卦的大樓〉、〈午夜幽靈公車〉則更傾向大學階段的鬼故事。

我參考了兩個路線的研究：臺灣部分，關於鬼故事書籍（或被劃分為恐怖小說）的研究較多，包括金儒農（即推薦序作者曲辰）〈恐懼主體與異質空間的再生產：戰後恐怖小說譜系的生成〉（二〇一二）、李家愷〈由新材料試探臺灣民間鬼故事〉（二〇一三），與陳國偉《類型風景：戰後臺灣大眾文學》中〈大器晚成的恐懼——恐怖小說〉一章（二〇一三）。日文方面，包括常光徹的經典著作《學校怪談：口傳文學的研究I》，還有更重要的，伊藤龍平、謝佳靜以日本學校怪談研究方法剖析臺灣的《現代台湾鬼譚—海を渡った「学校の怪談」》（二〇一二）。資料來源則參松谷美代子（松谷みよ子）《現代民話考〈7〉学校》，與白水社出版、由眾多民俗研究者參與編纂的《日本現代傳說》（日本の現代伝説）系列，以及朝里樹的《日本現代怪異事典》。

常光徹的《學校怪談：口傳文學的研究I》（学校の怪談　口承文芸の研究I）開頭提到，他意識到古老的口述傳統已經逐漸消亡，然而當代孩童之間卻彼此講述著鮮活的怪談，他認為這種講述行為，承襲了過去的「民俗的感覺」。學校怪談的傳播也與現代學校的秩序、學生的人際關係等有關，可說是誕生於「學校」這個獨特的空間的產物。他關於學校怪談的結論我很喜歡。為什麼學校會有這麼多怪談呢？因為在規律、枯燥的校園生活裡，學校怪談裡的那份「恐怖」，是學生少數能體驗到的深刻感受。在升學壓力的包夾下，學生們期待著、希求著「不可思議」的事物。

也就是說，學校裡之所以鬼故事那麼多，是因為學生們希望鬼故事存在。習以為常的校園空間，會因為「想像鬼的存在」，而變得不可思議起來……變得帶有那麼些「其他的可能」。我確實也曾經在聽到學校鬼故事後，對於學校，產生了更多奇異的感覺。那種感覺很難言明，不過如今回看，我覺得裡面有一些細緻的、特殊的情感。

我在查找學校鬼故事的過程中，發現幾乎多數學生多一點、知名一點的學校，輸入「校名＋鬼故事」，都能找得到一些結果。那些結果多半是該學校的靈異傳聞，否則就是有該校學生發問：「我們學校有沒有什麼鬼故事？」

而大家看得多了以後，都會意識到，「是不是所有學校都有鬼故事」——難道是，學校比其他地方都還要「陰」嗎？為什麼「所有學校都很陰」？

流傳鬼故事的是人。學校都很陰，是因為學校裡的學生，流傳著關於這所學校的鬼故事。所以真正的起源，是學生們的心靈。假使學生需要，那麼鬼故事就會誕生。因此，即便我們害怕著鬼故事，但我們也期待著、需要著鬼故事。

體例說明

1. 援引故事絕大多數經過縮寫，並非原文。縮寫方向為保留劇情特點，並刪去與主軸較無關的細節。
2. 故事引文以褐字表示，整段引文都為原文者，以楷體表示。
3. 引用故事後會以括號（）簡單標示來源（BBS 或書名）、年分等。由於 tw.bbs.rec.marvel@googlegroups.com 所轉錄的 BBS 資料來源複雜、無法一一辨別每則來源為哪一個 BBS 站，因此以 BBS 表示。
4. 來源於 Google 論壇轉錄 BBS 資料者，註腳標註「轉引自 tw.bbs.rec.marvel@googlegroups.com」，表示並非原本網路位址。來源於 PTT 網頁版者，則會標示為 PTT。

---

1 常光徹，《学校の怪談：口承文芸の研究Ⅰ》（角川ソフィア文庫，2002年）2013年電子書版，前言〈はじめに——学校の怪談のこと〉。

宿舍

在臺灣，校園鬼故事中最具代表性的空間，是「宿舍」。

無論你是不是住宿生，從小到大應該都聽過一些宿舍的鬼故事。宿舍裡鬧鬼、宿舍裡死過人、宿舍蓋在墓地上……像這樣的鬼故事很多。「宿舍鬼故事很多」說來似乎理所當然，沒什麼特別的——但若是和日本一比，就會發現，「宿舍鬼故事」其實是臺灣特色。甚至可以像日本把「廁所」視為學校怪談代表空間一樣，「宿舍」也很值得被標舉為臺灣校園鬼故事的代表空間。

日本學校怪談中，廁所登場率最高、匯聚了最多怪談，包括「花子」、「青色紙、紅色紙」、「從馬桶中伸出的手」、「窺視的臉」等眾多怪談，完全足以說明「廁所是一個特別的空間」。為什麼廁所怪談如此之多？研究日本學校怪談的學者常光徹在《學校怪談：口傳文學的研究I》裡，花了不少篇幅來分析廁所怪談。整體來說，廁所是學校的陰暗面，因上廁所而不得不暴露身體弱點的狀態，也會讓人感到不安。

在臺灣，廁所鬼故事也不少，但遠遠比不上宿舍鬼故事來得清晰，且多半簡短，然而臺灣的宿舍鬼故事，卻經常情節完整、模式清晰。無論是兩者間的數量或是完整度，都說明「宿舍鬼故事更貼近臺灣學生的心靈」（關於臺灣與日本廁所鬼故事的比較，可見第五章〈無人的廁所〉）。學生們之間也會傳說「宿舍有很多鬼故事」，高中時我是個住宿生，我聽說過「宿舍以前是刑場」、「某間活動室很陰」等故事——在當時的我心中，宿舍就是一個「鬼故事很多」的地方。如今，我和人聊起「宿舍鬼故事」，也多半只要一提起，就能夠引起對方的共鳴。學校裡有其他可以跟宿舍比擬的鬼地點嗎？沒有了，宿舍就是宿舍，沒有其他空間能比。

為什麼宿舍鬼故事這麼多呢？

我們又該如何解釋「臺灣宿舍鬼故事很多」的這個現象呢？

鬼故事是人類心靈的反映，詮釋學校怪談，就是詮釋「學校」對於學生精神世界的影響。宿舍鬼故事這麼多，必定是因為宿舍帶給我們「某種感覺」。那種感覺是什麼？為什麼這份感覺，可以源源不絕地催生這麼多鬼故事？要解開這些謎團，只能通過分析宿舍鬼故事來解答。

宿舍鬼故事眾多，以下將宿舍鬼故事依照故事模式，拆分為「封鎖的寢室」、「格子狀的房間」、「有人在看你」跟「詭異的室友」四章。每一章內不同的故事也往往彼此相關，可以比照閱讀。

01 — 封鎖的寢室

這是我高中到臺中一中參加校慶時，聽該校住宿生說的故事。

某所學校的宿舍，走廊盡頭有一間貼了封條的寢室。沒有人知道那間寢室爲什麼被封住，但是曾有一次，一位學生在門外，聽見有人在寢室內喧鬧的聲音。他原本以爲是學生在這間寢室內開 party，但實際上，寢室依然被封得好好的，並沒有打開的跡象——裡面並非學生，而是生活在這個空間裡、不是人的鬼魂。

這個臺中一中的「封閉的寢室」故事很簡單，沒有說明那間寢室封住的原因，但是鮮明呈現「封鎖的寢室」的神祕與禁忌：沒有人知道寢室封閉的原因，但那個原因必定十分禁忌，才會無法告訴人、也無法再次開放寢室。

「封鎖的寢室」是宿舍鬼故事的常見主題。許多學校的宿舍，都傳說有一間「封鎖的寢室」：那間寢室會經「出過事」（或許是學生死亡、或許是發生靈異事件），因此

在這之後被封了起來。經過幾年之後，當年的學生都已經畢業，校方因校舍不夠，因此又將封住的宿舍再度開放。新入住的學生只知道某間寢室曾經發生事件，卻不知道是哪一間。這一種敘事模式，存在於許多宿舍鬼故事中，包括流傳在各大學的「大學屍水宿舍」、將寢室改成其他用途的「特別的房間」，以及流傳在成功大學的「毛球」。

大學屍水宿舍

傳說，宿舍裡曾有一位僑生，這位僑生有宿疾，常常咳嗽。某一次長假時，僑生為了省機票錢，沒有飛回東南亞的故鄉，而是躲在空無一人的宿舍裡。一天，他的宿疾突然發作，但宿舍裡沒有其他人可以幫他，這位僑生就這麼死在床上。等到長假結束，宿舍再度開放時，學生們回到這棟宿舍，聞到宿舍裡傳來強烈的怪味。他們沿著怪味來到這間寢室，發現僑生的屍水已經深深滲入他躺著的床上，僑生的屍體也與床板緊密黏合，怎麼分也分不開。因此移除屍體時，不得不將床板鋸除。但那之後，宿舍還常常傳出有「人」半夜咳嗽、找藥袋的聲音……

「屍水宿舍」是宿舍鬼故事中最知名的傳說之一。我第一次聽說這個故事，是在我就讀政大的時候，學弟告訴我的。學弟說的時候，把它當成一則真實故事，他的版本沒有僑生死後的靈異橋段。我當下也以為這則故事是真的。直到多年以後，我整理搜集傳說，才意識到「屍水宿舍」完全是那類「大家信以為真，實際上並未真實發生」的都市傳說。

政大是「屍水宿舍」最有名的故事地點，但不是唯一的。許多大學宿舍都有類似的故事：中興大學、文化大學、東海大學、臺灣大學、中原大學、輔仁大學、臺北大學……彷彿許多大學裡，都有一位在長假間孤獨死亡的僑生——這當然不可能。儘管並非真人實事，「屍水宿舍」傳說的傳播力十分驚人。至少有四、五位政大人告訴我，他們聽說過這個傳聞、對這個傳聞非常有印象。曾經就讀中興大學的表姊也和我說過，她聽說的中興版本。若是詢問其他傳說，不一定能得到這麼多迴響，但「屍水宿舍」傳說流傳範圍實在太廣了，假使一個人只有一個額度，記憶一個宿舍鬼故事，那個鬼故事可能會是「屍水宿舍」。

「屍水宿舍」傳說是如何流傳，到如今這麼多人聽說過的？

北工版：一開始，並不是僑生

「屍水宿舍」目前可見的最早版本，是一九九五年 BBS 上的〈北工鬼事（一）〉一文。「北工」即是現在的臺北科技大學，舊稱「臺北工專」，一九九七年後改為臺北科技大學。發文作者署名「北工笑友」（校友），說這是「發生在舊宿舍的真實故事」：

北工鬼事（一）

校門口對面的舊宿舍曾經挪爲社團活動的地點，但大家都避免在那裡過夜。這是有原因的。舊宿舍一間寢室六個人，某一年期末考，其他五名室友都先考完試，離開宿舍打包回家，只剩下一位學生「阿堯」準備星期六的考試。但是隔天，阿堯並沒有去考試。一天後的週日就是宿舍關閉日，宿舍管理阿伯巡視宿舍時，發現阿堯桌上還剩一些書與文具，以爲是他忘記帶走，便把門鎖上了。

北工的暑假長達三個多月，臺北的酷暑又十分炎熱。這三個月內，阿堯的父母報警尋找兒子，兒子依然下落不明。三個月後，宿舍重新開放，第一位回到宿舍的學生走上二樓時，因一股腐臭味差點暈倒，連忙去找管理員。當一群人以爲是貓死在宿舍、準備要把死貓清走時，卻看到了一個相當恐怖且令人作嘔的畫面：上鋪一具腐屍貼著牆壁，爬滿了蛆，流出的屍水和血水滴滿下鋪。

宿舍聯絡家長前來認屍。原來是因爲阿堯躺在上鋪，胸腔貼著牆壁，夜晚溫度降低時因心臟無法負荷而猝死。隔天管理員又沒發現，屍體因此在封閉的宿舍內度過了炎熱的夏日，此後，宿舍接連發生許多怪事。（BBS, 1995）[1]

BBS 文章的時間戳記是一九九五年，但作者自嘲是校友，又說「故事是從學長口中聽來的」，可見故事在一九九五年以前，已經流傳了一段時間。這篇文章最後停在「此後宿舍就接連發生了許多怪事……下次有機會再說！」通常在「屍水宿舍」這類故事中，學生死後會發生靈異現象，這是「屍水宿舍」相當重要的內容。不知道這篇是否還有後續？然而儘管看得到〈北工鬼事（一）〉，卻找不到〈北工鬼事（二）〉。假使有後續，就可以知道所謂的「怪事」是什麼型態，是否和後來流傳的靈異現象相似。

〈北工鬼事（一）〉是「屍水宿舍」的早期版本。這個故事有兩個特點：一，主角並非外地的僑生，而是本地的臺灣籍學生。因此故事描繪了一段「父母尋找兒子」的情節。二，學生去世的時間在暑假，故事的獵奇點便是「溽暑中腐爛屍體」的噁心狀態。但是「父母暑假找兒女」跟「溽暑腐爛屍體」的兩大故事戲劇點，在後來的傳說演變中，被其他要素取而代之。

政大版：主流版本

如今知名的政大版，文字記錄可以追溯到一九九七年，作者 donson 發表於政大貓空行館 BBS 站的〈政大的宿舍鬼故事〉一文。作者說這是「從學長那邊聽來男生宿舍的鬼故事」，可知這版本在政大的流傳也早於一九九七年。

政大的宿舍鬼故事

傳說，政大老舊的自強五舍到自強八舍之中，有一間寢室少了一張床。床鋪都是上下鋪的雙人床，但是有一間寢室，卻有一張缺乏上鋪的單人床。這是因爲，寢室中原本住著一位東南亞籍的僑生，他身體虛弱，時常在半夜起床吃藥。某一年寒假，因爲所有同學都回家了，只剩他在宿舍。他因突然性的心臟衰竭去世，等到被發現時，他的屍體已經黏在床上，屍水也滲入床單中，甚至連床板都濕了。因此在移除屍體時，還必須連床板一起搬。上鋪的床也因爲沾染屍水而被割除。此後，這間寢室便作爲儲藏室使用，但經過許多年後，寢室再度開放，入住的新生卻會在半夜聽到咳嗽聲，以及有人拆藥包、走下樓梯的聲音。由於靈異頻傳，因此教官便將寢室中的那張單人床移走，但大家並不清楚單人床移到了哪間寢室……（政大貓空行館 BBS, 1997）[2]

在政大版裡，提到了僑生逝世後的「怪事」：半夜聽到的咳嗽聲、拆藥包聲、樓梯聲……若是屍水宿舍的故事只說到「學生暴斃後屍水流出」，那麼它只是一則單純的驚悚故事；多了死後的靈異，它才成為一則真正的鬼故事。

和先前的〈北工鬼事〉相比，政大版的細節有些許改變：北工版的主角是本地生阿堯，暴斃於熱氣蒸騰的暑假；政大版則從本地生變成了僑生，暴斃於寒假。這些改變十分重要，後來許多學校的屍水宿舍故事，說的都是「一名僑生暴斃於寒假」——政大版裡出現的改動，深深影響了這些後來的鬼故事。

中原大學在一九九八年後，不時有人提及男生宿舍的傳說：傳說男生宿舍裡有一間儲藏室，那間儲藏室原本是寢室，但是自從有一位僑生寒假時暴斃在宿舍後，便屢次發生靈異事件，睡在床上的人會莫名其妙被搬下來。還有人說不信邪的教官為了驗證傳言，因此親自到寢室去睡，醒來時卻發現人身在宿舍門口。[3]

一九九九年 BBS 一篇 Po 文講述了發生在東海大學的「事實鬼話」：一名從中南半島來的僑生，因語言不流利，與女友分手之後加上成績不理想，壓力大不敢回鄉，在暑假時於宿舍割腕自殺。直到管理員到宿舍例行消毒時，才發現了流滿鮮血、長滿蛆蟲的屍體。聽說那一間曾有學生住進去，隔天早上醒來頭腳方向相反，有時會聽到有人哭的聲音。[4]

文化大學也有相似的鬼故事。一篇流傳於二〇〇〇年代的文章，同樣是說僑生在過年時待在宿舍，不幸病死在床上，直到屍水流出門口才被發現。在那之後，有人會遇到鬼壓床或半夜有人敲門找藥吃。[5]

中興大學版本，則可見於 AriesH 發表於二〇〇四年的系列文章〈【中興見聞】〉。文中詳述了中興的宿舍鬼故事：據說中興大學宿舍「信齋」中，有一扇被封起來的門，那間寢室曾有僑生割腕自殺。他的血填滿了混凝土床板的凹槽，浸在血泊中的屍體，與乾掉的血一同黏在床上。在那之後，室友們幫死者晾的衣服會自動被收進衣櫃，還據說有人看到血沿著上鋪牆壁流下。[6]

「屍水宿舍」鬼故事擁有許多版本，細節雖有些差異，但仍可以看出構成這個故事的主要情節，包括：「僑生在長假期間死在無人的宿舍」、「發現時屍水滲入床板、屍體黏在床上難以分離」、「在死亡之後持續徘徊，半夜咳嗽或半夜找藥吃」。

「屍水宿舍」故事的流傳，應當在一九九〇年代，現在見到的紀錄多在一九九五年到二〇〇〇年代這段時間。到了二〇一〇年代，傳聞已經普遍到足以被報導的程度。二〇一一、二〇一二年都有新聞報導，提到政大宿舍會有「僑生病歿屍黏床板」的謠傳。我聽說「屍水宿舍」故事的時間，也大約在這時候。

儘管各校傳得繪聲繪影，彷彿每所學校都有一位在長假不幸病死的僑生。但是許多學校共享「屍水宿舍」傳聞的這一現象，反而更說明了，這一傳說就是「許多人流傳，大家都覺得是真的，但是實際上並無其事」的都市傳說。怎麼可能，每所學校都「剛好」有一個在長假間病逝的僑生？

我檢索過報紙資料庫，並沒有找到「僑生病死宿舍」的相關新聞。限定搜尋政大，也找不到相應的事件。

「屍水宿舍」的傳說廣為流傳，並非因為它是真的，而是因為它「聽起來很真實」。「屍水宿舍」的真實感來源有二，一個是「僑生在長假死在宿舍裡」的情節，另一個是對於屍體的描繪。故事中常提到，僑生之所以長假仍待在宿舍，是因為「想省機票錢」。和臺灣學生相比，居住在東南亞的僑生回家成本確實較高。這樣的真實感，也被「屍水宿舍」這一故事所利用。

傳說詳細描述了屍水滲入床單與床板的情況。這是故事恐怖之處，也是故事寫實之處。我們大多數人很少有機會目睹死亡現場，對於屍體死後的狀態也一無所知，死後屍體會僵直、會生蛆、會流出屍水的這些事，我們多半都不了解。因為不了解，所以這樣的細節具有真實感；也因為不了解，所以光是描述屍體情狀，就足以營造驚悚的戲劇效果。

死亡多日之後，屍體滲出的屍水，是否真的會浸染床鋪呢？答案是可能的。檢閱某些新聞事件，會發現有人因為注意到上方天花板滴下了水，才知道樓上住戶早已死亡多時。

因此，「陳屍床板導致床板浸染屍水」的情節，是有可能發生的。以理性角度看待，就算一間寢室曾經發生死亡事件，並不代表接下來必然會發生靈異。但是，在鬼故事的文化邏輯裡，不自然的意外死亡容易發生靈異——既然「屍水宿舍」故事已經具備了如此真實的恐怖感，那麼之後接著發生「僑生鬼魂徘徊作祟」的靈異，也就一點也不意外了。

為什麼是僑生？

「屍水宿舍」這一系故事主角的身分是僑生，其實是個意外。在傳說最初的版本「北工版」裡，主角明明是本地學生，但是當傳說主角演變成僑生之後，僑生身分就一直被保留在後續的故事中。到了後來，主角是僑生這件事，彷彿也跟他暴斃的慘狀一樣重要。但是為什麼，偏偏是僑生？

我曾聽聞二〇一七年從政大畢業的學弟，仍提過他們宿舍有「學生死在床板上」的鬼故事。只是這回，主角不是僑生了，換成了韓國籍的外籍生。

「韓國外籍生」元素的出現，似乎說明了，「回家需要機票、長假被關在宿舍」的僑生主角，其實也有被替代的可能。就算把故事中的死者換成韓國外籍生，敘事功能也是相似的。儘管如此，在「屍水宿舍」這一類故事的流傳中，「僑生」仍是死者最常見的身分。這是為什麼呢？

「僑生」身分的誕生，在臺灣有其特定的背景。[7] 在國際間，只有中華人民共和國與中華民國兩個國家有「華僑」這一概念，其中臺灣對於「華僑」血緣與國籍的認定又更寬鬆，只要擁有華裔血統、居住於海外，便可以被視為「華僑」，至臺灣接受僑生教育。在戒嚴時期「大中國主義」的國族想像之下，僑生來臺就學，便意味著「海外同胞回歸母國懷抱」，是維持中華民國「文化中國」正統性的方式之一。因此，對僑生的教育包括祭祀孔子、唱國歌、向蔣公遺像行禮、軍訓活動等，顯然試圖藉此將僑生打造成符合中華民國想像的「中國人」。

由於僑生身分以國族想像來說十分重要，政府給予僑生諸多優待。但在解嚴之後，由於大學的錄取率不高，大學中又有許多僑生，加以僑生享有「優先住宿」等待遇，讓本地學生感受到資源上被排擠。因此在一九八八、一九八九年時，掀起了對於僑生教育的檢討。當時一群來自臺大、陽明等校的醫學生在聯考考場發傳單，請社會正視僑生特權。教育部回應輿論縮減了對僑生的優待，並且著手成立以招收僑生為主的大學，暨南大學稍後於一九九五年成立。

一九九〇年代前半流傳的「僑生病逝宿舍」的傳說，就是出現在這時期。「屍水宿舍」時常選中僑生作為主角，其中反映了臺灣大學生對於僑生的看法。這時大學中僑生的比例並不低，加上優先住宿的關係，應該幾乎每棟宿舍都會遇到僑生。但是對臺灣的大學生來說，這些來自異國、享有部分優待的僑生是特殊的族群、宿舍生活中的異質存在。除了「屍水宿舍」以外，其他大學鬼故事時也常以僑生為主角：文化大學有「僑生長假待在宿舍，遇到有鬼一間間寢室敲門」的傳說，也有「僑生會在某樓發生械鬥，因此該樓不得安寧」的說法。明明僑生也是一般學生，但是鬼故事總特別標舉其身分是「僑生」，這種特殊看待的眼光，應當與當時的時空背景有關。

「屍水宿舍」含有對僑生「不回鄉」行為的譴責。在早期版本北工版中，本地學生「阿堯」的猝死完全是個意外，因為其他室友剛好考完期末考先回家了，才沒有人注意到他。但在僑生的故事裡，加入了意外以外的因果元素。文化大學流傳的其中一個版本，形容僑生「過年時為了省錢，獨自偷偷留在宿舍五樓（過年期間宿舍是封館的）」。所以僑生死亡的前提，是他違反了兩個常規：先因為吝嗇小氣而不回家，又違反規定獨自偷偷留在宿舍。這才導致了他孤身一人的危險情境，以及後來無人救援的悲劇。鬼故事中常隱含教訓意味，用悲慘結局教訓那些「犯錯」的角色。僑生出於人之常情的「省機票錢」心理，在屍水宿舍故事中未被體諒，反而被視為一個「會得到相應懲罰的錯誤」。

除此之外，故事中僑生沒回家的時間點，多是「寒假」。若我們只考慮敘事的功能性，那麼「暑假」其實遠遠優於「寒假」——寒假只有一個月，暑假時間更長，更有機會讓屍體變成駭人的模樣。並且，暑假的高溫也會讓生物活動較為旺盛，讓屍體得以爬滿更多的蛆蟲，增加鬼故事的恐怖感，如同「北工版」所呈現的那樣。

然而，多數故事版本卻選擇了寒假。或許，寒假僅有一個月的尷尬長度，會讓人覺得回國短暫又昂貴。但如果要符合故事中「關閉宿舍」的狀況，寒假又比暑假更不符合。至少在我就讀政大的年代，寒假期間只有春節那三天會關閉宿舍。假使是跟我同時期的政大生，應該都知道「寒假關閉宿舍」並不符合我們的體驗才對。無論如何，「暑假」所能帶來的溽暑腐屍獵奇感，應當更具有競爭力，可以說從敘事功能上，完全沒有任何選擇「寒假」的必要——除非，有某些沒說出來的話，隱含在「寒假」這個故事元素之後。

為什麼是寒假？寒假理應是回家過農曆年的時間，故事中常常提到，「寒假時因為過年，所以全部的臺生都回家去了。」（如政大 1997 年版）當所有人都回家過年，只有僑生沒有回鄉過年。考慮到僑生被營造為「中國人」的特殊身分，這一「不回家」的選擇就顯得更意味深長。僑生死亡的結局，可能是一種象徵上的批評：作為「中國人」而受到優待的僑生，卻未遵循「回家過年」的傳統價值。因此「不夠中國人」的僑生，在故事裡被施予了懲罰。

誰都可能會「孤獨死」

僑生的形象有其特殊性，也有其普遍性。另一個僑生被強調的要素，是「孤獨」。「屍水宿舍」中的僑生除了死於疾病，也有死於自殺的版本。前述中興大學版，僑生的死因是「割腕自殺」。東海版是因失戀與壓力大而割腕自殺，字裡行間強調僑生的異國身分

（「在自虐性的數刀下，結束客死異鄉的一生。」）。

從這個變體可以發現，「僑生之死」的核心，是難以解決的個人煩惱，以及「發生意外時室友幫不了他」的孤立處境。故事總是發生在僑生或外籍生身上，無論怎麼變異，鮮少是臺灣本地生。這個身分反映了，僑生或外籍生更容易陷入身處異地、較缺乏人際連結的孤獨狀態。

儘管「屍水宿舍」故事的賣點是獵奇，但故事的流傳很難只憑單純的獵他人之奇。至少在我聽到的情境下，它有比獵奇多一點的意味。學弟告訴我時，這個恐怖故事沒有後半段，沒有「僑生半夜找藥袋」的後續靈異。因為對於我們來說，這樣的資訊量就已經足夠。比起一個鬼故事，我們對一個人孤獨死去的故事更心有戚戚焉。我那時住在學校最新的宿舍裡，系上同學沒認識幾個，唯一的室友是外國人，我常常好幾天說不到一句中文。我懂故事裡的那種孤寂，那種「害怕自己會死得無聲無息」的恐懼。

「屍水宿舍」流傳在大學宿舍之間。多數人沒有高中的住宿經驗，大學宿舍很可能是人生中第一次離開家的住宿體驗。但是大學宿舍就如同大學一樣，大抵上是個自由放任的空間，室友之間會彼此認識，但鮮少像高中同班同學那般緊密。在這樣的情況下，儘管「屍水宿舍」選中了「僑生」這個註定邊緣、孤獨的族群，但其實大學宿舍裡，誰都有可能陷入那般無人聞問的孤獨。而若用溫柔的方式解釋，或許，對於離開家鄉到外地求學、住宿的大學生來說，屍水宿舍傳聞中僑生「孤獨死」的強烈孤寂感，會讓他們產生連結與認同，因此想把故事流傳下去。

特別的房間

「屍水宿舍」跟其他宿舍鬼故事一樣，隱含著「特別的房間」這一主題。這個「特別的房間」，指的可能是和其他間不一樣的寢室，例如多一台抽風機、或是少一張床的房間。也可能是用途特殊的房間，例如作為醫務室的房間、放行李的房間。在鬼故事裡，特別的房間之所以特別，都是因為「曾經死過人」。「特別的房間」故事元素大抵是：

1. 某寢室曾經發生過死亡事件。
2. 該寢室開始鬧鬼，導致無法住人。在這之後，處理方式有兩種：

3-1. 改建：校方將鬧鬼的寢室改成其他用途，成為無需住人的公共空間，可能是醫務室或儲藏室。這類故事的重點在解釋「那個公共空間從何而來」。

3-2. 掩蓋：校方封閉了寢室，隔一陣子後再度開放住宿。這時往往難以辨識出事的寢室是哪間，但可能留有某些跡象。這類故事的重點是「如果你發現那個跡象，表示你住到那間房間」。

屍水宿舍故事的某些版本，就已經隱含這些要素。例如一九九七年的政大版，靈異出現後，「這間寢室便作為儲藏室使用，但經過許多年後，寢室再度開放」，同時結合3-1

「作為其他用途」與3-2「重新開放住宿」兩個故事走向。

改建成其他用途的寢室

以下這個故事是「屍水宿舍」的變體，但強調了「寢室另作其他用途」的部分：

輔大的鬼故事

輔大的兩間相連的女生宿舍，其中一棟一樓爲獨立的醫護中心。那間醫護中心原本是寢室，某年寒假，一位僑生沒有回家，病死在無人的宿舍。在那之後，這間寢室的同學因爲「感覺不好」而搬離，住附近房間的同學半夜會聽到淒厲的女生笑聲。學校爲了安撫人心，把那間寢室隔出來當作醫務中心。因此如果從醫務中心的內部空間，可以看出寢室大概的樣子。（BBS, 1999）[8]

這個故事同時也是「屍水宿舍」的女生版。儘管「屍水宿舍」的「僑生」、「病死」等元素沒有性別限制，但多數傳說都會說是發生在男生宿舍，這是比較少見的女生宿舍版本。這類故事開頭往往先提出疑點，輔大版的疑點是：「這兩棟女生宿舍其他樓層都是相連的，為什麼只有一樓不相連呢？」先點出「不尋常的特殊之處」，接著再提出靈異解釋，是這類故事的常見模式。這種套路，往往容易使人相信「靈異是導致異常的真正原因」。臺北大學版傳說也是類似的敘述模式：

> 臺北大學女生宿舍中，有間寢室不住人，那是專門用來放行李的行李間。這感覺是很人性化的設計，讓許多來自異地的同學帶的大型行李箱有地方放，不必佔用寢室內的空間。然而實際上這設計另有原因。其實那間房原本也是寢室，但是睡在其中的女生，被潛入宿舍的水電工先姦後殺，在那之後寢室就不安寧，只好改建成其他用途。
>
> (BBS, 2004)[9]

臺北大學的這篇鬼故事，與輔仁宿舍的醫務中心很相似。在這一類被改建的房間中，時常提到「若仔細看那間房，還能辨識出寢室的格局」，以此增加傳說的真實性。但是特別房間能看出寢室的樣子，其實是很理所當然的——在宿舍這類規格單一的現代建築中，每一層樓的配置都類似，每一間房的設計也幾乎相同，就算是特殊用途，房間的格局也不會改變。

但這個規格化的特點，正好用來在故事裡說明「該房間曾經是寢室」——因為所有房間都像寢室，無論原本那個房間是不是寢室（也可能一開始就安排作其他用途），說它「曾是寢室」都聽來很有說服力。既然有「曾經」，在「曾經」與「不是寢室」的「現在」之間，就是鬼故事生存的空間。

夜夜哭泣的鬼魂

輔大版的醫護中心與臺北大學的行李間，都是可與宿舍共生的空間。但是在一九九五年胡靈《宿舍鬼故事》的其中一個故事中，出事的宿舍被改成了教室。一九九〇年代出版了許多鬼故事集，這些鬼故事集通常宣稱他們記載的故事是真的，並使用第一人稱；但實際上都是混合了傳聞的創作。《宿舍鬼故事》中的〈夜夜哭泣的鬼魂〉故事，與這一類「特別的房間」非常相像：

> **夜夜哭泣的鬼魂**
>
> 「我」和學長晚上留在學校唸書時，因爲教室太吵，跑到了四樓特殊教室區裡的國樂教室。唸書時，卻聽到走廊盡頭的教室傳來悲哀的男生哭聲。那間教室是被學校封死的禁區，沒有人知道原因，校方也守口如瓶。「我」和學長向教室內窺探，看到教室內的一張床上，一名男生正拿著鐮刀割腕，男生發現他們後，頭轉了一百八十度看著他們。兩人跑去找教官，再跟教官回到教室時，卻發現那男生已經不見蹤影。教官說出背後的故事：以前有一名從彰化到臺北唸書的學生，沒有錢買車票回家，同學們不想借他錢，他也不敢跟老師借。最後他受不了，找來鐮刀在寢室割腕自殺。在那之後，他的冤魂徘徊在這間寢室，學校只好將寢室封死。但其他寢室的學生，半夜也會聽到他的哭聲，因此校方只好把整棟宿舍改建爲日間部的教室。男學生所在的四

樓，每間寢室都改成特殊教室，以減少學生在那裡活動的機會。（《宿舍鬼故事》，1995）[10]

作者胡靈在書內宣稱〈夜夜哭泣的鬼魂〉是來自弟弟胡厚汶的經歷，實際上可能是根據傳聞改寫而成。「屍水宿舍」的故事若是取自 BBS，多半經過真實流傳，再由學生自發記錄下來。這則創作卻有很多與「屍水宿舍」系列傳說共通的要素，包括「改建的寢室」、「沒錢回家的學生」與「割腕自殺」等。兩者之間或許沒有因果關係，但這種相似，說明了宿舍鬼故事之中有許多很常使用的故事元素。不過比起屍水宿舍裡的「想省機票錢沒回家」，彰化學生的「買不起車票」就顯得寒酸許多，以三十年後今日的生活水準來看，也顯得有點難以理解。「省機票」的理由，則直到現在也仍然可以接受。

〈夜夜哭泣的鬼魂〉的事件現場，結合了「禁區」與「改建」的兩種特性，強調了靈異事件的嚴重性：靈異事件的現場因為直到現在還有鬼徘徊，因此徹底封住門窗，變成「禁區」。不只如此，就連那間寢室所在的樓層，也全部改成特殊教室。再來，原本的宿舍樓也因靈異，「改建」成日間部的教室大樓。這般改建幅度，比起輔大的醫務中心與臺北大學的行李間都要更浩大，讓故事中「夜夜哭泣割腕的鬼魂」，也成了配得上這般大幅改建的盛大靈異。

以上是「改建」走向的例子。鬼故事裡，校方面對靈異的處理方式若是「改建」，多多少少表示校方的尊重與負責。對於靈異事件的嚴重程度予以重視，也關照學生的感受，因此不讓學生住在出事的寢室裡。但另一種再度將寢室開放住宿的「掩蓋」系結尾，校方的做法則更「不負責任」。

「屍水宿舍」的重點之一，是故事裡那張被鋸除的床板——原本可睡四人的寢室裡，有兩張上下鋪的床，其中一張的上鋪因事件被鋸除，只剩下鋪。因此整棟宿舍裡，有一間詭異的「三人房」。有些故事會說，為了怕學生認出那間三人房，學校將寢室的號碼打亂。還有另一些版本則說，由於僑生死後的屍臭味經久不散，該間寢室加裝了抽風機。後來為了避免讓學生發現，每一間寢室都裝了抽風機。[11]這些都是「掩蓋」。

這些故事總愛想像，為了掩蓋真相，校方付出一些代價，但就是不願徹底解決問題。因此，某間寢室明明「有問題」，校方卻不顧學生權益，在當初的學生都已經畢業、無人記憶後，強行開放。這一主題說明了學生對於學校的想像：學校總是罔顧學生權益、只追求效率，無視學生的意見。因此連「不讓學生住到有問題的寢室」這種基本要求，都無法滿足。

被強暴殺害的女學生

男學生與女學生的死亡原因裡都會有病死與自殺，但女學生還有一個獨特的死因：「強暴」。無論是強暴未遂，或者強暴殺害，都是只會出現在故事中女學生身上的死因。以現實來看，女性確實遭受比男性更多的強暴威脅，但在故事裡頻繁出現強暴因素，只是反映了對於女性的性別化想像。

前述臺北大學版的行李間改建原由，是「女學生被姦殺」。以下這個傳說發生在臺北「復中」的鬼故事，同樣是女學生遭強暴。描述更為詳細：

> **女學生強暴事件完整版**
>
> 某天操場集合時，一名女學生感到身體不適，和老師報備後回到宿舍休息。平常宿舍上課時間是管制的，但這天恰巧遇上管線更新，門並未上鎖，在教官沒有注意到的情況下，女學生回到了自己的寢室休息。可能是門沒鎖好，或工人要求進來換管線時，女學生不敢不讓他進門，這名工人看到寢室內只有一個小女生，沒有其他人，生起了想要強暴女學生的念頭。女學生掙扎之時，工人失手掐死了女學生。工人當下非常著急，看了周圍，注意到了衣櫃。宿舍的衣櫃不大但很深，塞進一個個子嬌小的人並不是難事。工人把屍體塞進去，鎖上衣櫃並逃離現場……
>
> 室友以為女學生下山看病了，並未在意。但是一個禮拜過去都沒見到人影，女學生南部的家人也說她沒回家，找了好幾天，室友開始聞到衣櫃傳來惡臭，請舍監前來一起撬開衣櫃時，一具腐爛的屍體倒了出來。後來家人請法師超度女學生，並在床底下貼滿符紙，然而還是有人看到她在榕樹下徘徊。(BBS, 1998)[12]

故事最後一句是對讀者的戲謔：「你有沒有睡過那張床啊……記得跟學姊打個招呼

喔……」故事中的事件地點是衣櫃，但最後卻強調床，顯然是暗示讀者「你也許會睡到床底貼滿符紙的那張床」。復中版鬼故事，也是一則「特別的房間」傳說，比較難被發現的那一種。

猝死、自殺、強暴死亡……這類鬼故事死因，延續著臺灣傳統上「厲鬼會作祟」的文化邏輯。民俗上認為，「非正常死亡」的人死後可能會作祟，必須予以安撫。強調獵奇的鬼故事少了安撫與祭祀等民俗過程，但同樣認為作祟來自非正常死亡，只是因為鬼故事有更多想像空間，可以盡可能地誇大這些非正常死亡。「強暴殺害」顯然非常符合非正常死亡的要求，特殊的冤屈會誕生特殊的怨念，使亡魂徘徊不去。

宿舍鬼故事裡，死亡事件多發生在宿舍現場，死因也受限於「宿舍所能發生」的死因可能性（像是車禍死亡就不太可能出現在宿舍鬼故事裡）。而強暴要素是這些有限的可能性中，最有機會被渲染的。

復中版的故事具體描述了女學生獨自留在寢室、遇到水電工，儘管害怕又不敢不開門的心理，非常具有臨場感。對於水電工的描繪也很細微，水電工並非一開始就有強暴意圖，而是看到女性隻身獨處而臨時起意。這一段描述，多少有警告女性「不該獨自一人待在宿舍」的訓誡意味。儘管警告女性「不該讓自己置身險境」是某種陳腔濫調，考量到復中故事的流傳地點是高中，而不像其他眾多宿舍鬼故事是大學，高中女性與成年男子之間的落差更大、對女學生更為不利，提醒離家的高中女生「小心進房的男子」，也具有現實上的需求。

故事中描述衣櫃「不大但深，塞進個子嬌小的人並不難」的橋段，令人印象深刻。「衣櫃」是除了床以外，第二常在宿舍鬼故事中登場的空間。儘管多數的「屍水宿舍」故事強調床板，但有些故事裡，僑生死亡的地點是「衣櫃」。中原大學有「僑生病發死在衣櫃裡」的說法[13]，中興大學也有「僑生反鎖在衣櫃裡自殺」的變體。[14]「屍水宿舍」故事中最令人印象深刻的畫面是「屍體黏在床板上密不可分」的那一幕，衣櫃可以提供的戲劇效果是另一種，「遮掩後揭開（看到屍體）」的效果。

因此復中版的毛骨悚然處，在於室友與屍體共處了幾天，聞到惡臭才意識到不對勁，故事的高潮落在「當大家撬開衣櫃時，一具開始腐爛的屍體倒了出來」的畫面。直到這一刻才揭露真相：長久以來尋找的室友，原來一直待在被遮掩的衣櫃裡。

復中鬼故事似乎在復興高中流傳了很久。直到二〇〇六年，依然有流傳紀錄，這個版本略有些差異：

男生宿舍原來是以前的女生宿舍。某一天中午，水電工要進女生宿舍檢查，當時有一位女學生身體不舒服而待在宿舍。工人看到睡覺的女學生，一時色性大發，精蟲衝腦，強姦了那名女學生，並把她分屍後藏在房間的櫃子裡。曾經有同學去圖書館找資料求證，發現這件事是眞的。因爲這樣，校方把男女宿舍對調，因爲讓男生住陽氣比較重。（BBS, 2006）[15]

這個版本更猥褻地強調了工人的性慾，稱其「色性大發」「精蟲衝腦」。和前一版的性侵未遂相比，這一版是個性侵得逞的故事。「曾經有同學去圖書館找資料求證，發現這件事是真的」是常見的都市傳說式說法，增加一些細節以強調傳說的可信度。

男女宿舍對調

故事裡出現的「男女宿舍對調」，是宿舍鬼故事中的常見元素。以下列舉三個例子：

國北的第二宿舍不像第一宿舍一樣有地下室，據說是因爲不乾淨封起來的。聽說原本一宿是男宿，二宿是女宿，因爲有人在二宿的地下室燒炭自殺，學校就把二宿的地下室封起來，並讓兩宿交換，藉陽氣鎮壓。（BBS, 2005）[16]

彰師大男生宿舍，原本是女生宿舍，曾經有一位工友，假借修理東西的名義強暴了一名女學生。那名女學生住在 333 號房裡，那是一個非常角落的房間，平時也照不到陽光，大家不太注意到那裡，於是悲劇就發生了。那個女學生被強暴後自殺了，有人說是上吊，有人說是燒炭。後來，學校把女生宿舍改成了男生宿舍，一來怕類似悲劇再發生，二來希望藉男生的陽氣，來鎮壓這個怨靈的陰氣。333 號房不再住人後，變

成了一間倉庫，晚上陰暗異常，宿舍裡沒人敢靠近那裡……（網誌轉載，2006）[17]

花蓮某大學以前男生宿舍跟女生宿舍是對調的。聽說女生宿舍有學姊在房間裡上吊自殺，之後頻頻傳出靈異事件。爲了平息，學校讓兩邊宿舍對調，看看男生比較重的陽氣能不能鎮壓，不過事實證明還是有鬼。（BBS, 2007）[18]

這三個故事裡，都出現了「男生陽氣可以鎮壓陰氣」的說法。不過事實上，這樣的說法儘管常見於鬼故事，使用時機卻很機動。在談男生宿舍的鬼故事時，並不會因為「男生陽氣可以鎮壓陰氣」，而使得男生宿舍的鬼故事減少。男人們聚集最多的地方、陽氣最盛的地方「軍中」，鬼故事也沒有因為陽氣旺而減少。軍中甚至還是重要的鬼故事勝地——這樣說起來，「男生陽氣可以鎮壓陰氣」的邏輯，並不時刻有用。它也只是鬼故事中眾多用來說明「這裡很陰」的說法之一：「因為這裡很陰，所以需要男生的陽氣」。

讓男女宿對調，是鬼故事裡常見的靈異解決方案。這背後的基礎，是宿舍空間本來就極其相像，無論男宿女宿，同樣都是格子狀的規格化寢室，頂多只有廁所稍有不同。因此「就算相互交換，也不會有人發現」，就成了「宿舍對調」說法得以成立的前提。

我高中時住的宿舍，傳說也有「男女宿對調」的要素。據說我們宿舍原本是男生監獄，原來還有陽氣可以鎮壓鬼魂，但改成我們住的女生宿舍之後，鬼故事就多了很多——因為我們女生沒有陽氣可以鎮壓鬼魂。在我聽聞的故事裡，我的性別因為陽氣不足，而淪為鬼故事邏輯中的弱勢，讓我一開始就覺得男女陰陽一類說法很可疑。

但在「男女宿對調」的傳說中，似乎不盡然如此。也有像花蓮某大學故事那般，即便男女宿對調，依然無法鎮壓鬼魂的情況。「男女宿對調」要素，在故事裡並不確保能徹底解決靈異，而更傾向是用來說明「學校試圖這麼做，表示靈異確實存在」。這一思路也跟「特別的房間」一樣，都是將某些實際存在的特別之處（有時這種特別是創造出來的）解釋為「對付靈異的方案」，藉此證明「靈異真實存在」。為此，需要尋找、標誌出任何「特別之處」。

為什麼「特別的房間」會有鬼故事？

在鬼故事裡，通常是「先有靈異，才有了特別的房間」。但實際上，在鬼故事的現實運作層面，是「先有了特別的房間，才有鬼故事」。

但是，特別的房間為什麼會特別呢？

特別的背後，是相同。宿舍空間非常的標準化，每一間寢室都長得一模一樣，這種缺乏個性、限縮住宿生的空間，卻成了住宿生習以為常的風景。因此那些不符合常規、多一台抽風機或少一張床的寢室，會顯得十分獨特。試想，如果每間房間都有自己獨特的性格，那又何來「特別」可言呢？

這種寢室間的「一模一樣」，有時不只是因為宿舍空間，還可能是因為宿舍規定造成的。我住在高中宿舍時，我們的規定很多。每一間寢室都必須遵守相同的規定：桌上淨空、椅子靠好，衣櫃拉上、棉被不露出床、地板上不能放置任何物品。當宿舍幹部來檢查時，打開每一間房間，看到的畫面都會是相似的。

在這樣的情況下，所有學生都對「標準的寢室模樣」很敏感。要是有一間寢室有什麼特別之處，大家很容易就會發現。

我高中宿舍有幾間特別房間，包括可以晾衣服、放雜物的儲藏室，以及較為空曠、鋪上木地板的活動室。活動室全宿舍只有一間，其他樓的該位置，就是第六間的寢室。進到這些特別房間，會產生一種奇異又熟悉的感覺：明明與其他房間隔局相似，用途卻截然不同。

住宿生在宿舍待的時間動輒數年，宿舍是住宿生的家，是日常生活中密不可分的一部分，但是對於這棟宿舍樓的過去，住宿生們其實一無所知。為什麼這些房間會這麼規劃呢？當初的空間安排，可能是出於某些符合現實的考量，例如「這麼做符合住宿生需求」或是「該間寢室漏水或通風不良，因此必須另作安排」等。但這些考量，隨著時間過去，會過時，會被遺忘。學生因此沒有機會知道，靈異想像便由這個縫隙誕生。

宿舍中「特別的房間」之所以會產生靈異，除了「特別」帶來的解釋空間以外，背後還可能有學生被規訓的心理：正常是好的、異常很可疑。學校本是規訓的場所。宿舍空間對於人的身體、心理的規訓，又更嚴密。住宿生這種對於異常空間的質疑，說明了學校教育的「成功」。

成大「毛球」

成功大學流傳著一個故事，關於學生跳樓過程中身首分離、導致其中一間寢室被封閉的故事。這個故事從二〇〇〇年代初就開始流傳：

> 曾經有人在光二舍跳樓，撞到宿舍外的突起部分，頭斷掉，飛到寢室裡。後來那間寢室裡的人，都會看到一顆頭飛進來。寢室因此關閉好一陣子，過了一段時間又重新開放進住，不過好像再沒發生什麼事。(BBS, 2002)[19]

二〇〇四年時，BBS上也見得到「每年自殺一個」的說法，說某棟宿舍「有人跳樓去卡到電線，頭身分離」[20]。關於學生死亡的描述，不同說法間都是一樣的；但關於「自殺後靈異」的敘述，則有所不同。前述的靈異是「人頭飛進來的幻影」，在十年後的紀錄中，靈異的型態改變了：

> 成大光二舍據說曾有個學生跳樓，中途頭部卡到電線，身首分離。身體摔到地面，頭部則掉到了某個房間內、某位學長的桌子上。學長親眼看著頭從打開的窗口滾到桌上，差點嚇死。學校爲此將房間封了一年避風聲，再度開放住宿時，不知情的小大一

進住了。那寢的男生撿到了一隻貓，將貓偷偷養在宿舍裡。這寢的男生開始變得怪怪的，會陪貓在地上打滾、好像追著什麼一樣，眼神也變得冷淡尖銳。其他人在聊到這件事時，提到「貓最喜歡玩毛球」，知情的人，馬上想到了那顆掉到寢室裡的頭顱。學校因此再度封閉房間，並請師父來做處理。該房間裡還看得到沒撕乾淨的符咒。(BBS, 2011)[21]

聽說當初會被發現那顆掉進寢室裡的頭，是因爲那寢的人要回來拿球去打。彎腰拿球時，剛好跟那顆頭對看……(BBS, 2011)[22]

宿舍裡的一位學長正在K書，猛然一個聲音，發現一顆頭在自己面前……後來那個學長就休學了。同寢室的學長們都有去收驚，但那間寢室常出事，學校封了幾年，一度再度開放，養貓事件就發生在那時候。(BBS,2011)[23]

成大男生宿舍，光復一舍和光復二舍，在建築俯瞰外觀上，看起來是「人」字型，謠傳這是因爲在日治時期時，此地是日軍的處刑場，槍決犯人時，留下了許多鮮血。長久以來，就積累了許多無辜的冤魂怨氣。因此在建校時，把這塊校地規劃爲男生宿舍，再用建築外觀配合風水，雙重的「陽氣」來鎮煞。但時間一長，也有一些沒能鎮住的煞氣。如果你仔細看，在光復二舍的二、三樓高的位置，有一個突出的遮雨棚，旁邊還種著一排樹。幾年前一位學長想不開（不知是感情問題還是課業壓力），從頂樓跳下來時，身體打到樹枝撞歪，遮雨棚的金屬尖角就正好割斷脖子，身首異處。警方在收拾遺體時，有好一段時間，找不到頭顱。直到有位同學回到宿舍內，窗戶開著，吹進涼風。他想要跟同學去打場籃球，球平常就放在書桌底下，位置他很熟悉，所以就沒有特別看桌底下。伸手時，卻沒想到，找到了兩顆球，其中一顆，是又濕、又毛，還有點溫溫的球體。（成大校友．文字工作者陳冠宏記述，2023）

成大光復男宿

「毛球」類傳說大概分成兩種，傳說的前半的重點是屍體身首異處的過程，後半則分成「貓玩不存在的毛球」與「找籃球時發現人頭」兩種發展。但兩種路線，故事高潮都一樣，都是「以為是球，實際上卻發現是人頭」的驚悚轉折。「球」與人頭之間存在著某種「多想一秒就會意識到的相似性」，「毛球」傳說的戲劇感，正是建立在這種相似上。

成大的「毛球」故事，有一些異於其他校園傳說的特徵：多數校園都會擁有眾多變體，也常在不同學校間流傳，「屍水宿舍」是如此，大學裡常見的「殉情女鬼」傳說也是如此。但成大的「毛球」傳說卻不是那種「各學校都有流傳的校園傳說」，儘管在成大內流傳很廣，卻鮮少看到其他學校有相似的故事。而且「毛球」故事不同版本間儘管有所差異，「自殺者頭身分離，頭掉進室內」的描述卻是一致的，地點也都說是在「光二舍」。這不禁讓人懷疑，傳說中所提及的自殺，可能明確指向某個真實事件。「毛球」可能不只是「傳說」，也是混雜了虛構的「記憶」。

二〇一一年那篇「毛球」貼文，發文的原 Po 提供了很多真實經歷：他的一位學長住在那間傳說中的房間，並且三年前，原 Po 被學長帶去參觀該寢室，在衣櫃門角落、床底看到「貼著沒撕乾淨的符咒」。[24] 諸多「特別的房間」類型故事，會提供「足以說明故事存在的證據」，但多數故事提供的「證據」和「事實」間的連結都很薄弱，但符咒的存在，幾乎等同於不祥與禁忌，更強烈地指向令人忌諱的死亡。若非真的發生需要出動民俗的生死大事，宿舍應該很少會出現符咒。

那麼，成大有沒有符合傳說描述的自殺事件呢？

可能有。

之所以說「可能有」，是因為在傳說流傳的那陣子，宿舍的跳樓自殺事件不只一樁。一九八九年五月，成大測量系張姓同學於光復校區第二宿舍墜樓。[25] 一九九九年十二月，建築系袁姓同學在光復校區第二宿舍墜樓，陳屍於二樓陽台。[26] 二〇〇〇年七月，數學系林姓同學墜樓於光復校區第一宿舍墜樓，臥倒於二樓平台。[27] 二〇〇三年一月，機械系楊姓同學自光復校區宿舍五樓跳樓。[28] 再加上二〇〇一年的造船系陳姓同學於系館跳樓的自殺事件，一九九九到二〇〇三年這五年間一共發生了四起跳樓自殺案，近乎一年一起，其中絕大多數位於光復校區的男生宿舍。

有些新聞報導會描述到跳樓自殺者的死狀。但檢閱這些死狀，並沒有傳說中的「頭身分離」；未直接墜落到一樓、在二樓被發現的，則有兩起。一九九九年的死者，被光二舍的宿舍管理員發現臥倒在宿舍二樓西側陽台。管理員發現屍體與血跡後立刻報警。[29] 二〇〇〇年的死者被發現的狀態則是，住在光一舍的一名四年級學生，行經樓梯間時聽到「碰」的一聲，他從樓梯間的窗台望出，看見一名淌血的年輕人仰躺二樓平台。[30] 這是公開所能知道最詳細的描述。但這兩起發現經過並未符合傳說中「學生在寢室看到斷頭」的描述。兩起事件都未提到頭身分離，僅有一起死亡的目擊者是學生，且在那起事件中，目擊現場並非寢室，而是樓梯間。因此鬼故事裡的目擊現場描述並不存在。

儘管如此，單就「有人目擊未直接掉到一樓的自殺死者慘狀」這點，事實和傳說是吻合的。就算沒有鬼故事，光就新聞報導中提到的「學生在宿舍中突如其來地目睹死亡」，也足以使目擊者留下難以磨滅的創傷。我們可以將「毛球」故事解碼，視為一種原始事件的變形：「頭身分離的死者」指向墜樓屍體的慘狀，「摸到籃球」則等同於在日常生活中突如其來直面死亡。「玩看不見的毛球」則屬於鬼故事範疇，純粹是對斷頭的渲染。但其他元素，都和成大學生真實面對的情境有所呼應。

為什麼這樣的故事會被記憶呢？可能是因為二〇〇〇年前後頻發的跳樓自殺事件，實在太令當時的學生印象深刻了。這種震驚與悲傷需要消化，因此「宿舍曾經有人自殺」的感覺被承襲了下來。這些成大學生講述與現實相近的鬼故事，心理可能很複雜。鬼故事有「消費死亡」、「將其獵奇化」的危險，不能說談論鬼故事中沒有這一塊，但也不能只單純看這一塊。對於那些就住在事發宿舍裡的學生來說，談論這些鬼故事，或許是一種釋放壓力與情緒的方式。不少談論成大恐怖傳說的學生，都會提及成大「每年死一個」的說法——因為自殺的頻繁，學生對於學校的印象，已經混雜了陰暗的死亡感覺。或許，正是因為有這樣的恐懼需要處理，故事成了承載恐懼的載體。在某些分享故事的時刻裡，恐懼也可以跟著傳出去，由眾人共同分享、承擔。

中原無頭鬼

與「毛球」相似的校園傳說，還包括中原大學力行宿舍的鬼：

力行宿舍頂樓曾經出事過。有一次半夜，住在四樓的同學一直聽到頂樓有籃球拍打聲，他們被吵得受不了，其中兩、三位跑上去看到，卻看到一個無頭的人正拍著自己的頭。（BBS, 1996）[31]

曾經有一位住在中原力行宿舍的大四僑生，因爲被三二，在附近的平交道臥軌自盡。火車輾過他的身體，頭飛到附近的水田裡，一個多月後才被發現。但這時身體已被處理過，頭已經無法連回身體上了。在這之後，就常聽聞力行鬧無頭ＸＸ的傳聞。在那之後，學校對大四學生的成績多從寬處理。（交大資工鳳凰城資訊站 BBS, 1996）[32]

在力行宿舍後面的鐵軌，一次交通意外事故，造成受害者頭身分離。屍體當日就火化了。然而當初沒有把身體拼齊，因此在事故的兩週後，住在力行樓後面教授宿舍的其中一位教授，發現一大群野狗在追著球跑。仔細一看，那顆東西看起來毛毛黑黑的，原來，那不是球而是人頭。這起事件發生的時間點剛好在考試前後，據說很多晚睡的學生傳出所謂的「找頭事件」。（BBS, 2011）[33]

中原的宿舍傳說從一九九〇年代就開始流行，並曾在二〇〇〇年代被報導。故事的前提，都是「宿舍有無頭鬼」，有些還會提到「頂樓天台有無頭鬼像拍籃球一般拍打頭顱的回音」，而無頭鬼的背後，被認為是這起「平交道頭身分離」死亡事件所導致。「無頭鬼」傳聞二〇〇四年曾被東森新聞報導[34]，二〇〇六年則有蘋果日報、TVBS 報導[35]，一度成為媒體焦點。新聞依據的就是一九九六年這兩則 PTT 文章。「天台無頭鬼」傳說的根據，是「天台無法進去」一事。根據新聞報導中的校方回應，天台是因消防考量而上鎖。但這顯然也是一起因為「封鎖」而產生鬼故事的案例。

故事講得具體，甚至連平交道事故的年分都寫了出來。但是檢視報紙資料庫，並未查到可對應的新聞。一九七〇至一九八〇年代中原附近的平交道曾發生死亡事故，但死者並非學生。一九七九年，報導稱一輛計程車在「中原理工學院」（即中原大學）附近的平交道上與自強號相撞，司機與兩位乘客不幸死亡。這是少數能檢索到的中原平交道事故報導。中原大學臨近鐵道，力行宿舍附近就有一個平交道。住在力行宿舍裡，應該時時能聽見火車的聲音吧。對於這些住宿生來說，火車與平交道是非常生活化的場景，可能就是因此，「平交道事故」對學生來說，是近到很有真實感的事情。

中原無頭鬼傳說，同樣利用了「球」跟「頭」的相似，營造出戲劇轉折。這點跟「毛球」極為相像。無頭鬼傳說的恐怖，分成「無頭鬼拍籃球（頭）」和「教授看到一群野狗追著『球』（＝頭）跑」兩種，兩種都先呈現了與球有關的行為（拍籃球、狗追著球），一開始聽者還不會發現這行為有什麼怪異，接著說故事者再將行為中的「球」置換為人頭，就可以讓聽者在毫無防備的情況下，像敘述者一樣直接看到恐怖畫面。考量到頭與球的相似，這些恐怖轉折都是「合理但又意外」的故事發展。

大學屍水宿舍、特別的房間、成大「毛球」、中原無頭鬼……這些傳說雖然有各自的主題與側重，往往離不開某間「被封鎖的房間」或是「被封鎖的頂樓」。被封鎖起來的空間，就像是不屬於學生的，讓渡給另一種存在的某個地方。因此所有封鎖都引人遐想，都具有引發靈異想像的潛力。

---

1 〈北工鬼事（一）〉，轉引自 tw.bbs.rec.marvel@googlegroups.com，1995 年 3 月 22 日（https://groups.google.com/g/tw.bbs.rec.marvel/c/7C-iJaiVoAw/m/1h-bVF9wPbgJ）。

2 donson，〈政大的宿舍鬼故事 ....〉，政大貓空行館 Marvel 板，1997 年 11 月 27 日（https://www.ptt.cc/man/NTHU-NHCTC/DAB6/D50C/M.947218637.A.html?fbclid=IwAR21JLki9Qz8YbJtg91YIf2Ubv2K1BJMETCHkA36KKVP0Rf3EgMOmyGbo7w）。

3 腦袋空空，〈中原有沒有那玩意兒呢〉，轉引自 tw.bbs.rec.marvel@googlegroups.com，2000 年 10 月 16 日（https://groups.google.com/g/tw.bbs.rec.marvel/c/yfQbj3sTIoo/m/8i9-VcaWoRkJ）。亨利萬世，〈Re:［經驗］中原大學〉，轉引自 tw.bbs.rec.marvel@googlegroups.com，2011 年 4 月 30 日（https://groups.google.com/g/tw.bbs.rec.marvel/c/XB0dT6RObfI）。

4 littlething，〈我想講講我們東海的著名鬼故事喔 .... 好嗎 ?????〉，中山醫學院 BBS 站 marvel 板，1999 年 4 月 28 日（https://www.ptt.cc/man/ShuLin4-11/DAE4/D8/D8C5/D6DA/D50C/M.947311584.A.html）。

5 〈［轉貼］文化大學大倫館〉，四象生的怪奇小屋，2007 年 3 月 12 日（https://blog.udn.com/sinkei/809561）。FUJI0904，〈標題［轉錄］［校園］文化大學鬼故事〉，PTT marvel 板，2009 年 6 月 1 日（https://www.ptt.cc/bbs/marvel/M.1243792635.A.F0A.html）。

6 AriesH，〈中興見聞（一）〉，PTT marvel 板，2004 年 6 月 18 日（https://www.ptt.cc/bbs/marvel/M.1087612325.A.html）。

AriesH，〈中興見聞（二）〉，PTT marvel 板，2004 年 6 月 19 日（https://www.ptt.cc/man/marvel/DFB6/D155/DA7A/DAF2/D616/D632/M.1359707037.A.1D6.html）。

7 以下參考自吳子文：〈僑生教育與中華民國：台灣國族想像的轉變，1951-2008〉，《文化研究》第十期，2010 年 3 月，頁 103-138。

8 如魚得水，〈請問一下：有人知道有關『輔大的鬼故事』嗎？〉，轉引自 tw.bbs.rec.marvel@googlegroups.com，1999 年 10 月 18 日（https://groups.google.com/g/tw.bbs.rec.marvel/c/zdbir6jQ_XM/m/dz-10GpYYD8J）。

9 懶懶賴著你，〈Re: 請問臺北大學的民生校區或女舍有什麼故事嗎？〉，轉引自 tw.bbs.rec.marvel@googlegroups.com，2004 年 8 月 21 日（https://groups.google.com/g/tw.bbs.rec.marvel/c/USon3g8pSwE/m/YtZymyoKeOwJ）。

10 胡靈，《宿舍鬼故事》（禾馬，1995）。

11 〈政大男宿謠傳：僑生病歿屍黏床版〉，東森新聞網，2011 年 11 月 19 日（https://www.ettoday.net/news/20111119/7782.htm）。

12 HSU，〈女學生強暴事件完整版〉，轉引自 tw.bbs.rec.marvel@googlegroups.com，1998 年 1 月 8 日。（https://groups.google.com/g/tw.bbs.rec.marvel/c/n3Bp0EmB03Y/m/_9FEccK2hM8J）

13 阿華田比較好，〈有沒有學校宿舍的鬼故事呀？〉，轉引自 tw.bbs.rec.marvel@googlegroups.com，2001 年 4 月 18 日（https://groups.google.com/g/tw.bbs.rec.marvel/c/yYg4vnfVroE/m/HmkmNY1wkmwJ）。

14 紅酒搭鮮奶土司，〈Re:［校園］昨晚 ...〉，BBS, 2007 年 10 月 17 日（https://groups.google.com/g/tw.bbs.rec.marvel/c/bdimQkZDM2o/m/ybv_RzQGALUJ）。

15 不告訴你，〈［校園］復興高中的宿舍 = =〉，BBS, 2006 年 5 月 29 日（https://groups.google.com/g/tw.bbs.rec.marvel/c/8J7pkDNyq_U/m/84RgoXmXjwMJ）。

16 要開心，〈Re: 北師〉，轉引自 tw.bbs.rec.marvel@googlegroups.com，2005 年 12 月 11 日（https://groups.google.com/g/tw.bbs.rec.marvel/c/ovItGDWn6wc/m/SmuMEPzN4HwJ）。

17 原轉載於 https://blog.xuite.net/lineageglory/wretch/189498289，連結已失效。

18 殘缺無心君薄命，〈［校園］花蓮某大學女宿舍〉，轉引自 tw.bbs.rec.marvel@googlegroups.com，2007 年 5 月 30 日（https://groups.google.com/g/tw.bbs.rec.marvel/c/j1dIMDdSVVQ/m/fXhNaq7PfUsJ）。

19 遇到生命中的女神，〈請問成大光二舍的女鬼穿牆〉，轉引自 tw.bbs.rec.marvel@googlegroups.com，2002 年 5 月 29 日（https://groups.google.com/g/tw.bbs.rec.marvel/c/YrwLmdJ7WAE/m/ikI-3KDbSSMJ）。

20 神魔不許的闇夜之路，〈成功大學的宿舍〉，轉引自 tw.bbs.rec.marvel@googlegroups.com，2004年6月12日（https://groups.google.com/g/tw.bbs.rec.marvel/c/Pb_uoagb8JU/m/qF-Y1uUaiOUJ）。

21 淩亞，〈[經驗]有關於成大的一二三事〉，轉引自 tw.bbs.rec.marvel@googlegroups.com，2011年4月18日（https://groups.google.com/g/tw.bbs.rec.marvel/c/d6i_uFF2kcE/m/dzFTHZr6OEwJ）。

22 lshtd，〈Re:[經驗]有關於成大的一二三事〉，轉引自 tw.bbs.rec.marvel@googlegroups.com，2011年4月23日（https://groups.google.com/g/tw.bbs.rec.marvel/c/irc2jx4K66k/m/YoBJUTGaYFUJ）。

23 正直!!!堅持!!!，〈Re:[經驗]有關於成大的一二三事〉，轉引自 tw.bbs.rec.marvel@googlegroups.com，2011年4月22日。

24 淩亞，〈[經驗]有關於成大的一二三事〉，轉引自 tw.bbs.rec.marvel@googlegroups.com，2011年4月18日。

25 〈成大學生 倒臥宿舍前〉，《聯合晚報》，1989年5月22日。

26 〈成大男生墜樓遺恨 陳屍宿舍陽台〉，《聯合晚報》，1999年12月10日。

27 〈成大宿舍墜樓案 死者是休學生林昆豐〉，《聯合報》，2000年7月14日。

28 〈太迷網？成大大一生跳樓自殺〉，《聯合報》，2003年1月23日。

29 〈青春變色 成大男生墜樓死亡〉，《中華日報》，1999年12月11日。〈成大學子袁偉倫陳屍宿舍陽台 疑墜樓〉，《中國時報》，1999年12月11日。

30 〈疑情關所困 成大休學生跳樓尋短〉，《中華日報》，2000年7月14日。

31 天空，〈中原力行宿舍〉，轉引自 tw.bbs.rec.marvel@googlegroups.com，1996年7月23日（https://groups.google.com/g/tw.bbs.rec.marvel/c/x8aWfeIC7bU/m/0WQkZV0IMxYJ）。

32 Midway，〈中原力行宿舍無頭XX〉，交大資工鳳凰城資訊站，1996年7月24日（https://www.ptt.cc/man/NTHU-NHCTC/DAB6/D50C/M.947236006.A.html）。

33 巴菲，〈Re:[經驗]中原大學〉，轉引自 tw.bbs.rec.marvel@googlegroups.com，2011年4月28日（https://groups.google.com/g/tw.bbs.rec.marvel/c/XB0dT6RObfI）。

34 轉載於 https://m.xuite.net/blog/z7412365560/wretch/124092883，連結已失效。

35 〈中原大學宿舍鬧鬼？校方：沒的事！〉，TVBS新聞網，2006年10月24日（https://news.tvbs.com.tw/life/347091）。

02 格子狀的房間

「封閉的寢室」或「特別的房間」這一類故事，利用了「宿舍裡某間房間，與其他間與眾不同」的特點來說鬼故事；另外有一類故事，則強調宿舍裡「每一間都一樣」、「一間連著一間」的空間感覺。這類故事包括：鬼一間一間找人的「找不到」、穿越眾多格狀房間的「成大穿牆人」，以及因學生搬離、使得某五間寢室漆黑一片、形成十字狀的成大女宿「黑暗十字架」。這些故事中的鮮明靈異形象，都來自於宿舍寢室呈格子狀排列的空間特性。

找不到

「找不到」很可能是最早，也最有名的宿舍鬼故事。

我在轉錄 BBS 資料的 Google 論壇上檢索這則故事，最早的故事發表時間為一九九六年。這是這批 BBS 材料的早期階段，此時「找不到」就有各種不同版本流傳在 BBS 上。

宿舍——格子狀的房間

根據文章底下的留言回應，不少人已經不是第一次看到這個故事——也就是說，在那之前，這個故事已經在網路上流傳，並且廣泛到「許多人都有印象」的程度。推測「找不到」故事可能在一九九〇年代初開始流傳。

這個故事沒有固定的名字，可能稱為「找不到」、「找到了」、「沒有人」，「碰碰碰」或「叩叩叩」，也有「跳動的人頭」或「用頭走路的鬼」等名字，以下用最常出現的「找到了」來稱呼它。由於「找到了」版本較多，以下以數字標示版本。

1 跳動的人頭

師範大學女生宿舍曾經發生這樣一件事：一位女同學跳樓自殺，但她的死法和別人不同，她是頭先落地。從此，在女一舍的走廊，經常聽到「以頭撞地」的聲音「碰碰碰」，從走廊遙遠的那一頭，慢慢靠近……直到停在她生前所住的寢室。她以淒涼的聲音問：「某某某在嗎？」她的室友都知道，是她回來了，沒有人敢去開門。這情形維持了好幾個禮拜。不久暑假到了，宿舍學生們紛紛回家，一天晚上，女宿管理員在清理宿舍，來到這間傳聞頗多的房間，心裡跟著毛起來，但他決定不去想它。這時，門自動關上了。他聽到「碰碰碰」的聲音從遙遠的走廊盡頭，由遠而近靠近。他非常害怕，打算躲在書桌底下，等她過去了再出來，猜想或許能逃過一劫。但她卻停在門口，緩緩的說：「你……不用……再……躲……了，我……已經……看到……你……了。」管理員心想，「我躲在桌下，妳也沒有開門，怎麼看得到我呢？」於是管理員走到門前，臉貼近地面，當他從門縫間一看，居然看到一對血淋淋的眼睛，哀怨地看著他……（BBS, 1996）[1]

這個故事通常包含以下情節：

1. 一名學生跳樓自殺。
2. 主角為了躲避鬼，躲到宿舍的床下或桌下。
3. 鬼逐間／逐床找主角，並說「找不到」。鬼移動的聲音猶如鈍物撞擊地面。
4. 鬼說「找到了」（有時會有「主角和鬼對上視線」的描述）。
5. 揭露鬼因跳樓而成頭下腳上姿勢，因此看得到床下或門縫間的主角。前面的鈍物撞擊聲，是人頭跳動的聲音。

「找到了」這則鬼故事，不少人說是「我聽過最恐怖的故事」。在眾多的校園鬼故事當中，「找到了」都是非常特殊的一則，沒有其他鬼故事和它一樣，如此久遠又如此有名，如此虛構又如此鮮活。

首先，「找到了」非常古早。網路上可以找到一些「找到了」故事非常早期的版本，例如一九九六年一篇並不能算完整的〈人頭！！〉[2]，只有「有人聽到叩叩聲」和「看到地上跳動的人頭」等元素，非常簡樸。之所以留下這樣的記載，可能意味著說故事的人得知故事時，是用聽的，加上當時「網路上以文字記錄鬼故事」的技術尚未十分成熟（早期 BBS 常見簡短的故事紀錄），缺少可學習寫作的教材，因此該文作者無法很好的轉述。這些跡象說明了，這故事有另一段先於文字的流傳史。

就在同一年，也有較為完整的〈跳動的人頭〉版與〈我找到了〉版（女鬼索命，負心漢找道士求救）。這兩個版本說故事技術較好，流傳廣泛。再算上其他故事版本，「找到了」在二〇〇〇年以前已有多種變體。一般我翻找鬼故事紀錄，二〇〇〇年前的版本已經算是值得重視的「早期」。「找不到」的早期版本則多到，我幾乎鮮少需要考慮二〇〇〇年以後的紀錄……因為光是二〇〇〇年以前的，就完全足夠用於分析。

其次，「找到了」是一則「不斷成長」的鬼故事。這也是它為什麼會被稱之為「聽說過最恐怖的故事」的原因。「找到了」故事的成熟版本，運用了非常多說故事的技巧。「找到了」最精彩的恐怖之處，在於「只有一人留在宿舍」與「聽著聲音步步逼近，想躲卻躲不掉」的情境，但這個特定情境的營造，需要多方面的考量（為何只有一人留在宿舍？為什麼不能逃跑？）。最成熟的版本，能因為考量到這些問題，安排兼具恐怖感與合理性的情境。「找到了」就這樣從一個「一開始只有梗概的好點子」，逐步變成首尾完整、符合「人們對好故事的要求」的極短篇小說。

觀察版本的流變，可以看得出來這個成長、演進的痕跡。

對於那些聽聞「找到了」的人來說，它是「真實事件」，還是「虛構故事」呢？應該是介於兩者之間。以二〇一九年臉書社團「靈異公社」的 po 文為例，不少人留言表示

「聽過了」、「好久以前就聽過」、「聽過其他版本」，也有人提醒這一篇應該被歸類「創作」而非真人真事。[3] 原po則視其為「真人真事改編」。一般來說，都市傳說應該會強調「這是真人真事」才對，但也有人不諱言「改編」。這應該是因為「找到了」的故事很古早，人們已經聽了太久，足以意識到它是一則「老哏」，因此可以不把它當成曾發生的真人真事（相對於容易被當成真人實事的「屍水宿舍」），而意識到它是「創作」。

「找到了」根據鬼與主角的關係，可以分成兩類：

一、無關係，主角是「偶然遇鬼」的無辜他人：主角並不認識死者，他只是恰巧躲在宿舍，偶然遭遇在宿舍的鬼魂，如同1〈跳動的人頭〉所呈現的。在「無關係」情況下，主角並沒有做什麼虧心事，因此沒有被索命的必然性，會遭遇鬼魂只是偶然。但正是因為主角是無辜的，因此聽故事的人更能代入、認同這類「偶然遇鬼」的主角。

二、有關係，主角是拋棄女子的負心漢：像其他眾多鬼故事一樣，這類型也使用了「女鬼向負心漢索命」的元素。相較於「主角與死者無關係」的故事可以不用強調死者的死因，負心漢故事則會強調兩人的感情關係，女方是如何因為被分手、被要求墮胎等緣故而選擇自殺——被索命的負心漢，就是理應為女鬼的死負責的人。在這類型中，女鬼有明確的動機與怨恨報復主角，主角的死亡也更加符合「報應」。

我曾經聽說過「找不到」故事。那是我高中時期（約二〇〇〇到二〇一一年），我聽說在女生宿舍，曾經有個女鬼，在無人的宿舍裡一間一間地找人，最後與躲在床下的女學生四目相對。我聽到的是「無辜主角偶然遇鬼」的類型。「偶然遇鬼」型，其實主角遇鬼的情境有點突如其來與莫名其妙，但這故事對當時的我來說很恐怖，因為我感覺自己只要落單在宿舍裡，就可能成為故事的主角——假使我聽說過的是第二類「女鬼向負心漢索命」故事，就會安心許多。雖然故事很可怕，但我不曾負心，不需要擔心被鬼找上。這應該也是鬼故事常面臨的難題：假設主角罪孽深重，那麼他的慘死看來更像必然；但假設主角身分並不特別、也不罪孽深重，則能讓聽聞傳說者輕易代入自己。

（一）偶然遇鬼

2 關於文大宿舍的鬼故事

文大宿舍裡，一位僑生放暑假時沒回家，留在學校宿舍。暑假宿舍裡人少，他房間前後都沒有人住。但是很奇怪地，每天晚上，他都會聽到走道上有人沿著走道一間間敲門的聲音，很有規律地，敲門三下。沒有人回應，那個人就會說「沒人在」。但是敲門聲到他所在的房間前，就會停下來。有一天晚上，他忍不住好奇心，躲在門後，想透過底下的門縫觀察。終於，那聲音出現了，一樣很有規律地敲門三下，「叩叩叩……沒人在……，叩叩叩……沒人在……」那人沿著走道一間間地敲，等到到了他房間的時候，那聲音這次沒停，繼續敲了他的房間門。門縫底下沒有看到任何人，那聲音卻說：「叩叩叩……有人在！」（BBS, 1996）[4]

3 文化的鬼故事（二）

據說文大大倫館五樓會經發生血鬥，從此不得安寧，校方不得已封了起來。今年卻以宿舍不足的名義開放。寒假時，有位男學生沒回家，依然住在宿舍。一天他躺在床上，突然聽到走廊傳來聲音：「叩叩叩……有沒有人？啊，沒人！」那人一間敲過一間，來到這間時，男學生並沒有理他。過了幾天，男學生又聽到那個聲音，這次他決定一探究竟。他從門的通氣孔往外看，他看到了一個類似人的形體，一隻手敲著門，另一隻手拿著一顆頭。「叩叩叩……」那顆頭的眼睛看到了他，喊出：「有人！」接著那個形體又往下一間繼續敲，男學生則當場昏倒在地。（BBS, 1997）[5]

4 找不到

A君是T大的新生，因來自外地而住校。宿舍是上下鋪，一般都是兩個人一間，但A君剛好分配到一人一間。A君很高興搬進去了，他睡上鋪，一開始沒什麼怪事，但一星期後，每天晚上兩、三點左右，都會有個奇怪的聲音：「叩、叩、叩，乩，拐。（開門的聲音）」後面接著說：「找不到。」一連好多天，每天都有。A君想會不會是同學惡作劇，問了同學，都不是。A君覺得奇怪，他決定躲到床下看看是誰。那天，又是一樣的聲音：「叩、叩、叩，乩，拐。」但是這回，那聲音說：「找到了……」（BBS, 1996）[6]

前述1〈跳動的人頭〉版本，較為典型。故事先交代「頭先落地」的死法，為之後的「以頭撞地聲碰碰碰」與「從地板門縫看到雙眼」做鋪陳，但是相較之下，則沒有出現「逐間尋找」的要素。故事1裡的女鬼，她前往的寢室非常特定，就是她生前所住的那間寢室，因此沒有逐間寢室找人的要素。這樣一來少了點「用重複的節奏疊加恐怖感」的空間。然而，故事也意識到了鋪陳的必要，因此三番兩次提到「從遙遠的走廊盡頭」、「由遠而近地靠近」，並屢次描繪「碰碰碰」的跳動聲，來鋪陳那份「危險逐漸逼近」的壓迫感。

2〈關於文大宿舍的鬼故事〉跟3〈文化的鬼故事（一）〉同樣流傳於文化大學。故事2有「逐間敲門」的要素，但並未有「人頭跳動」的要素。主角匍匐在地上觀察門縫間，卻發現「門縫底下沒有看到任何人」——這一個故事裡，鬼沒有形體。雖沒有形體卻有聲音，能說出「有人」，這也是常見的鬼的形象。故事3和2很接近，同樣有「逐間敲門」要素，同樣也是「透過門縫（這次是通氣孔）窺視」，鬼也並非以「頭下腳上」的形態出現。但兩者的鬼形象略有不同，故事3的鬼有形體，形象為頭身分離的「一隻手敲著門，另一隻手拿著一顆頭」。從2、3版本可以看到，「找不到」故事演變早期，鬼的形象尚未完全定型，也有不少並非「頭下腳上」的型態。

但4〈找不到〉的鬼，就是頭下腳上了。儘管這個故事並未講明。但從「A君睡上鋪沒被找到」與「A君躲床下被找到」的情節來看，顯然鬼的視線是上下顛倒的。

故事2、3、4同樣都有設計「沒找到人」與「有找到人」兩種不同情境的臺詞，來凸現主角被鬼發現的時刻。2和3的臺詞是「沒人」與「有人」的一組對照，4的臺詞則是另一組「找不到」與「找到了」。這一點跟日本廁所怪談「窺視的臉」很相像。

「窺視的臉」故事中，一名女學生在放學後遇到一名看護婦（護理師），雙方不小心對上視線，看護婦開始追逐女學生。女學生躲到了廁所並且逃到最後一間，看護婦也追進廁所，並開始一間一間敲門，說著：「也不在這裡啊……」敲到最後一間時，卻突然停了下來，當女學生以為自己逃過一劫，鬆了一口氣時，抬頭往上看，卻發現看護婦正從廁所隔間上方的空隙看著她。[7]

這個故事同樣有逐間搜索、並說著「不在啊」的描繪，與「找不到」故事的某些型態非常相像。兩邊可能是獨立發展，也有可能「找不到」受到日本怪談的影響。

1至4四個故事中，除了故事4，另外三個都是透過門縫窺知鬼的存在。在「偶然遇鬼」系故事中，「門縫」是比「床下」更關鍵的見鬼縫隙。5〈沒有人〉也同樣是透過門縫：

5沒有人

放假某一天，宿舍的人幾乎都回去了，只剩下一個女學生留在宿舍。一天，她在寢室聽到外面遠遠傳來清晰的聲音：「叩叩叩……沒有人。」這聲音由遠而近，每一間

> 都敲門，反應也都是「沒有人」。女學生很害怕，她聽說過宿舍鬧鬼。她害怕地躲到床底下，那聲音持續到她門前，「叩叩叩……有人。」接著又繼續敲下一間。
>
> 隔天女學生把這件事告訴同學。原來那女鬼是墜樓自殺，頭先著地，所以是用頭走路，「叩叩叩」就是她的頭撞擊地面的聲音。而這名女學生是如何知道有人的呢？因爲女鬼的眼睛在地下……女學生是透過門縫看到的。（BBS, 2000）[8]

在「偶然遇鬼」系故事中，故事常常並未交代遇鬼主角的下場，但主角多半會嚇到。故事5〈沒有人〉更溫和一點，鬼只是輕輕地說「有人」，就繼續前往下一間，彷彿這隻鬼只是來查寢點名的。

故事5是一個改良版。「找不到」故事的兩大恐怖要素，「以頭撞擊地面」與「頭下腳上」，這個故事前面都先壓住不說，直到故事末尾才揭露。不像是1〈跳動的人頭〉一開始就提到：「在女一舍的走廊，經常聽到『以頭撞地』的聲音『碰碰碰』。」故事5最後才揭露：「『叩叩叩』就是她的頭撞擊地面的聲音」。女鬼頭下腳上的死狀，也未在一開始點明，因此更有翻轉感。調整順序後，這才是標準的懸疑故事次序。

在這個故事裡，用「叩叩叩」來表現「碰碰碰」。前面幾個出現「叩叩叩」聲的故事，「叩叩叩」都是敲門聲，「碰碰碰」才是頭在地上跳動的聲音——但對5來說，這區分似乎不重要。

無論如何，這類故事裡「怪聲實際上是人頭跳動聲」的設計，非常精彩，終於有一個版本可以用翻轉的形式來呈現它。原本意義不明的「碰碰碰／叩叩叩」重物撞擊聲，後來揭露是人頭的聲音……令讀者腦中馬上出現鮮明的人頭形象，兼具合理性與驚悚感。儘管這和鬼的常見形象並不完全相符。鬼的常見形象常常是「沒有腳」或者「只有魂魄沒有身體」，這些鬼特性，都可以使它不發出聲音……但在鬼故事裡，假使發出聲音比不發出聲音更令人毛骨悚然，那就讓鬼移動有聲。為此，「鬼理應沒有身體」的常規邏輯也可以捨棄，改採用「鬼有身體」的靈活設定。

可預期比無預期更可怕

「找不到」的恐怖感，是「可預期」的恐怖感。甚至，「預料鬼將逼近」是這個故事其中一個相當核心的要素。

唯有預期，主角才有辦法事先躲起來，經歷「正因為想躲藏，以致於被找到」的弔詭。因此，各種版本的故事，都讓主角在被找到的關鍵時刻前，已經知道有鬼徘徊在宿舍裡找人。以下這個版本，把「預期」因素更加強化，甚至設定了特定的時間點：

6叩，叩，叩，叩

從前，在某大學有個漂亮的女孩子，她的男朋友得到了她的第一次後，便和她分手了。她是個很單純、傳統的女孩，沒有人對她做過這麼過分的事，她傷心欲絕，某天晚上從她宿舍的頂樓一躍而下，頭朝下當場死亡。那時正好是晚上十點。此後，她的宿舍就傳出鬧鬼的事件。每到晚上十點，在宿舍的任何人，一定要馬上到床上去，用棉被把自己完全包起來，才不會惹上麻煩。她們學校還爲此設了一個十點的鬧鐘，只要鬧鐘一響，不管正在做什麼，都要到床上去。某天，一位女學生在宿舍聽音樂，錯過了十點的鬧鐘。等到女學生發現時，已經太晚了，女學生心想反正來不及了，就往桌下躲去，把椅子拉緊。

女學生聽到敲門的聲音由遠而近，每個房間都會「叩，叩，叩，叩」的敲四聲後，問：「有人……在嗎？」再敲四聲「叩，叩，叩，叩」之後說：「沒人在……」（因爲人都躲到床上去了）等到女鬼來到這名女學生的門前時，同樣是「叩，叩，叩，叩，叩」之後問：「有人……在嗎？」然後再敲四聲「叩，叩，叩，叩」，這次卻說「有人……」女學生嚇死了，隔天休學回家。因爲那女生是跳樓死的，因此變成頭朝下看人，所以她可以從門縫看到那個倒楣的同學……（BBS, 1998）[9]

故事6〈叩，叩，叩，叩〉中說，因為女鬼死在十點，因此女學生也在十點鐘回到宿舍。所以十點是一個所有人都知道女鬼會抵達的時間。十點也成了禁忌時刻，所有人必須要「躲到床上用棉被包好」，才能夠規避危險。為此，故事中學校甚至設置了十點鐘的鬧鐘，顯然「女鬼造訪」一事是絕對的，應對方式也是特定的，宛若規則。若是違反，就是「觸犯禁忌」。

主角正好是「無心觸犯禁忌」的人。這故事先說學生「必須躲到床上」，但擱置了「為何必須要躲到床上包好」。直到最後才揭露：重點不在「躲」，而在「床上」。因此「以自己以為可行的方式應對鬼」是沒有用的，終將體會到「規則」有多麼不可挑戰。這種結尾，再次加強了「規則」的權威性。

故事到了6的版本，儘管那種「所有人都知道有鬼」的公開情境有點不現實，但是它透過主角「違反規定」的情節設定，讓主角遇鬼更加有內在必然性。

不過，主角畢竟還是和女鬼毫無關係的人，因此下場並不嚴重。就算違反規定，也只是「被嚇到休學」就好了——另一系「女鬼向負心漢索命」當中的主角，就沒有「偶然遇鬼」故事裡的主角這麼輕鬆、可以被嚇了事。害人自殺的負心漢，也要為他的罪孽付出性命。

（二）負心漢與索命女鬼

女鬼索命系故事與偶然遇鬼系故事，我們無法判定哪一個故事比較早，兩者同樣很早就存在了。女鬼索命系故事早期的版本就已經相當完整，各種元素都出現得恰到好處。它後續的演變，也使這則故事更接近一篇巧妙的極短篇小說。

7 我找到了

曾經，有一對高中的情侶，愛情變了調。女生一時想不開，從樓頂一跳，頭下腳上地死在學校大樓旁。她留下遺書，揚言要在頭七時回來找負心男。男生嚇得跑去找道士，詢問要如何躲過報復。道士教他，當天晚上躲在床底下，女鬼就找不到他了。果然，頭七那天晚上，宿舍外面傳來陣陣詭異的聲音，「叩、叩、叩」，嚇得男生馬上躲到床底下。沒多久，那個聲音停在他的房門外。那個女生進到他的房間裡來了。他聽到女生在床板上「叩叩」地敲，口中唸著「找～不～到～」，宿舍裡有四張床，女鬼連續找了三張，都沒找到，直到她來到男生藏身的那張床，一樣的「叩叩叩」。只聽女鬼說：「找～到～了～」

後來男生死於心臟麻痺。他最失策的地方，就是忘了告訴道士，女生是頭下腳上死的……（BBS, 1996）[10]

找不到的「偶然遇鬼」版與「女鬼索命」版一九九六年都已經出現在PTT上。女鬼索命版的男主角，事先被預告報復時間（頭七），他為此去找了道士，並聽從道士的建議「躲在床下」——卻因聽從道士建議的躲法而死。故事最後，揭露道士為何會給出錯誤建議：因為他並未得知真正的關鍵資訊（女鬼的頭下腳上死法）。

「不躲沒事，正因為躲藏，所以被找到」是這個故事的核心弔詭。「找不到」提供一種逆反卻合理的情境：「桌下」或「床下」這類一般認為安全的地方，因為女鬼的倒轉死狀，恰恰成了最危險的地方。這類故事也可以不用發生在宿舍，只要是格子狀、一間一間的房間都可以，因此也有旅館版本：

8 我看見你了！

有一對很要好的情侶，每個假日都會去郊區的旅館。這一次，他們到一處浪漫的沙灘度假，但男生變心了，他在這裡提了分手。女生反應很激烈，「我什麼都給你了，你要分手！」兩人爭吵間，男生手一推，把女生推下去了，女生的頭插在沙堆裡，一動也不動。

男生回到旅館，想說錢都付了，不如住個幾天再走。到了晚上的時候，他卻聽到走廊裡響起女友的聲音……她一遍又一遍地敲門，「叩叩叩，請問×××住在這一間嗎……」男生害怕極了，整個人躲到棉被裡去。隨著叩叩聲遠去，他以爲脫險了，正要入睡，卻聽到聲音再從走廊另一端傳來。他嚇壞了，躲到床下去。這一次，他再也聽不到「叩叩叩，請問×××住在這一間嗎？」的聲音，因爲那女鬼說：「我看到你了！」她死的時候，頭是插在沙堆裡的。(BBS, 1997)[11]

8〈我看見你了！〉是「找到了」故事的旅館版，是個較少見的變形。這個故事同樣也存在「負心」的要素，男生甚至是殺害女鬼的凶手。旅館版的存在，說明了故事發生在宿舍，或發生在旅館，兩個空間的功能都是一樣的：它們都是無個性的、一模一樣的、可以令女鬼逐一搜索的空間。

但這故事本身並不算是特別設想周到，因此顯得有些好笑。例如女生的頭插在沙堆裡，死法感覺不是很正經，在沒有交代附近有可以墜落的地方（如懸崖）的狀況下，這死法也顯得莫名其妙；男生在殺人後繼續待在旅館的決定，也不像個凶手。更何況，他要是真的想分手，就不會在兩人連續住宿的第一天提出來。因此8作為鬼故事，實在有點粗糙。

9 校園鬼話

這故事發生在大學校園裡。一對情侶約在學校後山斷崖相見，兩人前幾天有些口角，這時也不太愉快，女生先激動地推了男生，男生反擊，就把女生推下斷崖了。幾天的春假，男生不敢回家，他把自己關在宿舍不敢出來。這天剛好是女生的頭七，子夜十二點時，男生聽到敲門聲由遠而近，「叩叩叩，不是這一間……」男生嚇得躲在棉被中，這一夜安然過去了。隔天男生去找比較懂這方面的同學，同學告訴他，鬼的視線是往上或平行的，無法往下看，所以躲在床底下最安全。這天子夜又到了，敲門聲依舊，但是這回說的是：「叩叩叩，就是這一間……」

隔天，這男生被發現在宿舍裡氣絕身亡。女鬼之所以發現他，是因爲鬼的視線只能往上或平行，但女生掉下去時，正是頭下腳上，所以能從地板與門之間的縫中，看到躲在床底下的他。（BBS, 1998）[12]

10 找不到

在五十年代的臺灣，發生了一個眞實的故事。有個鄉下來的女孩子，是班上的超級資優生，因爲成績優異，高中畢業後，被准許保送到臺北某間出名的大學就讀。鄉下的女生既清純又純樸，哪比得上臺北女生的時髦與流行，所以她常是同學的笑柄。經過一年多的耳濡目染，她也成爲一個愛打扮的女孩了。本來臉蛋就不錯的她，打扮起來更是吸引人，使她成爲很多男生追求的對象。而她也交了一個名門世家的學長，兩人陷入熱戀。

因爲彼此實在太相愛了，他們終於發生了進一步的關係，女孩子也懷了孕。由於鄉下傳統觀念的影響，使得女孩認爲這一輩子是跟定他了。可是正値青春的學長卻不這麼想，於是就用了「父母親不接受」的藉口，拋棄了女孩，並給她一筆錢去墮胎。女孩失望地回到鄉下的老家，她的父母認爲這簡直是天大的恥辱，於是就把她趕了出來，並要跟她斷絕關係。可憐的女孩，在傷心之時，偷偷取了拋棄她的那位學長的一撮頭髮，放入上衣胸前的口袋，跳樓自殺了。

她的屍體很快被人發現，警察在現場驗屍時，許多群衆都圍了過來。其中一位，正是拋棄她的那位學長。一個在現場的道士注意到了女孩屍體胸前的一撮頭髮，道士似乎了解了什麼，於是問在現場的一位青年與女孩是否有過什麼關係。果然不出道士所料，這個人就是當時拋棄女孩的學長。那學長一五一十說出他是如何對待她的，道士對他說：「你完蛋了，絕對完蛋了。」他很緊張地問什麼意思，爲什麼說他會「完蛋」。道士回答：「這個女的死後變成鬼，或許會聽不到、也看不太清楚，她之所以要取你的一撮頭髮，是爲了死後能透過你身上的氣味來找你，她有太深的怨恨了！所以要找你尋仇。」那男的很緊張，問道士是否有避免的方法。

道士對他說：「方法有是有，但是卻無法完全避免。」道士算準了有一天那女鬼一定會來找他，於是在那一天，道士將他身上貼滿符咒，叫他躲回家中床底下，在床上放一件他的衣服。並且囑咐他千千萬萬不可張開眼睛。「你絕對、不管發生什麼事，都不可以張開眼睛，因爲這女子死狀實在太淒慘了，你一張開眼睛，就算沒被害死，也會被活活嚇死。」

他爲了保住性命，就聽了道士的話，到了女鬼會來的那一天，他整天都躲在床下，不敢出來。

夜晚很快就來臨。當教堂的鐘敲了十二下，過了不久，他就聽到「ㄍㄨㄞ 一」門被打開了。碰碰碰……碰碰碰……那女鬼果然來了。他聽到這聲音，馬上想到道士說的「絕對不可張開眼睛」，他閉緊眼睛，摀上耳朵，祈禱天快亮起來。那女鬼像殭屍一樣，「碰碰碰」跳上樓梯，越來越近。「ㄍㄨㄞ」房門開了，「找不到……」女鬼發出尖細的哀嚎，把他嚇壞了。碰碰碰，「找不到……」那男的想：「找不到就快走吧！」

女鬼在房中繞來繞去，直說著「找不到」，而那男的則是一邊祈禱，一邊唸阿彌陀佛。忽然，他聽到個凶狠粗糙的聲音：「找到了。」「什麼？怎麼可能會找到我？我

完了！我完了！」他快嚇壞了，但又因好奇且不相信的心態，將眼睛睜開一條小縫，

「啊……」

隔天早上，在他的屋子，警方發現了他的屍體，臉色蒼白，眼睛嘴巴張得極大，把群衆都嚇了一跳。屍體看起來像是曾受到很大的驚嚇。

事後，道士非常百思不解，他明明躲在床下，爲何會被找到呢？於是就向警方詢問，那女子死時是如何死的？原來她自殺時，是頭先著地摔死的。道士恍然大悟，那女鬼是用跳的去找那男生，但她卻是頭下腳上地倒著跳，所以那男的躲在床下，反而容易被找到。（BBS, 1999）[13]

死者如何說故事？

9〈校園鬼話〉和10〈找不到〉是「女鬼索命」系故事中比較完整的兩個版本，9已經相當完整，10則近乎無可挑剔，完全是小說等級的縝密。其他故事我都會縮減並改動，但10我只改了幾個錯字，字詞也毫無問題，顯然寫下這段文字的人，很會說故事。作為優秀故事的10，甚至改良了「女鬼索命」系故事的致命缺點。

「女鬼索命」系的故事要好看，女鬼要復仇成功，這樣才大快人心。但是假使遇鬼的男主角死了，那麼這個他視角所見的故事，又是誰說的？誰會知道這件事？傳說不像

是小說，一開始大家就知道它是虛構，因此小說可以是第三人稱全知視角，也可以是死者的第一視角。但是被視為真實的傳說，沒有這份自由。若是第一視角，那經歷故事的人，必須活下來才能說故事——不少看到女鬼索命系故事的人會問：「男生死了，那誰知道？」

這就是為什麼，9增加了「鬼的視線只能往上或平行」的設定。這類恐怖故事裡，男主角被殺死的部分，可說是全故事的高潮。但男主角死了，他的死亡過程如何被知道？——這時候就需要推理。「鬼的視線只能往上或平行」的設定，就是用來進行這一推理：因為鬼的視線有限（所謂「往上或平行」，女鬼應該只能看到地板以上約十公分處）男主角被找到，必然代表鬼的視線與他所在的床下同高——9前面並未揭露掉落斷崖下女主角的死狀，這裡才終於說出口是「頭下腳上」。某個據說流傳在清大的「找不到」故事，則是增加「鬼不會彎腰」的設定，因此原本預期男主角躲到書桌底下，就不會被找到。[14]兩類設定的效果是一樣的。

10則利用了道士的角色，來為整個故事做總結。最後，道士進行了簡單的靈異推理：因為女鬼是頭下腳上死的，所以男生才會被找到，因而導致慘死。若從故事內部推想，這件事可能是道士說出來的，他是唯一知道事情經過、也知道真相的人，並且他活著。故事因此避開了「由死人所說」的弔詭。

其實，那些主角被鬼找、被鬼索命的詳細經過，也理應只有主角一人知道。那些被「叩叩叩」敲門、四目相對的細節，按理來說不會有人得知。這是故事內在的弔詭：主角要被找到，必須整個宿舍只有他一個人，因此不會有其他旁觀者；但這樣一來，發生經過就變成「只有主角知道」的體驗。就算最後讓道士推理出真相，依然無法解決「死者如何說故事」的問題……或許是整個恐怖故事類型，都無法解決的問題。10〈找不到〉結局能處理到這程度，已是最好的做法。

正面對決的必要性

「找不到」類型故事中，主角即便預知逐步接近的危險，也無法逃離。或許有人會問：「為什麼不逃呢？」「偶然遇鬼」系故事裡，鬼來得莫名其妙或突如其來，往往沒有機會逃跑。但當索命女鬼早已給出犯罪預告，甚至貼心給出具體的時間地點，男主角為何不能逃跑？為什麼一定要與女鬼短兵相接？

對恐怖故事的讀者來說，這樣他才有機會「躲避失敗」，故事才會可怕。但是故事內部也需要為了這份恐怖，設置內在合理性。故事10上了新設定：男主角必須與女鬼正面對決，才能成功躲過復仇。

10關於法術的描述相當詳細。女鬼取了男主角的頭髮，令男主角絕對無法逃避，因此他只能面對。而面對的方法，根據道士給予的建議，像是讓男主角象徵性地經歷一場「被找到的儀式」。男主角放在床上的衣服，就是他的替身。另一個「找到了」故事版本可以說明這個邏輯：老婆死後，老公怕被老婆帶走，一位道行高深的法師跟他說：「你把你最愛穿的衣服放在床上，你老婆會以為那衣服就是你，她會帶走你的衣服，不會帶走你。」[15]這個版本將「衣服作為替身」的概念說明得更加清楚。

這些故事裡的道士、法師作法，不一定符合現實。但至少可以說，這些民俗設定（「取頭髮」、「身上貼滿符咒」、「準備一套衣服」）很符合臺灣人的「民俗感覺」。道士、法師的登場，也是中國傳統神怪故事常有的發展，他們通常法力無邊、總是能夠成功除魅。「找不到」故事裡，道士、法師依然正確——他們只是知道得不夠多。

大學生的性寓言

「找不到」故事最初的死亡——女鬼的死因，通常都與感情有關。更準確來說，與性有關。

6〈叩，叩，叩，叩〉屬於「偶然遇鬼」型，女鬼並非向負心漢索命，但故事中的女子依然死於情傷：男朋友「得到了」她的第一次，卻與她分手。

「女鬼索命」型的女鬼都是為情而死，7〈我找到了〉較為單純，兩人感情變調，女生一時想不開。8〈我看見你了！〉和9〈校園鬼話〉都是情侶口角間，男生失手將女生推落喪命。故事8中女生不想分手的原因，也同樣是因為性（「我什麼都給你了，你要分手！」）。

「找不到」同時也是關於大學生的，性的寓言。

10〈找不到〉給了女主角更完整的身世，也在性與戀愛的主題上有更多描繪：女孩出身鄉下，曾經受到嘲笑，卻憑著自身努力學會打扮，也被追求並結交男友。兩人發生關係，女孩懷孕，卻被男友命令墮胎，她鄉下的保守家人也以她為恥……故事詳細鋪陳女孩一步步走上絕路的歷程。

「找不到」的索命女鬼，和大學中那些問時間、等情人的「殉情女鬼」（參見第八章）一樣，都是為情而死。不一樣的是，殉情女鬼的故事多半只講「男友移情別戀」，並未強調性的部分。大學女鬼只是在校園徘徊，相當無害，她們的死因當然可以哀怨而不嚴重。但這些頭下腳上的索命女鬼不一樣，她們有復仇的強烈怨念，要來帶走負心漢——她們的死因，必須更沉重。因此她們若不是被愛人親手推落，就是「交付純潔」卻慘遭拋棄。

顯然，要創造一名可怕女鬼，單純的「被拋棄」還不夠嚴重。必須是「發生關係後被拋棄」，才有「必須復仇」的嚴重感。這想法以今日來看當然保守，但也無可厚非，畢竟故事流傳在九〇年代，三十年前對性的觀念並不開放。女性保持性純潔（處女）仍被視為必要，假設不再是處女，那她的身價就會貶值。而一名男性「得到女性的第一次」（成為女性第一次發生關係的對象）就是「賺到」，也因為這份「賺到」，因此他理應「負起責任」與女方結婚。若他提出分手，那便是「賺到了卻不負責」的負心漢，是「找不到」這類故事譴責、懲罰的對象。

但是大學，正巧是這樣一個弔詭的地方：大學被認為是浪漫、適合發展戀愛關係的地方，青春正盛的年輕男女在此相遇，往往出現不少「班對」、「系對」之類的伴侶……但戀人們若想進一步了解彼此與親密接觸，就進入社會上不鼓勵的領域。然而對於熱戀中的伴侶來說，「只能戀愛而不能有性」，未免過於不切實際。

由於社會賦予男性與女性的約束不同，男性的狀況相對單純，男性的性行為被認為是「賺」，不用負擔任何成本、也無需有所顧忌。但女性的狀況就較為複雜，因此有更多掙扎：男友會要求她發生關係（故事中的用語往往是「給」），但她若是「給」了，又沒有得到婚姻承諾作為回報，那便是慘「賠」。若再不幸懷孕，必須單方面承擔性污名的也是她。因此對年輕女性來說，性行為是一樁危險的投資，而她又常常無法自由選擇。這是「浪漫大學校園」形象中，不會揭露的另一面。

「找不到」帶有對這類年輕男女的告誡。對於男生，是：「你若『得到了對方的身體』，就理應負起責任和對方走下去。（否則可能會被自殺的前女友復仇）」對於女生，則提醒她們：「這是一個會與男友發生性行為的女性，她的下場很悲慘。」雖然提醒可能出於善意……也終究是規訓。

整體來說，「找不到」對於女性貞操的規範並不嚴厲。假使嚴厲，那麼故事不會讓女鬼復仇、復仇也不會成功，因為她是「自作自受」。但這故事懲罰的是負心漢，代表男性的負心罪行，比女性的失貞更重。因此失貞的女鬼，有對負心漢復仇的正當性——儘管並未譴責女性，但故事依然預設，失貞是一件嚴重的事，會導致自殺，自殺後會產生死後無法消散的執念。

近十年，關於女性「交付純潔慘遭拋棄」的描述變少了，取而代之的負心漢罪行是「劈腿」。二〇一六年 Dcard 上的〈蹦，蹦，蹦〉版，男友劈腿被女友發現，女友因此跳樓自殺。[16] 二〇一九年的靈異公社臉書〈找不到〉版，同樣是女友發現男友劈腿。[17] 三十年過去，男方的「要求分手」和「移情別戀」依然是女鬼經典的跳樓原因，但與性純潔相關的描述，則不再頻繁出現。社會對性的觀念逐步走向開放，也許總有一天，性行為的文化想像會不再有男女差異，不再有「賺」與「賠」，不再有「給予」與「得到」。

（三）關於宿舍的恐怖故事

儘管「找不到」多數時候以宿舍為背景，但並非所有版本都是如此。偶然遇鬼系的故事幾乎發生在宿舍。可能是男生宿舍，也可能是女生宿舍，但不外乎是宿舍；索命女鬼系中男主角躲藏被找到的空間，則除了宿舍以外，也有其他地點。8〈我看見你了！〉在旅館，10〈找不到〉則在男主角家中。

因此，「偶然遇鬼」系是關於宿舍的恐怖故事，「索命女鬼」系則不一定是。兩個相似的故事模式，內含的恐懼主題也可能不同。索命女鬼的主題是性與愛的背叛，偶然遇鬼故事裡，說的則是「這個宿舍空間裡，可能會出現鬼」。兩類型故事的開頭，也展現了主題的差異：偶然遇鬼故事開頭先交代宿舍的過去、主角住進宿舍的經過，這都與宿舍生活有關；索命女鬼系則主要強調男女主角感情的變化，顯然一開始就說明，這是感情故事。索命女鬼故事若發生在宿舍，也只因為主角剛好是住宿生。宿舍也只是因為可以提供那個「一間一間敲門」的場景，而被採用為主角的住處。但故事10說明了，就算是一般住家，描述女鬼以頭跳上樓梯的過程，依然可以強調「逐步接近」的效果。

可以說，「找不到」的「偶然遇鬼」系，是專屬於宿舍的恐怖故事。

「偶然遇鬼」系出現的恐怖感有二：一個是「宿舍的過去」，另一個是「獨自一人待在宿舍的時刻」。

宿舍裡學生來來去去，一屆畢業後，下一屆住進來，又是全新的學生，全新的環境。宿舍會有不為人知的過去嗎？可能有。這些新生，會從學長姊們口中聽聞一些傳說，那些發生在過去的傳說……「曾經有學生死在我們宿舍」，聽起來很近又很真，簡直是絕佳的鬼故事開頭。「偶然遇鬼」系故事，往往從這個前言說起。

當下一屆新生相信了這個故事，等到他們成了學長姊，他們會又一次地把這個故事說給新生。於是故事週而復始地在宿舍裡持續傳承下去，形成一段想像的宿舍歷史。

以下這個故事，就出現了「傳承宿舍過去」的場景：

11 某間 女宿半夜傳來的籃球聲

某天舊宿舍裡，一個女學生半夜挑燈唸書，聽到走廊上傳來類似籃球運球的聲音，聽起來像沒氣的籃球，傳出沉悶的「碰，碰，碰，碰」，頻率不快，持續一陣子後停了。女學生很困惑，跑去問學妹怎麼回事，學姊說：「學妹呀，以後看書記得把腳伸到椅子上，這棟宿舍裡以前有學姊上吊，她上吊的時候繩子鬆掉，她整個人頭朝下掉下來，眼睛以上的頭蓋骨都碎了。後來她常常在半夜用她往生的姿勢跳著，從門縫看房間裡有沒有人。如果看到有人的腳，她就會進去『拜訪一下學妹』……」（BBS, 2005）[18]

學妹先在宿舍遇到異狀，再去問學姊，因此得知了宿舍的過去，包含不為人知的靈異——這個過程對住宿生來說，非常有說服力。宿舍是一個獨立的特殊時空，常常有許多難以理解的規矩，需要由學長姊們來傳承。因此學長姊們成了「詮釋宿舍過去」的人。鬼故事經由學長姊之口說出來，也往往代表「那是真的」。

故事11是「找不到」故事的變形。同樣有「鬼在宿舍裡以頭下腳上行走、逐間搜索」的要素，但經典的跳樓死因，被改成了「上吊失敗頭著地」。這個特殊的死因安排，是有原因的。其他版本的故事裡，已經有「頭下腳上女鬼視線可看到門縫」的描述，但仔細一想，這合理嗎？門縫位置非常接近於地板，大約是離地一公分以內的窄小空間。但假使人倒立、頭抵在地上，眼睛可以與這個空間平行嗎？應該不可能，因為眼睛與頭頂間還有約十公分的高度，視線必然高於門縫約十公分。所以，說倒吊鬼可以看到床下的人，這合理；但若說可以看過門縫看到人——那必須削去那關鍵的十公分。

因此，故事11中死者「眼睛以上的頭蓋骨碎了」的死狀描述，便是用來削去那十公分。可說是相當設想周到的改進。

空無一人的宿舍

故事11的遇鬼時刻，是女學生半夜看書、只有她醒著時。出於敘事功能考量（讓鬼可以針對主角），主角遭遇鬼魂的時刻，都是獨自一人。1〈跳動的人頭〉的管理員因清理留在宿舍，2〈關於文大宿舍的鬼故事〉和3〈文化的鬼故事（一）〉都是長假未歸的學生，4〈找不到〉的住宿生獨睡……或許，「獨自待在宿舍」的情境，本來就令人感到害怕。

「屍水宿舍」的學生死於宿舍無人的長假，復中鬼故事〈女學生強暴事件〉中女學生回到無人的宿舍而被工人殺害……這些宿舍故事的情境設定，都並非偶然，而是透露「空空蕩蕩的宿舍很危險」的想像。為什麼會這樣想呢？除了因宿舍無人而無法求助的現實因素以外，應該還包含這樣的感受：正是由於宿舍是學生聚集之處，因此空蕩無人的宿舍，特別讓人有異樣的，夾雜陌生與詭異的感覺。

研究日本學校怪談的民俗學家常光徹，在《學校的怪談：口傳文學的研究I》一書提到，校園怪談中的不可思議常常發生於「傍晚到夜晚」的這段時間。白天有著數千名學生的校園，到了這時突然一改喧囂而變得寂靜，這股巨大的落差，會讓人感到詭異，空間中仿若充滿混沌與魔性。[19]

「空無一人的宿舍」就像是「傍晚無人的學校」。平常，宿舍裡總是充滿住宿生生活的痕跡，包括走動的腳步聲、交談聲、洗澡的聲音……但在宿舍清空或是所有人都睡著的深夜，宿舍會變得空空蕩蕩，安靜無聲。那時的宿舍，雖然還是同一個空間，但感覺像是另一個世界——我曾經看過長假關閉前清空的宿舍，並想起了學姊說的「找不到」故事。我想那個時刻說明了，故事蘊含的那種空蕩宿舍的恐怖詭譎感，精準地與住宿生的心靈同步了。

▨ 成大穿牆人

據說這是發生在成大的故事。幾年前的某一天晚上，在同一個時刻，所有住宿舍的同學都跑出了房間，彼此問：「你也看到了?」原來，他們看到有個「人影」穿過他們房間，從第一間到最後一間，所有人都看到了。這件事在成大很有名。(BBS, 2002)[20]

「穿牆人」傳說相當清晰而簡短，不同版本間沒有太大的差異，主要核心都是「鬼影穿過一整排寢室」與「所有人都開門跑出來看」。「鬼穿越一整排寢室」的畫面，鮮明呈現了「寢室一間接著一間，宛如格子狀」的宿舍空間感；所有人在房間裡同時看到異狀，出寢室在走廊上面面相覷、彼此確認，也是只能發生在宿舍裡的場景。這般描述，透過「所有宿舍的人都同時看到了」的說法，彷彿擔保「穿牆人」的故事為真。

實際上「穿牆人」是真是假呢？「穿牆人」比起被說是「傳說」，更常被紀錄者視為一起「所有人共同見證」的事件。有人說同學曾親身經歷，但也有人詢問住宿生，發現其他人並未聽說。[21]

「穿牆人」紀錄可見於二〇〇二年，也有人說他在大一（二〇〇〇年）時就曾聽學長講過，因此可能是從一九九〇年代末開始流傳的傳說。然而，假使說宿舍該層樓的所有人都看到了，那恐怕也有八、九十人看到吧？但是目前可見的紀錄，並沒有由當事人訴說的，都是說「我同學看到」。假使是真實事件，應該不難找到當事人才對。

再加上另一項因素，使得「穿牆人」顯得更為可疑：「穿牆人」與日本某一都市傳說高度雷同。

這是《怪談追追追》專欄作者黃彥昇提出的發現。他注意到成大的「穿牆人」傳說與渡邊節子、岩倉千春所著的《非常靈異》中的「運動衫幽靈」如出一轍，情節分毫不差。《非常靈異》一九九七年由暖流出版社出版，為一九九六年日文書《夢で田中にふりむくなーひとりでは読めない怖い話》的翻譯，[22]以下為其中的「運動衫幽靈」故事：

運動衫幽靈

住在大學男生宿舍的學生，有一天夜裡正在睡覺時，聽到了「唉呦！」「唉呦！」的聲音，正當心裡覺得奇怪時，冷不防看到右邊牆有一個穿著運動衫的男人穿牆而出，不偏不倚踩到正在睡覺的學生，倒楣的學生不由得發出「唉呦！」的慘叫聲。

這個穿運動衫的男人從宿舍的最前面穿牆而跑過到宿舍的最後面，被他踩過的學生依次發出慘叫聲。幽靈每天晚上跑來跑去，令學生們受不了，於是他們想出一個聰明的辦法，晚上在宿舍最後面接上賽跑用的終點線。當幽靈又穿牆而出，他看到終點線的膠帶，舉起雙手跑過去，穿越終點後，幽靈便消失無蹤，從此以後再也沒有出現。

（《非常靈異》，1997）[23]

「運動衫幽靈」和「穿牆人」非常接近，尤其是故事核心的「人影一間間地穿越成排寢室」畫面。兩者間的些微差異之一，是「運動衫幽靈」的幽靈穿越之事天天發生，「穿牆人」只發生了一次，因此「運動衫幽靈」需要用終點線讓其解脫，「穿牆人」則不需要有這個環節。（據說「穿牆人」也有和終點線有關的版本，但我並未找到。）

運動衫幽靈對同學所做的事是「踩他們的身體」，按理幽靈踩人應該不會痛，故事讓學生接連發出「唉呦！」的聲音，這是為了強調「鬼一間接著一間穿過」的感覺，凸顯宿舍的空間感。「穿牆人」的鬼走得比較快，並沒有這種節奏感。

即便有些差異，筑波大學的「運動衫幽靈」與成大的「穿牆人」仍可以視為非常接近的故事，接近到應該有承襲關係。

那麼，是哪一個故事比較早呢？「運動衫幽靈」又稱「馬拉松幽靈」，是日本相當有名的傳說。渡邊節子在一九九一年時，從一名三十多歲的男子口中記錄到這則故事[24]，故事中的幽靈是一名自殺的田徑隊男子，因為他的田徑隊出身，使學生想到要用終點線來讓他消失。這起故事據說發生在筑波大學，也有一說，這名田徑隊員是因為在比賽前心臟病發作去世，心懷無法完成比賽的遺念，才持續留在宿舍裡。根據《日本現代怪異事典》，似乎《筑波學生新聞》早在一九八六年就記錄了這則傳說。[25]

因此，「運動衫幽靈早於穿牆人」這點，應該沒有什麼問題。至於臺灣的流傳部分，《非常靈異》在出現在臺灣的時間（一九九七），略早於目前可知「穿牆人」傳說紀錄的最早時間（二〇〇二）。「運動衫幽靈」也不只透過書本流傳，二〇〇一年時，一篇文章故事同樣描述：「日本某國立大學，有個會在凌晨兩點時，一間一間穿過學生寢室的馬拉松幽靈。馬拉松幽靈最後穿過終點的紙帶，消失無蹤。」[26] BBS是大學生常用的討論版，這篇討論文章的存在，表示當時的臺灣年輕人很有可能知道日本的「運動衫幽靈／馬拉松幽靈」故事。

「運動衫幽靈」還有一個較廣為人知的改編，是《靈異教師神眉》單行本十九集的〈馬拉松幽靈之卷〉：學校馬拉松總會出現一位幽靈，因為他當初馬拉松跑到一半疾病發作而死，因此未能跑完全程。但故事後半有所翻轉，原來幽靈並非病死，而是因為抄近路遭遇車禍而死。主角神眉老師最後幫助幽靈跑完馬拉松全程，幽靈才得以離開世間。[27]

這個故事雖然沒有出現「宿舍穿牆」要素，卻成了「運動衫幽靈」最廣為人知的版本。有時討論到成大穿牆人，留言都會提到這個故事。儘管元素不相同，確實系出同源。

成大穿牆人有說發生在光一舍，也有說發生在光二舍，這兩棟宿舍相鄰，建築結構相似，都被傳說是日治時代的刑場（實際上並非如此）。而穿越的人影，有說是白影，也有說是「黑色的人型煙霧」。但也有人說，穿越的並非影子，而是「腳步聲」——這類故事，就與「運動衫幽靈」極為接近。

> 據說有位田徑隊的男生，想用宿舍走廊來當瞬間衝刺的練習。但在比賽前一天晚上，他衝刺時居然因休克而倒地不起，他虛弱地敲著其他間房門，卻沒有人回應。本來有機會送醫，但那天宿舍異常安靜，半夜沒有人出來走動，男生被發現時，已經斷氣許久。假使說以這樣推論穿牆人的由來，可能行得通，男生當初可能有著未完的心願。(PTT, 2008)[28]

在這篇文章中，原 Po 是分別聽到「穿牆人」與「田徑隊員意外」，再將兩則傳聞詮釋在一起。「田徑隊員意外」似乎是聽老師轉述多年前聽來的傳聞，難以得知具體流傳時間，也不確定這個部分是否曾經以故事的方式流傳。但原 Po 拼湊下的這個版本，幾乎就是「運動衫幽靈」。其他「穿牆人」的版本裡，都沒有提到的「田徑隊」要素，在這個版本裡卻是如此鮮明。「運動衫幽靈」裡，幽靈因為沒有完成比賽而無法離開的那份怨念，也出現在這個詮釋中……「運動衫幽靈」與「穿牆人」間應該真的有不可分割的關係。

這個日本都市傳說跨海來到臺灣，成為成大學生們相信的「靈異事件」，可說是有趣的意外。這應該是因為，無論是日本的筑波大學，或是臺灣的成大，都同樣能想像「宿舍有人影逐間穿過」的畫面，這是兩邊宿舍，共享「如格子狀一般的空間」感覺的證明。

成大「黑十字」

成大勝利八舍曾有個學姊在寢室上吊。她住在八樓，同層樓的同學覺得毛，陸續搬出去。後來那間房間的正上方與正下方的同學也搬走，因此晚上宿舍的燈光，從外面看，就形成一個暗黑十字。（PTT, 2005）[29]

據說，以前勝八女宿有裝吊扇，一位學姊掛在扇葉上吊自殺。從此以後，那間房間的上下左右都出現詭異事件，在這四間房間睡覺時，會感覺到從事發房間方向有人在撓身體。這五間房間都會看到吊扇上有黑影轉動。因爲事件引發同學們驚慌，這五間房便淪爲空房。當整棟宿舍晚上燈火通明時，只有這五間形成一個黑暗十字架。爲了改善狀況，學校強行拆除房間的吊扇並打亂房號，也沒有請師父。後來，學姊就沒再出現過了……（BBS, 2011）[30]

「勝八黑十字」的傳說的共通點相當簡短而一致：事發房間的上下左右都搬走，因此晚上時，從側面看去，房間裝呈現黑色的十字狀。傳說中的靈異起源多與「學姊自殺」有關。「黑色十字架」可能出現於二〇〇〇年代，約二〇〇五年可看到文章明確提及「暗黑十字」。[31]

「黑暗十字」畫面之所以鮮明，也是因為宿舍格狀排列的特性：從外面看，每一樓的寢室都整齊排列，就像一整面的格子一樣。傳說先預設了「每間都亮才是正常的」，再把燈暗的寢室視為異常，而排列在一起、呈十字狀的異常，畫面就說了一個故事。

但是——這個「正常與異常」的預設是真的嗎？

「每間寢室都亮」乍聽很正常，但其實仔細一想就會意識到，這並不一定。以我走訪勝八的暑假而言，宿舍的燈就亮得零零星星。就算是在平常，恐怕也不是「所有寢室的燈都亮著」，有些寢室可能剛好所有人都還沒回來、有些寢室可能特別早睡……有很多可以讓「寢室燈不亮」的理由。晚上到半夜間的每個時間段，燈亮與燈暗的數量也可能會有所不同，十二點、一點、兩點……每過一小時，看上去都可能不一樣。學期中和學期末、平日和假日或寒暑假……都會不同。一開始預設「所有寢室的燈都是亮的」聽起來很有道理，實際上並不符合大學生實際的生活狀況。但即便是每天都經過宿舍的學生們，也不會注意到燈亮燈暗的情形，因此很容易被「燈暗=異狀」的邏輯說服。

成大勝八女舍。

二〇〇四年，一篇談到勝八靈異傳聞的Po文，提到起源是「有學姊半夜上吊」，據說當時同學還去借剪刀剪上吊的童軍繩，護理系同學協助做急救。[32]這篇只提到「那間宿舍空了好久」，並未講到「黑十字」。或許勝八靈異一開始並沒有「黑十字」，這是後來加入的傳說要素。

那麼，勝八舍有沒有這位上吊的學姊呢？確實有。

學校裡有學生自殺，並不算太少見的事。在我的學生時代，就聽說過幾次「在學校山坡上發現屍體」、「有人從生科院頂樓跳下」、「綜院有人跳樓」等校園自殺事件。這些事情有時會被遺忘，有時會被以獵奇的方式記憶下來。當死亡事件發生在學生生活的空間，又具備某些特別的要素，就可能被放大解釋，甚至傳為靈異。這並非死亡本身一定會產生靈異，而是因為，學校是一個太容易流傳傳聞的環境，原本就充滿了想說故事的人，以及想聽故事的人。只要有材料，鬼故事就可以出現，而死亡事件正是那些悲哀的素材。

一九九七年時，一名住八樓的張同學用童軍繩在浴室上吊，被發現後，一名同學借剪刀剪斷繩子，並找來另一名護理系同學急救，最後仍是送醫不治。

這個故事的經過，與上面那則記述如出一轍。但是「宿舍會發生死亡事件」並不代表會有靈異。張同學的死在當年引起不少關注，被視為「近十年來成大首件自殺身亡案例」，可能因此留存在不少人的心中。四月十八日，《中國時報》的社會新聞版大幅報導張同學自殺一事，甚至詳細說明了張同學生前師長對她的印象與她的感情生活。[33]在那個對於自殺持保守態度、而無法正視學生壓力的年代，這些報導似乎想將可能普遍的心理狀態，歸咎於個人遭遇的問題。

同日的地方版提到了自殺事件對女生宿舍的影響：當天晚上救護車的聲音驚醒宿舍學生，消息透過網路很快傳開，不少人勸該樓層同學先借住別處，才不會住起來「毛毛的」。隔晚，校方派女性教官進駐宿舍，穩定學生情緒。事發寢室也暫時封閉。報導最後說，教官們要留幾晚，成大將視情況而定。[34]

從這則報導可以看出來，發生在宿舍的自殺事件，確實對當樓的同學造成了心理衝擊。報導轉述的「先借住別處，才不會住起來毛毛的」建議，也隱然指向「死亡可能引發靈異聯想」的心理。發生在身邊的死亡事件，會令學生心情難以平復（我住的研究生宿舍曾成為命案現場，隔天學校就建議學生可往心輔中心諮詢），「先遠離該空間，避免一直聯想」確實是好建議。但是宿舍空間總歸是同一個，躲了幾天還是要回來住。這時，要如何擺脫曾有的驚懼，就只能靠學生自行調適。

因此，經歷過事件的學生若將事件作為故事講述，背後還有可以理解的的不安。但「勝八黑十字」的故事，卻是時間過去越久、細節發展得越完整。這時講述的已不是曾經不安的當年住宿生，而是後來的學生們，因此，這種講述帶有的情緒到底是什麼呢？應該不是「對於當初經歷的驚駭事件的消化」，而是「對於宿舍空間過去的獵奇想像」吧。

在事發隔晚，假使真的有學生依建議離開借住外面，那麼可能也會形成黑了幾個房間的「黑十字」或任何「黑一字」等狀況。假使選擇這個時間點與場景，那故事就會是真實的，並且深刻反映學生當下的恐懼心境。但故事並非如此，反而是說四周發生靈異事件，感覺到「有人在撓身體」，這些描繪，就顯然是對於靈異趣味的追求了。

「黑十字」的後出版本十分強調「在電扇上吊」的要素，這是早期版本並未出現的部分，很可能也是後加的。我所見到的報導，只提到「於浴室上吊」，但是這些提到電扇的故事，呈現的卻似乎是在「房間裡的電扇上吊」的畫面，並非在浴室。除此之外，假使這個靈異故事，是對張同學自殺事件的「記憶」，那麼「剪斷童軍繩」、「進行急救」這些帶有日常感卻不尋常的勇敢舉動，應該要是被流傳的故事。然而從後來的版本看，並非如此。故事選擇「電扇」，恐怕是為了畫面的鮮明感，「強行拆除房間吊扇，並打亂房號」也是常見的「發生靈異後，校方處理方式」的描述——與第一章所提「封鎖的寢室」中的許多故事一樣，都是校園傳說套路。

因此可以看到，在「黑十字」故事的後續發展中，死亡事件帶來的震驚與悲傷已經過去，留下來的只有「死亡被作為靈異故事消費」的一面。假使那些自殺事件發生時住在勝八的同學們，聽到這些故事，應當會感到十分哭笑不得吧。

這一章整理了流傳於各大校園的「找到了」，以及主要流傳於成大的「穿牆人」與「黑暗十字」。這些故事中最令人印象深刻的部分，都來自於宿舍一間間房間緊鄰的格局特點，因此「找到了」的鬼魂可以逐間搜索，營造壓迫氣氛；「穿牆人」可以直接穿過一整排的寢室，「黑暗十字」則在宿舍呈格子狀的前提下，設定出直觀讓人聯想到異狀的黑十字……這些故事如果不是放在「宿舍」，這樣一個由相同單位成排成列構成的空間裡，恐怕都無法成立，因此它們都是與宿舍構造緊密相關的故事。

1 幕之內，〈跳動的人頭〉，轉引自 tw.bbs.rec.marvel@googlegroups.com，1996年6月22日。

2 小軒!，〈人頭!!〉，轉引自 tw.bbs.rec.marvel@googlegroups.com，1996年5月31日（https://groups.google.com/g/tw.bbs.rec.marvel/c/Fyv7-1rjGGQ/m/b7p0zBNxFlYJ）。

3 Rex Hong，臉書社團「靈異公社」，2019年4月17日（https://www.facebook.com/groups/523682684821259/posts/565368543986006/）。

4 新竹夜空的特快車，〈文化的鬼電梯〉，轉引自 tw.bbs.rec.marvel@googlegroups.com，1996年8月24日（https://groups.google.com/g/tw.bbs.rec.marvel/c/6MY4I4xTvrw/m/qhjzu7kdEwYJ）。

5 天際劃過的流星，〈文化的鬼故事（一）〉，轉引自 tw.bbs.rec.marvel@googlegroups.com，1997年9月7日（https://groups.google.com/g/tw.bbs.rec.marvel/c/2JjNhEyS5VM/m/UvjIKaavYf4J）。

6 豬牽到那裡都還是豬啦，〈找不到。。。。。。〉，轉引自 tw.bbs.rec.marvel@googlegroups.com，1996 年 11 月 6 日（https://groups.google.com/g/tw.bbs.rec.marvel/c/u2vABXJu2OA/m/nEqlD37LFEIJ）。

7 のぞいていた顔，岩倉千春，〈ヤングの知っているこわい話（年輕人知道的恐怖故事）〉。摘錄自常光徹《学校の怪談—口承文芸の研究Ｉ》（角川ソフィア文庫，2002）2013 年電子書版，第一章第二節〈トイレの怪異〉。

8 追蹤者，〈"沒有人"讓你晚上睡不著!〉，轉引自 tw.bbs.rec.marvel@googlegroups.com，2000 年 2 月 24 日（https://groups.google.com/g/tw.bbs.rec.marvel/c/_ugZubTSGqU/m/e-GihsiKAbIJ）。

9 cafe，〈叩 ..... 叩 ...... 叩 .... 叩 ......〉，轉引自 tw.bbs.rec.marvel@googlegroups.com，1998 年 6 月 4 日（https://groups.google.com/g/tw.bbs.rec.marvel/c/PlgtxB38BKw/m/JQ6ctxKmkCkJ）。

10 沒有氣質的中文醜男，〈我 ...... 找到了 .....〉，轉引自 tw.bbs.rec.marvel@googlegroups.com，1996 年 5 月 22 日（https://groups.google.com/g/tw.bbs.rec.marvel/c/-AASydkU-Q0/m/EPi1bOyq4DMJ）。

11 生病中 ... 嗚嗚 ~~~~~，〈我看見你了!〉，轉引自 tw.bbs.rec.marvel@googlegroups.com，1997 年 11 月 6 日（https://groups.google.com/g/tw.bbs.rec.marvel/c/WnhR_-Q9QfA/m/IJHrzfnjIGIJ）。

12 雪狼，〈校園鬼話〉，轉引自 tw.bbs.rec.marvel@googlegroups.com，1998 年 5 月 13 日（https://groups.google.com/g/tw.bbs.rec.marvel/c/FApQEvWtoGg/m/1doiYipJZOMJ）。

13 盼盼，〈找不到 ....[故事]〉，轉引自 tw.bbs.rec.marvel@googlegroups.com，1999 年 4 月 5 日（https://groups.google.com/g/tw.bbs.rec.marvel/c/_iE11-z7vRE/m/MfhhQ0HSuG8J）。

14 記得微笑，〈請問"找到了"的鬼故事 ~~〉，轉引自 tw.bbs.rec.marvel@googlegroups.com，2003 年 3 月 21 日（https://groups.google.com/g/tw.bbs.rec.marvel/c/wI1wlIaLBiU/m/L_89SzGrsFwJ）。

15 風，〈泥在那 ..〉，轉引自 tw.bbs.rec.marvel@googlegroups.com，2001 年 1 月 17 日（https://groups.google.com/g/tw.bbs.rec.marvel/c/P3yO3DOXyFU/m/GdJamUhs2MQJ）。

16 〈# 聽說 蹦，蹦，蹦〉，Dcard，2016 年 8 月 2 日（https://www.dcard.tw/f/marvel/p/224471399）。

17 Rex Hong，臉書社團「靈異公社」，2019 年 4 月 17 日。

18 或許 就這樣吧，〈Re: 聽說過的交大鬼故事〉，轉引自 tw.bbs.rec.marvel@googlegroups.com，2005 年 8 月 18 日（https://groups.google.com/g/tw.bbs.rec.marvel/c/wnopP3egFYM/m/duz5GC9V0gsJ）

19 常光徹，《学校の怪談—口承文芸の研究Ｉ》（角川ソフィア文庫，2002）2013 年電子書版，第一章第三節〈特別教室と移動教室〉。

20 要熬夜了，〈大家有聽過成大穿牆人嗎？〉，轉引自 tw.bbs.rec.marvel@googlegroups.com，2002 年11月6日（https://groups.google.com/g/tw.bbs.rec.marvel/c/M1CYM3GDw1M/m/AMT8Fx9neJkJ）。

21 saintber，〈Re: 成大穿牆人……〉，PTT marvel 板，2005 年 6 月 2 日（https://www.ptt.cc/bbs/FJU-ACC91a/M.1117859475.A.725.html）。乘著風去流浪，〈成大有鬼故事嗎？？〉，轉引自 tw.bbs.rec.marvel@googlegroups.com，2002 年12月7日（https://groups.google.com/g/tw.bbs.rec.marvel/c/nal4q4yDsto/m/XKURF2f819QJ）。

22 黃彥昇，〈怪談追追追｜成大穿牆人〉、〈怪談追追追｜穿牆人來自日本筑波大學？〉，NOWnews 今日新聞，2017 年10月24日、26日（https://www.nownews.com/news/5622495、https://www.nownews.com/news/5622497）。

23 渡邊節子、岩倉千春編著，林淑珍譯：《非常靈異》（暖流出版社，1997），頁 94-95。

24 岩倉千春、高津美保子、渡辺節子、大島広志、常光徹編著，《幸福のEメール：日本の現代伝説》（白水社，1999），頁 71-72。

25 朝里樹，《日本現代怪異事典》（笠間書院，2018），頁 355。

26 新天地無用，〈馬拉松幽靈〉，轉引自 tw.bbs.rec.marvel@googlegroups.com，2001 年5月8日（https://groups.google.com/g/tw.bbs.rec.marvel/c/8LINh1sfpY/m/SJUW2VEWhGoJ）。

27 真倉翔，岡野剛著，《靈異教師神眉19》（東立出版社，1998）。

28 os56good，〈Re:［問卦］請問成大穿牆人的八卦？〉，PTT Gossiping 板，2008 年12月5日（https://www.ptt.cc/bbs/CCSH_92_316/M.1228452435.A.CC4.html）。

29 Mathteachar，〈鬼故事算啥小！成大的看過來！〉，轉引自 tw.bbs.rec.marvel@googlegroups.com，2005 年9月17日（https://www.ptt.cc/bbs/KS94-302/M.1126929279.A.9AD.html）。

30 凌亞，〈［經驗］有關於成大的二三事〉，轉引自 tw.bbs.rec.marvel@googlegroups.com，2011 年 4 月18日（https://groups.google.com/g/tw.bbs.rec.marvel/c/d6i_uFF2kcE/m/dzFTHZr6OEwJ）。

31 Mathteachar，〈鬼故事算啥小！成大的看過來！〉，轉引自 tw.bbs.rec.marvel@googlegroups.com，2005 年9月17日。

32 Ribbon，〈Re: 成大的靈異事件〉，轉引自 tw.bbs.rec.marvel@googlegroups.com，2004 年 9 月 27 日（https://groups.google.com/g/tw.bbs.rec.marvel/c/txFUYO2UKIU/m/fGp6nM_TuW0J）。

33 〈為情所困，成大女生宿舍內自縊〉，《中國時報》，1997 年4月18日。

34 〈壓驚，女教官進駐宿舍〉，《中國時報》，1997 年4月18日。

03 有人在看你

上一章〈格子狀的房間〉，收錄的是與宿舍的整體結構有關的鬼故事；本章〈有人在看你〉，則與寢室內部的空間感有關。多數宿舍都有上鋪，使得晚上睡覺的體驗變得特殊：你需要往上爬幾步階梯，才會抵達你每天睡覺的床鋪。上鋪的存在，分隔了寢室內的空間：人在上鋪時，看不清床鋪底下的寢室空間；人在底下時，則看不清上鋪。因此雖然是每天睡覺的寢室，對於人來說，卻是充滿死角的不安空間……在這個空間裡，人們常常會認為，有看不見的鬼魂。

本篇正是關於寢室裡的鬼。寢室裡有許多視線無法貫穿的空間，這些看不到的地方，就是鬼故事中鬼的所在。本章討論以下五個類型的鬼故事：第一個「記得靠上椅子」精準地捕捉了上鋪視線侷限的逼仄感，讓「有人在看你」的恐怖變得強烈。第二個「踢椅子」，同樣是關於椅子的鬼故事，和「記得靠上椅子」一樣，透過椅子高度、人的身高與寢室空間的對應關係，想像鬼可能所在的位置。此外，人在寢室裡的床上，與人在床下，會有不同的視線死角，正是視線的差異，醞釀出「有『人』在床下」與「有

『人』在床上」兩類故事。除了以上四個外，第五個類型，是流傳廣泛的「紅眼睛」，那是「由寢室外往寢室內窺探」所看到的鬼……

這五類關於視線的故事，發生地點是距離學生最近的「寢室內部」，描述中也充滿生活感，每一則都感覺就像真的發生在身邊……

記得靠上椅子

晚上睡覺時，要記得把椅子靠進去。不然你翻身時，可能會發現學姊在看你……

(BBS, 2003)[1]

這則傳說可稱為「記得靠上椅子」或「椅子學姊」，所謂的「學姊」當然不是人類，而是鬼魂。這則傳說主要搭配「記得靠上椅子」的警告流傳，內容就如同上述這般簡略，由於傳說簡短，流傳軌跡不容易考察，我目前可見的最早紀錄是二〇〇三年。儘管早期版本並不多，但這個傳說似乎有越傳越興盛的趨勢，後期的版本，也比早期版本增添更多的情節。曾經有讀者來信臺北地方異聞工作室，告訴我們，他在二〇一八至二〇一九年間聽過這傳說。我聽說過政大學妹跟我說，她聽說過「記得靠上椅子」，也曾經在演講後遇到現役元智大學生告訴我這則傳說……至少就這幾則例子來看，聽過傳說的人，多是比我年輕的大學生們。「記得靠上椅子」是在大學中流傳廣泛的故事，並且，現在仍在流傳。

儘管我之前沒有聽說過這故事，但一聽到「記得靠上椅子」，馬上就能理解故事中的恐怖感。

這是一個以「上床下桌」配置為前提的鬼故事。「上床下桌」可說是臺灣宿舍最常見的格局，我陸陸續續住過五棟宿舍，其中四棟的床都是上鋪，需要攀爬階梯才能抵達。

「上床下桌」格局的特殊微妙之處是，床會差不多高於人站立時的頭頂。這是因為床底下是書桌與衣櫃，為了讓坐在書桌上的人，站起來時不至於撞到頭，床的高度通常都會略高於人。

因此，如果只是底上站著人，那麼是看不到床上的人的；但是，加上「椅子」的要素就不一樣了——書桌的椅子若拉出來，剛好會在床下方。假使有人站在那張椅子上，差不多正好可以看到睡在上鋪的人。

「記得靠上椅子」，簡直就是為了「上床下桌」空間量身定做的鬼故事。

鬼故事通常會預留一個「轉念一想發現合理」的尾巴，在「記得靠上椅子」當中，那個轉念的過程會是：怎麼會有人看到床上的自己？床比人高，所以對方腳下可能踩了什麼東西墊高高度，原來是站在沒靠好的椅子上。

鬼故事時常為了戲劇效果，犧牲部分合理性。在這裡被犧牲的是：難道鬼還需要踩椅子，才能看到睡在上鋪的人嗎？

鬼應該可以飄在空中——那麼讓鬼踩椅子，純粹只是為了戲劇效果而已。

通常，鬼故事不會強調鬼的實體，而傾向凸顯鬼不同於人的部分（半透明狀、沒有腳、可以飄在空中……），來表現那份異常的恐怖。但實務上，鬼的形象常常隨著故事的戲劇需要而改變，比如「找不到」故事中「頭下腳上」碰碰碰行走的倒立鬼，就會因為故事需要而擁有實體（參見第二章〈格子狀的宿舍〉）。「記得靠上椅子」中為了營造「轉念一想想通」的節奏，鬼也需要站在椅子上……這些鬼魂形象十分伸縮，假使鬼真實存在，應該是不至於一下沒有腳、一下倒立、一下要站在椅子上才對。這只是說明了，鬼故事的鬼，只是一種戲劇效果。

黑暗中有人在看你

「記得靠上椅子」故事簡潔，光憑「仔細一想，發現對方站在沒靠好的椅子上」的餘韻撐起整個故事，但這已經足夠——因為最後停留的「感覺到黑暗的寢室內有人在看自己」的感覺，十分恐怖。

BBS 上可以看到不少住宿生們分享自己「感覺被鬼壓床」或者「晚上睡覺時，感覺有人在看自己」的經驗，乍看似乎宿舍靈異很多。但與其說宿舍有鬼，不如說是「宿舍空間令人不安，因此人們認為有鬼」。

「宿舍」是個奇妙的地方，既熟悉又陌生：宿舍是學生每天起居的空間，按理來說應該很熟悉，但無論如何，宿舍終究是個新環境——和從小習慣的住家相比，宿舍是一個全新的、陌生的空間。「上床下桌」是宿舍常見的配置，但對於沒住過的學生來說，是前所未見的體驗。住宿生們需要熟悉「爬樓梯才能上床睡覺」這件事，同時還要習慣與好幾位「室友」（一開始還是「根本不認識的陌生人」）同住一寢……對於離家獨自住到宿舍的學生們來說，這過程有太多令人不安的要素。

這些跟寢室格局有關的傳說，說明了住宿生對寢室空間有多敏感。鬼故事裡，每個角度的視線都經過計算、都與宿舍空間有關。傳說中的「不然你翻身時，會發現有學姊在看你」就是一例。人睡在上鋪時，如果是躺著視線往上，那麼只會看到天花板，唯有翻身（還剛好翻向外側，並非面對牆壁），才能看到站在椅子上的鬼。因此說「翻身」非常精準。

「寢室裡的鬼」這一系故事，許多文章開頭都要先交代房間格局。它真的是一個與寢室空間本身密不可分的鬼故事。

以下這個故事，更進一步鮮明展現了「上床下桌」格局的空間感：

高雄大學男 210 宿舍

臺北某個學校裡的一個男生，晚上在宿舍睡覺時，覺得不太對勁，好像有人在看他。他睜開了眼，發現有個女生的頭在床邊看著他，他嚇到趕快閉上眼睛。沒過多久，又睜開眼確認是不是幻覺，果然睜開眼，床邊空無一物，他鬆了口氣，但心裡還是有些不踏實，因此沿著床邊往床下的桌子看下去，一個女生披頭散髮蹲在椅子上，

瞪大眼睛看著他。（PTT, 2012）[2]

原PO大一時聽到這個故事，他對這故事感到十分恐怖：「由於我們宿舍也是床在桌子的上方，所以我對這鬼故事印象深刻。」

顯然關於空間的鬼故事，足以令住在相同空間的人產生恐怖感。以上這故事比「記得靠上椅子」的原始傳說更複雜一些，不只睡在上鋪的住宿生被女鬼看，還增加了一段他確認女鬼是否存在的情節。確認的過程，也非常還原宿舍空間：「沿著床邊往床下的桌子看去」。由於桌子在床的正下方，因此當人躺在床上，要看到桌子處的空間是有困難的；若要看到底下的樣子，必須要翻身到床側，從床側的邊緣看下去。上鋪多半會有保護的護欄，但視線可以穿越護欄的縫隙往下看，如此看到的視野十分有限，這種侷限往往令人緊張。故事末尾經歷了一個轉折：主角閉眼後睜眼，視線朝外卻看不到女鬼。乍看女鬼已經消失，實際上女鬼是處在人側身時看不到的視線死角。當主角翻身靠邊，將視線延長，這才看到了桌下瞪著他的女鬼——女鬼並非站著，而是蹲著，她依然在寢室裡。

要理解這個故事裡細微的視線轉折，必須對宿舍空間足夠熟悉——可以說，這版本已經變成了一個「只有住宿生才懂」的鬼故事。唯有住過那個上鋪，才可以明白視線落差的原因是什麼。相對的，由於睡上鋪的空間感太令人印象深刻，因此有上鋪體驗的人們，都能很快理解這個故事。

與「有人在床邊看你」接近的，還有「有人在底下敲床板」。據說在清大義齋有「如果聽到有人敲床底板，千萬不要往下看」[3]的傳說，這也是精準掌握寢室空間的說法：上鋪床板下方，是一個「就在你身下，你卻無法看到它」的死角，非常近卻完全無法掌握，這空間弔詭到令人恐懼。

躲貓貓與上吊

「記得靠上椅子」的早期版本多半簡短，但後來流傳的某些故事，會為這名在椅子上的學姊，鋪陳她成為鬼的經過。曾經有讀者寫信給我們臺北地方異聞工作室，分享他聽過的傳說：

在數年之前，有幾個女學生相約在宿舍內玩躲貓貓，其中有一名女學生躲在床的上鋪。而當鬼的人發現上鋪疑似有動靜，想踩著書桌的椅子去看上鋪到底有沒有躲人，結果躲藏在上鋪那位女學生，萌生了想惡作劇的念頭，於是就在當鬼的人踏上椅子那一刻，爬起來嚇唬那位當鬼的人。可能是眞的驚嚇過度了，當鬼的人就從椅子上往後摔，頭部著地，當場死亡。之後在校園內便流傳著「只要椅子沒有靠上，當時的學姊就會站在椅子上看你睡覺」的傳聞。（讀者「匿名倉鼠」來信臺北地方異聞工作室，2022）

在這個版本裡，椅子學姊原本是要找人的女學生，因為被躲在上鋪的人嚇到而當場去世。這個驚嚇的時刻，也利用了上鋪與其他地方的空間阻隔感：不只是上鋪的人看不到床下，在床下的人，也看不到上鋪——因為雙方原本都看不到對方，因此在視線對上、惡作劇行為發生的當下，其中一方突然遭受驚嚇而發生意外……就連寢室之鬼的死因，都非常符合寢室空間。

另外一類故事，椅子學姊的死因與上吊有關。比如路邊攤收錄於《你敢不敢一起來？：路邊攤詭誌錄》的創作版本：在某間女生宿舍裡，學姊告誡剛搬進來的學妹，睡覺前「記得要把四張椅子都靠上」。但就在晚上時，其中一位沒睡著的學妹聽到房間裡響起呻吟聲，一個短髮、穿著舊制服的年輕女生，開始數「一個睡著了……兩個睡著了……」數到那位醒著的學妹時，說：「這個還沒睡……」當學妹驚慌地把其他人吵醒，才知道原來這是椅子沒靠好就會出現的鬼。最後這故事的結尾補上了一筆：這個學姊之所以要數誰睡著了，是因為她當時正是趁所有人睡著以後，站到椅子上上吊的。[4]

這個故事透過讓「學姊」數人頭，延長了「感覺被凝視」的恐怖時刻。《你敢不敢一起來？》體裁為小說，這篇故事可能是根據傳聞加以改編。故事中加入「上吊」要素，可能因為上吊與「椅子」有關（上吊者往往要踢掉椅子）。除此之外，「踢椅子」這類故事也同時具備「椅子」與「上吊」兩類要素，似乎「椅子」加「上吊」是某種寢室鬼故事的常見組合。

踢椅子

一位學生爲了準備聯考匆忙搬進一間舊公寓。但是每當他坐定位，要開始唸書時，脖子就會感覺有東西不斷觸碰他，使他無法專心唸書。於是他跟媽媽去求神問卦，乩童跟他說，有些東西肉眼無法看見，但科學方法能清楚捕捉。他們回到宿舍，他坐回書桌要唸書時，那觸碰脖子的感覺又來了，這時媽媽幫他照了一張相。過了幾天，照片洗出來，他清楚地看見，天花板上吊著一個人。那個上吊人的腳尖，就剛好輕觸在他的脖子上，不停擺盪……（BBS, 2000）[5]

這一類型故事沒有名字，姑且暫時稱之為「踢椅子」。「踢椅子」可和「記得靠上椅子」參照著看，都是椅子相關的靈異：一個是人在上，鬼站在椅子上，與上鋪的人四目相對；一個是人坐在椅子上，鬼懸吊在空中，腳的高度剛好能碰到人。「踢椅子」的結尾，呈現了房間內部的空間感：房間高度等於「上吊者的身長」加上椅子高度，因此上吊者的腳，能碰到坐椅子者的肩膀脖頸。

在這個二〇〇〇年的版本裡，故事發生在租屋處中，但這故事另有一個二〇〇一年版，發生在宿舍裡：一名住宿生獨自在寢室中讀書時，感覺到有人在拍他的肩膀。後來才知道，同間寢室曾有學生不堪壓力在日光燈上吊自殺，腳的高度，正好到坐在書桌前人的肩膀。[6]

這個故事的結尾，必須揭露「當初上吊者的模樣」。在租屋處當中，不可能有宿舍裡的學長姊來告知過去，因此是用「乩童指示」加上「拍照呈現」的方式揭露真相，但在宿舍版裡，真相的揭露不必如此麻煩，只說當事學生「好奇心驅使下詢問原因」，就得知了上吊者的狀態。從這點可以看出，當故事發生在宿舍時，可以利用學長姊的角色來傳遞必要謎底。

「踢椅子」故事還有一個版本：「一個學生在宿舍寢室內的電風扇（應是吊扇）上吊自殺。所以開電風扇時，坐在椅子上的人，就會有被踢到的感覺。」[7]這個故事更鮮明地結合了電扇轉動的意象，讓「看不見的屍體」動起來。這版本連電風扇都不放過，將寢室空間利用得淋漓盡致。

有「人」在床下

「記得靠上椅子」是想像人睡到上鋪後，寢室內床下的空間依然有「人」在活動，站在椅子上看人睡覺是一種，其他還有諸如「在桌上用電腦」、「在寢室內走來走去」……等等，這裡先稱這類故事為「有『人』在床下」。但這些故事很難全被歸類為「傳說」，因為它有傳說，也有以「經驗談」形式分享的故事。這類「經驗談」的分享，若非敘述者本人遇到的，就是敘述者朋友的經歷。儘管是「經驗談」，但這也不代表故事中的異狀必然是靈異，因為從現象到「被判定為靈異」之間，還有太多解釋空間。由於這些經驗談十分相似，同樣相信「有『人』在床下」，因此可以劃分為一個類別，來討論人們為何如此感覺與如此相信。

以下是「有『人』在床下」的其中一個傳說版本：

雲×大女生宿舍

曾經，有個住在宿舍的學姊發生車禍過世了。一年後，一名學生住進了那間寢室，她有把簡訊記錄在電腦裡的習慣，每天上床睡覺前都會記錄。一日，她正在記下簡訊時，聽到床上有人翻身的聲音，但是室友們明明都回家了。幾天後，半夜她在床上睡覺時，聽到她的座位傳來電腦的打字聲，她意識到有人在偷用她電腦，她怕有人偷看訊息記錄，想嚇嚇那個人。她是面牆而睡的，所以她必須翻身往下看是誰偷用，但當她一翻過去時，卻看到一張蒼白的臉正看著她。

隔天那位學生搬出了宿舍，她的床位正是車禍學姊的床位。（PTT, 2006）[8]

這個「有『人』在床下」的版本，跟前述「記得靠上椅子」的高雄大學男宿版一樣，都有「翻身往床底下看時，與鬼四目相對」的一幕。這故事也同樣利用「從上鋪床緣看床下」這個「受限又同時能突如其來看到東西」的視線位置，營造恐怖感。

以下則是相似的模式，以經驗談形式的呈現：

1

一位睡學校宿舍上鋪的女生，半夜感覺到房門開開關關。但隔天詢問睡下鋪的室友為何一直去上廁所，室友卻說她前一晚從沒起來過。（BBS, 2005）[9]

2

「我」是一位高中住宿生，半夜醒來時，發現一團黑色的人影繞著中間書桌走。「我」原本想下床確認，卻有人說：「不要理她，她是學姊～」（BBS, 2008）[10]

3

某天C一人白天獨自在宿舍裡補眠，矇矓間聽到手把轉動聲，卻沒有看到人。接著又聽到了室內拖鞋走動聲接近自己的床位底下，C猶豫許久探頭往下看，並沒有看到任何人。只看到一雙室內拖鞋，像是人走動的樣子，正要爬上他床邊的階梯。（PTT, 2009）[11]

4

「我」睡在寢室裡唯一沒有下鋪的五號床，某晚「我」半夜莫名其妙醒來，聽到床底傳出有人敲打的「咚咚」聲，原本暫停後「我」想繼續睡，「咚咚」聲卻持續，接著又聽到拉椅子聲。隔天，室友問「我」「幹嘛把椅子移到房間正中央」，原來是早上一醒來，「我」的椅子已被移到房間中央，被室友靠回原位。(BBS, 2010)[12]

5

某天晚上，所有人都上床睡了，淺眠的A因聽到聲音醒來，發現B的電腦傳出聲音，書桌檯燈也開著，座位上還有人影。A以爲B在用電腦就沒多注意，但她又看到B的床上棉被鼓鼓的，B在棉被裡。那這樣是誰在用B的電腦？當A坐起身看向B的座位，這時檯燈亮光、電腦聲音與人影都瞬間消失。(PTT, 2011)[13]

6

「我」半夜三點回到宿舍，爬上床準備入睡，卻聽到廁所發出撞擊聲，還有「我」的電腦重開機的聲音。沒多久室友下來去上廁所，但他從廁所回來時，「我」的電腦傳來鍵盤聲與滑鼠聲，「我」想應該是室友在用「我」的電腦，沒過多久室友就爬上床入睡了。隔天「我」問室友爲何上廁所後來用「我」電腦，室友卻說：「我上廁所回來，你昨晚對著我笑，我怎麼可能會去用你電腦。」(PTT, 2012)[14]

部落客「G子的漫畫生活」也畫過她的經驗：在寢室半夜上床睡覺時，突然聽到「有人在用鍵盤滑鼠」的聲音，但她已經是最後一個上床睡的人了。隔天一問室友，室友們表示都有聽到，其中一位室友還爬起來看，但並沒有看到人。她們甚至幽默地說，「鬼也需要用電腦。」[15]

從以上這些經驗談，可以看到「有『人』在床下」的共通點包括：

1. 當事人皆睡在上鋪
2. 那個「人」做的事情包括：開門、在寢室走動、敲打床鋪、拉椅子、用電腦等。
3. 遭遇時當事人多半會以為是室友做的，隔天才發現不是。

在這些經驗談裡，被視為「鬼」所做的動作，多半以聲音方式呈現：因為聽到鍵盤聲，判斷有人在用電腦；聽到開門聲，意識到有人進出……這是因為當人躺到上鋪準備入睡這時，只能看到「上鋪到天花板之間」的小空間，房間內床下的絕大多數空間，都是看不到的。因此，要判斷「寢室裡發生了什麼事」，只能透過聽的。躺在上鋪的感官經驗，是「聽得到卻看不到」的特別體驗，「聽」與「看」之間有落差，這份落差就成了靈異體驗的起點。上述這些故事，都先呈現了「聽到」的狀況，接著再揭露，根據聽到而判斷的情形，與事實有落差，藉此導向「聲音可能是鬼發出來」的結論。

這些被視為靈異的經驗談發生的時刻，多半是深夜，可能是睡眠中途轉醒，或者是深夜室友們都入睡後，獨自一人上床的時刻。這些時刻給人的感覺，應該是相當孤獨的：所有人都睡著，只有自己醒著。萬一在這時候經歷什麼異狀，也只能自己面對。我想若是住過宿舍的人，都能體會這種孤獨感。這時刻的寢室也會變得相當特別：平常鬧哄哄、充滿室友生活聲音的空間，一時之間變得安靜無比，所有風吹草動的聲響都被放大，給予人強烈的非日常感。就像「空無一人的宿舍」也給人非日常感一樣，所有人都入睡、只有自己獨自清醒的深夜，也是極為特別的魔幻時刻……這些時刻，往往被認為十分容易發生鬼故事。

在這令人害怕的時刻裡，所有聲音都可能令人胡思亂想、都可能成為靈異。因為沒有其他人可以核對，因此對於自己聽到的聲響，可能會產生誤判。但是無論發生什麼事，都必須獨自面對——總不可能為了自己的胡思亂想，把室友叫起來討論吧。因為深夜時刻容易將夢誤認為現實，因此部分這種傳說或經驗談，會強調證據的殘留（如故事4提到「有張椅子被移動」），以下這傳說版本也是如此：

> 接近期中考的一個晚上，室友們都睡了，一位住宿生唸書到三點，才獨自關燈上床。她躺下時，發現桌燈依然亮著，但她下床關燈後，燈又自動亮起，如此反覆好幾次，她終於受不了地把電源線拔掉。但拔了電源線的桌燈又再次亮起，她害怕地裹住棉被強迫自己睡著，醒來還以爲是自己做噩夢，卻發現書桌電源線被拔起，才知道昨晚發生的事是眞的……從此，她再也不敢一個人晚睡。(PTT, 2015)[16]

「被拔掉的電源線」，就是這故事裡殘留的證據，用來證明恐怖體驗並非夢境。這傳說的行文，也準確呈現出這類「有『人』在床下」故事的恐怖感：當恐怖異狀發生時，遭遇的人是無法逃離的，因為這裡是寢室，現在是該睡覺的時刻。再怎麼感覺恐怖，也只能接受。唯一逃離的方法，是讓自己睡著——但「能不能睡著」又往往不是自己可以控制的，因此「深夜獨醒」的情境，就成了一個「無法控制自己能不能逃離」的特殊處境。這故事結尾說「她再也不敢一個人晚睡」，很明確地顯示，一切恐怖感覺與靈異認知的前提，就是這個「深夜獨自清醒」的獨特情境。

有「人」在床上

上鋪的存在，將寢室切分成兩個空間：床上，與床以下。這兩個空間彼此互為死角，人在床上時，很難看到床下（尤其是正下方）；人在下方時，也看不到床上。因為上鋪的位置會略高於人，這樣一來，就算是人站著，也看不到上鋪有沒有人。與「有『人』在床下」類別相對，也有一類「有『人』在床上」的鬼故事。這類故事比「有『人』在床下」少一些（躺在床上的深夜應該還是比較可怕），但也足以構成一個類別，它多半也是以「我遇到的」或「我朋友遇到的」這類經驗談的形式被分享。

1

發生在附近寢室的事。晚上，某位學姊不在寢室，但床上一直有人翻身的聲音，室友沒上去看，以爲她在睡覺，講話都輕聲細語。後來學姊回去，一打開門，大家看到她都嚇到了。（BBS, 1995）[17]

2

某晚室友出去夜唱，「我」在睡覺時，在耳邊聽到清晰女生聲音，因此馬上跑到別的寢室串門子。「我」回到自己的寢室後，室友回來了，看到「我」很驚訝，問說：「你不是在床上看書嗎?」原來室友看到「我」在床上看書，要爬梯子上床問借電腦，但爬到一半，「我」就開門回來了。這時看了床上，當然沒有人。（BBS, 2006）[18]

3

某天，學妹回到宿舍，發現僑生室友睡在床上，打了聲招呼室友沒有回話，學妹推測室友可能身體不舒服。晚餐時她想說可以幫忙買，就問室友「要幫妳買小七嗎」，室友悶悶地回說：「不用。」並轉過身。學妹回來後告知室友，她買了一碗熱湯放在桌上，室友回答：「謝謝。」晚上學妹要睡時，僑生室友回來了，說著：「衝完墾丁好累喔。」學妹困惑是誰躺在床上，然而僑生室友的床上一個人也沒有。（BBS, 2012）[19]

4

某夜六人房寢室只剩兩人，她晚歸，發現另一位室友還沒回來，她睡下後，聽到上鋪傳來「沙沙」的衣服與棉被摩擦聲，推測應該是朋友回來了。但室友習慣睡覺開小燈，這天卻沒開。她往旁邊看，發現有一雙手抓著上鋪床沿，緩緩垂下頭朝她的床裡看。那人是長頭髮，室友是短頭髮。隔天，她發現上鋪沒人，跟室友確認，室友抱歉前一晚沒有回來，來不及跟她說。（PTT, 2012）[20]

5

一位同學到D的房間借電腦玩，玩完準備離開時，發現D在床上睡覺，D面對牆壁不理這位同學，只是蓋著棉被睡。同學敲欄杆鬧D，D也不理他。同學離開房間後，在交誼廳發現D和一群人正買完宵夜回來。一問才知道，D跟朋友出去玩，現在才回來。同學意識到，D是五分頭，剛剛在床上那位則是及肩短髮。（PTT, 2012）[21]

6

「我」有個脾氣不好、容易被吵到的室友，某天晚上「我」用耳機聽音樂用電腦，聽到上方床板發出聲音，「我」害怕自己的音樂聲仍透過耳機吵到她，因此詢問室友，但室友只是坐起身不發一語。「我」推測應該是吵到了，先去別寢待著。隔天，「我」

託室友的好友向她傳達歉意，好友卻很困惑：「她昨天晚上通宵跟我在交誼廳做作業欸……」(PTT, 2015)[22]

「有『人』在床上」類別的模式大抵是：

1. 當事人在下方，意識到床上有人（透過「聽到床上有聲音」或者「瞄到床上有人影」來判斷）。
2. 當事人可能有與床上「室友」對話或互動。
3. 揭露該室友並不在床上（室友本人從外面回來，或者事後得知室友那時刻並不在寢室）。

從這幾個故事可以看到，當事人判斷床上是否有人的依據，都是聲音，或者是不算清楚、並非正面的人影。這些都凸顯了，床上是一個「無法正面看清楚」的空間。那些聲音可能是棉被與衣物的摩擦聲，形體可能是背影，都是些破碎的、需要推估的片段資訊。這些故事多半強調聲音與形影的曖昧性，而非清晰的「我明明看到了那名室友」——因為不清楚、因為曖昧，所以存在靈異的可能性。

這類故事的重點，不在於鬼和室友的相似性，而在於鬼與室友的相異處，那份「我誤認為室友的，實際上是別的『東西』」的異質感。如故事４、５，還特別強調「床上人與室友的髮型不同」。

寢室上床下桌。

這異質感會呈現得非常切身：當事人會先與那名「室友」有所互動，互動得越多，之後的震驚越大。戲劇高潮往往落在當事人意識到「所以我剛剛在跟誰說話？」的瞬間。這時要戒備或害怕，也已經來不及——因為「與不是人的東西」之間的對話已經發生，就在以為對方是熟悉的人、毫無防備之時。這類故事提供的情緒是「後怕」，是帶有時差的恐懼。

相對於「有『人』在床下」的類型多發生在深夜獨自一人的時刻，「有『人』在床上」類型發生的情境，多半十分日常。「有『人』在床上」不是那種本來就屬於魔幻時刻的靈異類別，它代表著日常生活的出其不意：你只是過著你的日常生活，在你最熟悉的空間裡，但就在這份熟悉當中，突如其來地遭遇了靈異，並且，還是在遭遇後你才意識到。

「有『人』在床上」故事有時也以「我」被誤認的角度呈現，這呈現另一種恐怖感：

「有『像是我卻不是我』的某種東西，存在於這個世界上。」「它」就在剛剛曾經來過。

「有『人』在床上」當然也是一個關於寢室空間的恐怖故事。那些床上的死角視線無法穿透，象徵著「即便是最熟悉的生活空間內，也存在著某種無法捉摸的未知」，無論是再怎麼習以為常的寢室、再怎麼習以為常的室友，都可能存在某種未知……這樣的想法隱藏在故事底層，說明了住宿生對於住宿生活的不安，是非常徹底的。無論表面上可以多麼習慣宿舍，住宿生永遠不可能對這個不是家的空間放心……所以這些「靈異」才總是不斷發生。

上鋪垂下來的腳

同樣可以歸類為上鋪恐怖故事的，還有「上鋪垂下來的腳」一類，如下面這兩則故事：

1 高中宿舍的故事

那是一所中部歷史悠久的高中，學校宿舍老舊，據說，其中一間寢室裡曾有這樣的故事：宿舍剛建好的幾年還沒有門禁管制，女賓可以隨意進出宿舍。一位學長帶了一個女同學進來宿舍，正好房間裡沒有其他人在，這位學長露出了猙獰的面目……事後，學長非常後悔，但已鑄下錯誤。爲了前途著想，學長狠下心來殺害女同學，將她分屍裝在黑色大垃圾袋裡，拿出去丟了。過了幾天都沒人發現。一天晚上，一位學弟來找學長，整個房間空蕩蕩沒有一個人，學弟無聊坐在椅子上看雜誌，有一隻腳從床上垂下來，在他頭邊晃啊晃的，學弟心想「原來有人在嘛」，抓住那隻腳往下一拉，竟拉下一隻血淋淋的斷腳。學弟一驚往床上一看，一顆懸空的頭顱正盯著他看……

學弟醒來，教官了解來龍去脈後，吩咐學弟不要傳出去。學弟不敢住宿舍了，馬上搬了出去。很快地，整棟宿舍的人都知道這回事，弄得人心惶惶。學校一邊封鎖消息，一邊把房間改成儲藏室，不再住學生。這件事漸漸平息下來，成爲住宿生間口耳相傳的傳說。（BBS, 2000）[23]

2

某男生寢室內是雙人上下鋪，一回學長在睡覺時，看到一隻黑色的腳從上鋪垂下來。他全身不能動彈，才想起來，上鋪根本沒人。（BBS, 2004）[24]

這兩則故事屬於「聽說」性質，應為傳說。故事的恐怖點非常直接：上鋪有東西垂下，以為有人在上鋪，實際上卻是恐怖的黑腳／斷腳。1〈高中宿舍的故事〉更為直接，還有「懸空的頭顱盯著看」這樣經典的恐怖畫面。

這兩則的共通點在於「腳從上鋪垂下」，由於上鋪會睡人，因此有腳垂下也不意外；腳就成了上鋪異狀外顯的有限片段。在片段資訊登場之後，揭露的是：這隻腳沒有對應的「正常的全貌」，片段就是片段，因此一點也不正常，這是靈異。

1〈高中宿舍的故事〉還有許多宿舍鬼故事經典元素，包括可見於「封鎖的寢室」裡的宿舍封鎖、曾發生強暴案、改建為其他用途的空間（儲藏室）……與「封鎖的寢室」一章內所提到的「特別的房間」極為接近，是融合了寢室內部空間與「封鎖」要素的鬼故事。

紅眼睛

「記得靠上椅子」、「有人在床上」和「有人在床下」，都是與「看不到的地方」有關的故事，也是關於寢室內視線無法四通八達的故事。

這是「寢室內部存在死角」，但有時，整個寢室都是視線無法進入的巨大死角。那些上鎖的寢室，本身就是看不到的禁區。這時，就有可能會有「由外向內看」的視線。「紅眼睛」正是關於「人眼由外往內窺探」的故事。按理來說，上鎖的寢室內部應該是看不到的，但「紅眼睛」給出了弔詭的答案。

T大女生宿舍裡，新學期學妹們搬了進來。同寢學姊警告學妹「走廊尾被查封的寢室不太乾淨，沒事不要靠近。」學妹隨口答應了。某天，不信邪的學妹梳洗完走回寢室時經過那間房間，禁不住好奇心作祟，從鑰匙孔望了進去……只看到一片鮮紅，什麼也沒有。學妹跟學姊說了她從鑰匙孔往內看一事，學姊緊張地問：「妳看到了什麼?」學妹回答：「只有一片紅紅的，什麼也看不到。」學姊尖叫一聲後暈死過去，醒來後渾身發抖地說，那寢室原本住滿了人，因爲一位學姊自殺，便沒人敢住。自殺學姊是上吊死的，被發現的時候，因爲時間過久，眼睛都變成了血紅色。（BBS, 1996）[25]

「紅眼睛」的故事流傳的時間很早，一九九六年已經有流傳軌跡。這時如果有人在BBS上張貼這個故事，其他人還會留言「貼過了」，可見流傳範圍之廣。儘管在我的宿舍生涯裡，並未聽說過這個故事，但我發文問了身邊的人是否有聽過，發現聽過的人意外的很多，顯然「紅眼睛」是一個非常經典的鬼故事。

這個鬼故事的模式包括：

1. 存在一間「封鎖的寢室」。
2. 主角透過鑰匙孔偷窺，看到一片紅色。
3. 揭露上吊者的眼睛是紅色的。

多數的「紅眼睛」故事只會說到這裡，透過「眼睛是紅色的」的暗示，讓讀者去聯想，主角透過鑰匙孔所看到那一片無法理解的紅色，實際上是上吊者的眼睛，再進而意識到，原來主角看向房間內時，其實是隔著鑰匙孔，在極短距離內與鬼四目相對。這個故事同樣預留了一個空白，讓聽故事者想通後，領悟到故事中的恐怖。另一些版本則會「體貼地」揭露到底，如讓學姊對學妹說：「裡面自殺死掉的學姊，也透過那個鑰匙孔在看妳。」[26]，或是像後面這則故事說的：「那晚她與死去的學姊對看了兩個小時。」

這故事的翻轉，在於將「窺視別人者」化為「被窺視者」。一般來說，窺視者是隱身的，對方並不知道自己在偷看，也因此是安全的。但是當窺視者也被窺看，那就表示「窺看」這個不正當的行為，對方全都看到了——窺視者自以為的「安全」，完全是假象，再考量到發現窺看者的對方不是人類，那不只不安全、還非常危險。

「紅眼睛」流傳很廣，以下是其中一個變體：

> 據說以前有某個女生，在宿舍一樓的某間教室上吊自殺。曾有學妹不相信，獨自一人跑去那間教室。由於教室門鎖著，學妹只好從鑰匙孔往裡面看，看著看著，不知不覺地就過了兩個小時。有人問學妹，學妹說她只看到兩種顏色，黑與紅。後來才知道，上吊的女孩眼球呈黑與紅兩種顏色，那晚她與死去的學姊對看了兩個小時。(BBS, 1999)[27]

這個變體優化了「紅眼睛」的真實感。「紅眼睛」之說的來源，是「上吊者的眼睛會呈現紅色」。確實，如果人上吊或被勒斃的話，眼結膜會有點狀出血，這會使原本白色的眼白出現紅色。假使主角透過孔洞，與鬼的紅眼睛對視，看到的卻只有紅色的話，不就代表主角看到的是眼白嗎？但人類看事物是用眼睛的黑色瞳孔（與人相似的鬼理應也是如此），因此對視時，主角也該要看到黑色部分。所以這個故事把瞳孔的黑色也加了進來，讓主角看到「黑與紅」兩種顏色，更貼近真實情境。

再來，這版本強調了與鬼對視的時間，長達兩小時。這雖然不太合理，但是這故事顯然意識到，「隔著鑰匙孔不自覺地和鬼四目相對」是這個故事最恐怖的時刻，因此拉長了這個恐怖時間。假使只是一瞬間，可能當事人還能從那份恐怖感中逃脫，但兩小時的話，表示恐怖與威脅都持續了很久。

「紅眼睛」同樣具有強烈的「封鎖的房間」要素（詳見第一章），故事中的「學妹」因警告而對「封鎖的房間」產生好奇，前往窺視房間，因此遭遇恐怖事件。這結果等於再次揭示，「不要靠近封鎖房間」的警告有多麼合理。這寓意多麼宿舍（住進規矩多的宿舍，就是要遵守宿舍規定、聽學長姊的話）——簡直就是以鬼故事的方式重說一次：「學妹啊，學姊的話要聽。」

這個故事除了宿舍版以外，還有廁所版與民宿版：

聽說這故事發生在中部某高中校園。學校裡有一棟樓的廁所用符咒封起來，據說是因爲有人在裡面自殺，在那之後出現靈異現象，因此封起來。曾有人出於好奇心驅

使，從鑰匙孔一窺究竟，結果看到的，是一雙血紅的眼睛。（BBS, 1997）[28]

一個環島旅遊的男生，某夜找了一家民宿過夜。民宿主人是個阿伯，民宿有三間房，阿伯說：「最後一間有人住了，所以你自己挑一間住吧！」那男生挑了其中一間。男生洗完澡後，聽到隔壁傳來聲音，他發現牆上有幾個蛀洞，透過其中一個小洞往隔壁窺探，看到一個女孩子哼著歌跳舞。男生在她轉身時躲了起來，但又意識到對方不知道他在偷看，因此再次往洞內看去，這時卻只看到一片紅。男生推想是女孩子的衣服擋住了，一再確認才死心入睡。

隔天，男生詢問阿伯女孩的事，阿伯說那是他自殺的女兒。她長得很漂亮，但她有一個令她想不開的先天缺陷：她的眼睛是紅色的。（PChome 新聞台，2002）[29]

廁所版同樣包括「上吊」、「封鎖」等元素，但廁所版流傳範圍顯然沒有宿舍版來得廣。這或許跟「鑰匙孔門」概念和宿舍更為契合有關，一般來說很難想像廁所的入口是「有鑰匙孔的門」。

但「鑰匙孔」也並非必要元素。從這一民宿版可以看到，鑰匙孔可以被替換成隔壁的蛀洞，功能是一樣的，只要同樣是「孔洞」就可以。被窺視的女孩「眼睛是紅色」的特點，在這個故事裡並非上吊後的死狀，而是天生的缺陷。不變的核心就只有「當事人以為自己很安全，卻與鬼對看」的恐怖情境。

「紅眼睛」的故事流傳廣博到小學生也有聽說。謝佳靜的碩論《学校の怪談の台日比較》於二〇〇六年調查楠梓國小學生聽說過的怪談，其中就有以下兩則故事：

> 一對恩愛的情侶，男生去當了兵。女方交了另一個男友卻被拋棄，當兵的男生回來後去找女友，門鈴按了很久卻沒人開門，男生往鑰匙縫裡一看，看到一隻紅色的眼睛。後來，他知道女友上吊自殺了。你知道那顆紅眼睛是誰的嗎？（高年級男生）[30]

> 某個大學裡，一位新來的轉學生很好奇爲什麼大家都在談輪某個房間。那間房間打不開，他從門縫只看見紅紅的。其他人告訴他，那是壓力過大而上吊自殺的女鬼，正在看著他。（高年級女生）[31]

伊藤龍平、謝佳靜合著的《現代台湾鬼譚——海を渡った「学校の怪談」》一書中，提到這類故事和日本怪談「紅色房間」（赤い部屋）很相似。[32]「紅色房間」這個故事，可見於常光徹所編的《學校怪談（8）》：

> 計程車司機K在深夜載到了一名年輕女性，她要求載她到深山裡的一處公車站。司機K讓女性下車後，由於感到年輕女性一人行走很危險，於是和她一起到了她家。K疑惑居然有一名女性在深山裡獨居，於是從窺視孔朝房間裡面看，但只看到一片紅

色。K猜想「房間裡都是紅色的，一定是個喜歡紅色的人」。後來，K才從其他也載過那名年輕女性的司機那邊，聽說「那女生的眼睛因充血而呈鮮紅色」，他看到紅色房間時，那女生也在看著他。（常光徹，《學校怪談（8）》，1996）

朝里樹的《世界現代怪異事典》裡，也收錄了臺灣的「赤い目の鬼」（紅眼睛的鬼）傳說。朝里樹著有《日本現代怪異事典》，《世界現代怪異事典》應該算是相應的世界篇，其中臺灣的靈異故事不少，都是依據伊藤龍平、謝佳靜的《現代台湾鬼譚——海を渡った「学校の怪談」》一書。「赤い目の鬼」詞條裡併陳兩個故事，並點出差異：日本的「紅色房間」裡的紅眼睛的女性，並不是鬼，而是還活著的生病人類。[33]常光徹版本的「紅色房間」，紅眼睛女性確實是人類，但在日本流傳的某些版本，也有「紅眼睛的女性實際上是幽靈」的說法。[34]

日本與臺灣都有類似的怪談，但兩邊出現時間差不多早。常光徹收錄這故事的《學校怪談（8）》於一九九六年出版，這系列很暢銷，「紅色房間」應該是是隨著這本書而流傳；然而臺灣的網路紀錄可見於一九九六，故事應該更早就開始流傳了。因此很難說，「紅色房間」和「紅眼睛」是一方承襲另一方，很可能是平行發展的結果。

並且，這兩個故事除了「紅眼睛也在看著你」這點以外，其他要素少有重疊。日本的「紅色房間」以計程車為背景，和臺灣的「紅眼睛」民宿版一樣，偷窺情節都是「男性偷窺女性」的可疑行為。故事安排這些居心不良的男性被紅眼女子／女鬼反向窺視，頗帶有懲戒意味。

透過對照日本版，可以看到臺灣「紅眼睛」故事的特點：這故事明明沒有必要發生在學校或宿舍，但臺灣的多數版本，依然將這故事設定於學校宿舍。可以說對於臺灣鬼故事而言，「宿舍」這個地方有巨大的吸引力，彷彿只要說一則鬼故事發生在宿舍，它的話題性和真實性就會上升。此外，日本的「紅色房間」中紅眼睛的擁有者多半不是鬼，但臺灣的「紅眼睛」卻幾乎都有鬼，鮮少有不靈異的版本——既然臺灣故事如此偏愛「宿舍」的空間與「鬼」的形象，那我們就不意外，為什麼宿舍鬼故事會這麼多了。

「紅眼睛」在香港也是知名的校園傳說，據說發生在香港科大。

> 宿舍裡每間房都裝了防盜眼，但其中一間裝反了。有天某個男生發現了這防盜眼的秘密，因此經常透過防盜眼偷看住裡面的心儀女生。一日，男生從防盜眼只看到一片紅色，他以為是房門掛上紅布，但敲門都無人應，用力一推，才發現女生已經上吊死了，發紅的雙眼正對著防盜眼。（東方日報，2006）[35]

這個香港版紅眼睛，和臺灣「紅眼睛」一樣，都有「宿舍」、「上吊」等要素。香港「紅眼睛」可見的傳說紀錄不多，我沒有找到比臺灣版早的文字紀錄。假使香港版並不知名，考量到臺灣的「紅眼睛」流傳範圍很廣，以及臺灣與香港都使用中文，香港傳說承襲自臺灣的可能性很高。沒想到「紅眼睛」這類故事，不只流傳於臺灣，還流傳於日本與香港，成了不同文化共享的同一種恐懼。

學生寢室多半不大，可住人數多在兩人到六人之間。但在這小小的寢室內，居然擁有這麼多靈異的認知與想像，從床上到床下，從椅子上到椅子下，連小小的鑰匙孔看出去的一片寢室光景，也會埋藏異狀……居住在寢室內的不只有學生，還有學生們的不安化身的靈異想像。

---

1 啊!!!，〈之前聽過ㄉ〉，轉引自 tw.bbs.rec.marvel@googlegroups.com，2003 年 11 月 27 日（https://groups.google.com/g/tw.bbs.rec.marvel/c/-dk-QTbXE3c/m/DboKUgQ90EoJ）。

2 paidashin，〈[經驗]高雄大學男 210 宿舍〉，PTT Marval 板，2012 年 6 月 26 日（https://www.ptt.cc/bbs/marvel/M.1340678383.A.003.html）。

3 把噗先生，〈【校園】清大的靈異事件?〉，深藍論壇，2008 年 8 月 12 日（https://www.student.tw/topic/92429-【校園】清大的靈異事件/）。

4 路邊攤，《你敢不敢一起來?：路邊攤詭誌錄》（圓神，2020）。

5 別告訴我你無聊，〈真的很毛〉，轉引自 tw.bbs.rec.marvel@googlegroups.com，2000 年 12 月 28 日（https://groups.google.com/g/tw.bbs.rec.marvel/c/8U0DazyeHLs/m/BRCynQqfBmIJ）。

6 [toBaCco]，〈宿舍鬼話〉，轉引自 tw.bbs.rec.marvel@googlegroups.com，2001 年 12 月 22 日（https://groups.google.com/g/tw.bbs.rec.marvel/c/7MXoiQWsahs/m/oYtA-vMqU6kJ）。

7 cjh，〈我是東海學生，我要講一個鬼故事〉，轉引自 tw.bbs.rec.marvel@googlegroups.com，2003 年 9 月 29 日（https://groups.google.com/g/tw.bbs.rec.marvel/c/Apy-Dxa4hNQ/m/3Eo11hyDayUJ）。

8 doskoi，〈[真實]雲X大女生宿舍〉，PTT marvel 板，2006 年 11 月 05 日（https://ppt.cc/@Qzs）。

9 Serina，〈［真實］輔大女生宿舍～～～〉，轉引自 tw.bbs.rec.marvel@googlegroups.com，2005年12月26日（https://groups.google.com/g/tw.bbs.rec.marvel/c/EjANNVogmtY/m/-yWYYRVejhwJ）。

10 OKOK，〈［經驗］寢室多了人〉，轉引自 tw.bbs.rec.marvel@googlegroups.com，2008年8月9日（https://groups.google.com/g/tw.bbs.rec.marvel/c/1FNGk9byIuQ/m/GL6LFr3oVxYJ）。

11 seasky1314，〈Re:［經驗］大慈宿舍〉，PTT marvel 板，2009年6月21日。（https://www.ptt.cc/man/marvel/D2C/DB2F/D70A/D7C6/DAFE/M.1277777238.A.2E2.html）。

12 RK，〈［經驗］宿舍的小六?〉，轉引自 tw.bbs.rec.marvel@googlegroups.com，2010年11月2日（https://groups.google.com/g/tw.bbs.rec.marvel/c/HRYYvUzN6Nk/m/ltWsWsoOlP0J）。

13 ForgerEames，〈[7/15] 宿舍裡誰在用電腦?〉，PTT marvel 板，2011年8月14日。（https://www.ptt.cc/bbs/marvel/M.1313320747.A.989.html）。

14 paidashin，〈［經驗］高雄大學男210宿舍〉，PTT Marval 板，2012年6月26日。

15 G子，〈女生宿舍的夜半鍵盤聲（7月小小鬼故事…)〉，部落格「G子的漫畫生活」，2012年8月22日（https://gzifood.com/post-115584670/）。

16 anna0223，〈［經驗］我們的女宿有點茸〉，PTT marvel 板，2015年6月8日（https://www.ptt.cc/bbs/marvel/M.1433703174.A.0ED.html）。

17 ★美麗的錯誤★，〈有沒有師大宿舍的鬼故事?〉，轉引自 tw.bbs.rec.marvel@googlegroups.com，1995年12月13日（https://groups.google.com/g/tw.bbs.rec.marvel/c/iIf8QrpjrxA/m/KfoMv4GwjnQJ）。

18 知易行難，〈［校園］中原力行宿舍真實經歷....〉，轉引自 tw.bbs.rec.marvel@googlegroups.com，2006年1月5日（https://groups.google.com/g/tw.bbs.rec.marvel/c/Ll3QKAmsQNw/m/lf4gyt-eE1cJ）。

19 我是保母邁開莉，〈［經驗］高雄大學男210宿舍〉，轉引自 tw.bbs.rec.marvel@googlegroups.com，2012年6月27日（https://groups.google.com/g/tw.bbs.rec.marvel/c/5pFQEMsAEL8/m/Y66Kdd-kfS8J）。

20 singsing1130，〈［故事］半夜的宿舍〉，PTT marvel 板，2012年6月9日（https://www.ptt.cc/bbs/marvel/M.1339173980.A.77D.html）。

21 kuku321，〈［經驗］夜晚學校的幾個小經驗〉，PTT marvel 板，2012年8月24日（https://www.ptt.cc/bbs/marvel/M.1345797391.A.EA1.html）。

22 oopsbowbow，〈［經驗］幾個宿舍小經驗〉，PTT marvel 板，2015年8月25日（https://www.ptt.cc/bbs/marvel/

M.1440516406.A.844.html ）。

23 冬眠準備中，〈高中宿舍的故事〉，轉引自 tw.bbs.rec.marvel@googlegroups.com，2000 年 1 月 3 日（https://groups.google.com/g/tw.bbs.rec.marvel/c/smu4PNjY83M/m/ZC0NxAB_n9wJ ）。

24 乖小孩，〈Re: 有沒有關於大同大學的阿〉，轉引自 tw.bbs.rec.marvel@googlegroups.com，2004 年 12 月 1 日（https://groups.google.com/g/tw.bbs.rec.marvel/c/j1aoO5OnZIk/m/hx63jGdGMSwJ ）。

25 Kien，〈以前 po 過的 !!〉，轉引自 tw.bbs.rec.marvel@googlegroups.com，1996 年 11 月 1 日（https://groups.google.com/g/tw.bbs.rec.marvel/c/87Qmaq4X9kI/m/sYs04qCRm-YJ ）。

26 糟糕 ~~ 被看光了 ~~~~，〈紅眼睛〉，轉引自 tw.bbs.rec.marvel@googlegroups.com，2001 年 11 月 15 日（https://groups.google.com/g/tw.bbs.rec.marvel/c/dCEvgM99iZc/m/Jk8zGW9RkaYJ ）。

27 ☆夢醒女孩☆，〈鑰匙孔的祕密〉，轉引自 tw.bbs.rec.marvel@googlegroups.com，1999 年 8 月 13 日（https://groups.google.com/g/tw.bbs.rec.marvel/c/pagnWmBkunM/m/Nq2xBP67EysJ ）。

28 小愛瑪，〈大個的鬼故事之一 .... 紅眼睛〉，轉引自 tw.bbs.rec.marvel@googlegroups.com，1997 年 3 月 19 日（https://groups.google.com/g/tw.bbs.rec.marvel/c/NjznIMNRNyQ/m/COpA4nBvfiIJ ）。

29 虛偽合群，〈恐怖鬼故事 -[紅眼睛]〉，PChome 新聞台「虛偽合群協會」，2002 年 7 月 2 日（https://mypaper.pchome.com.tw/plkclub/post/1131673 ）。

30 謝佳靜：《学校の怪談の台日比較（學校怪談的台日比較）》（南台科技大學應用日語系碩士論文，2009），頁 60。

31 謝佳靜：《学校の怪談の台日比較（學校怪談的台日比較）》（南台科技大學應用日語系碩士論文，2009），頁 69。

32 伊藤龍平、謝佳靜著：《現代台湾鬼譚——海を渡った「学校の怪談」》（青弓社，2012），頁 128-129。

33 朝里樹，《世界現代怪異事典》（笠間書院，2020），頁 8。

34 〈都市伝説の怖い話「赤い部屋」〉，網站「恐怖之泉」，（https://xn--u9jv84l7ea468b.com/kaidan/6wa.html ）。〈赤い部屋〉，網站「恐怖の館」，（ http://fascinationworld.web.fc2.com/ah.htm ）。

35 〈考完試　揾鬼同你玩〉，《東方日報》網頁，2006 年 5 月 20 日（https://orientaldaily.on.cc/archive/20060520/fea/fea_f11cnt.html ）。

04 — 詭異的室友

宿舍中的類型故事，多數跟空間有關，「封鎖的寢室」、「格子狀的房間」與宿舍整體的規格化設計有關，「有人在看你」與寢室內部有關，都是空間型的鬼故事；但「詭異的室友」這一類別，則是關於宿舍裡的「人」——關於室友。

住進宿舍，不只意味著住進宿舍空間，也意味著「擁有室友」，過上群體生活。這同樣是獨屬於宿舍的、十分新奇的體驗。寢室多則八人、十人一間，少則兩人、四人一間，住宿生要與室友們共享房間。房間不是一個人的，寢室裡室友的行為，都會影響到同一空間裡的其他人。換言之，要是室友有什麼異狀，其他人也難以避免——因為這份共生結構，產生了這類關於室友的鬼故事。

這些故事包括，室友溺死後床鋪濡濕的「溺死的室友」；以及跟室友夢遊有關的「夢遊吃死屍」和「夢遊切西瓜」。在這些故事中，熟悉的室友變成了其他狀態，從人變成了「非人」。那狀態可能是鬼，也可能是被描繪為「精神上的怪物」的夢遊者。這種介於熟悉與陌生間的「似是而非」感，正是這類故事恐怖感的來源。

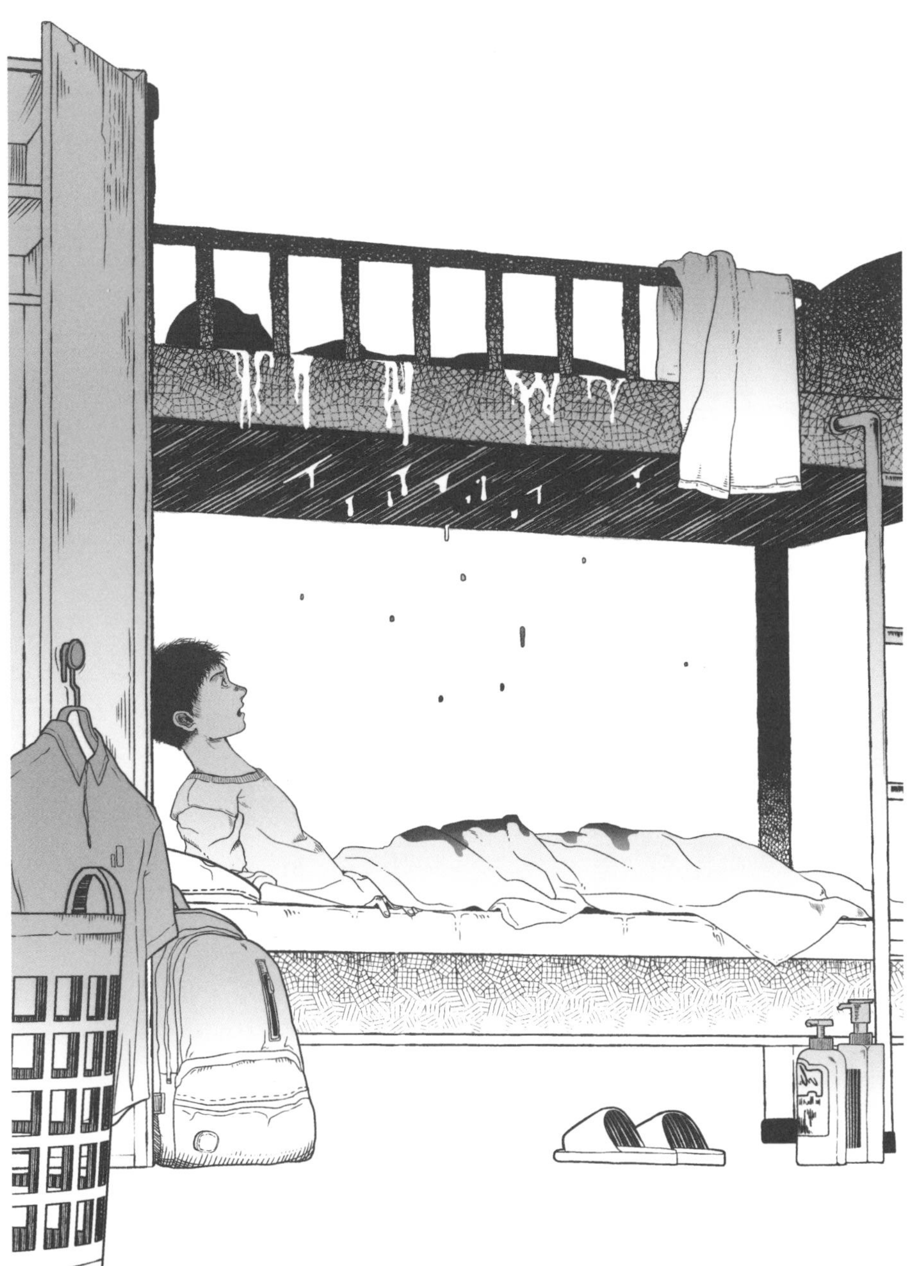

溺死的室友

清、交帆船社鬼故事

「溺死的室友」這一類型的故事，情節主要是：帆船社的室友溺死之後，床上出現水漬。這故事多流傳於交大，因此又稱為「交大帆船社鬼故事」，但在目前可見的最早版本裡，這類故事流傳的學校並非交大，而是清華大學。一九九二年羅問所著的鬼故事書《校園鬼話》中，可以看到這個故事。「帆船社」、「溺斃」與「床鋪水漬」的要素，早在這個一九九二年的故事中就已經出現。

清華大學裡的黑鬼

曹清河上鋪的室友淹死後七天，曹清河睡到半夜，被水滴驚醒。他打開燈，發現上鋪都是水漬，就像有個渾身是水的人睡在床上。床鋪旁有一行沾水的足跡，曹清河沿著足跡走，發現足跡中斷在馬路中間，簡直就像是室友回來看他們。（《校園鬼話》，1992）[1]

一九九五年有另一個清大版本的紀錄。這故事與室友無關，而是管理員看到帆船社疑似有人影與水痕：

帆船社

清大成功湖曾有一個女生跳湖，以及一個帆船社員溺斃在深不到一公尺的湖裡。那之後某一晚，清華管理員晚上看到帆船社教室的燈亮著，關燈鎖門後離開，巡了一圈燈又亮起，一轉頭燈又熄滅，管理員打開教室並沒看到人，只見門口有一灘水，但帆船全是乾的。（師大精靈之城 BBS, 1995）[2]

這個故事雖然沒有出現「床鋪」的要素，但其他元素（湖、帆船社、溺斃、水痕）都具備。這兩個早期版本都說發生在清華大學，但一九九五年後出現了交通大學版，此後交大被視為「溺死的室友」鬼故事的主要發生地點，僅有少數版本提到這故事發生在清華。[3]

交大鬼故事一則

據說交大以前有帆船社，活動地點就在竹湖。某屆帆船社社長在竹湖社團活動時不幸翻船去世，但屍體跟船都沒有浮上來，校方派人打撈也沒找到。在這位社長死後幾天，睡他下鋪的室友晚上都會聽到有人在上鋪喊著「好冷，好冷」，不斷有水從上鋪滴下來。大家推想可能是被淹死的同學死不瞑目，因此請校方把竹湖的水放乾，才發

> 現帆船社的船筆直地插在竹湖底，這就是船跟屍體浮不上來的原因。那是交大竹湖唯一一次水放乾的紀錄。（交大控工 BBS, 1995）[4]

交大鬼故事同樣也出現了「溺死者令床鋪濡濕」的情節，這元素是許多鬼故事共享的經典靈異要素，應非真實。那麼故事中提到的「屍體與船插在湖底」是否為真？交大是否曾經有一位死亡的帆船社社員？故事總會說有這樣一個人。[5] 清大曾在一九九六年發生一起大學生溺斃事件，清大符姓學生與王姓高中生見到一名國小女童於相思湖落水，雙雙下水急救，卻不幸三人皆溺斃。但這件事發生時間點晚於傳說，地點則位在相思湖，與這類「帆船社鬼故事」並無關係。清大為了紀念此事，於湖畔蓋紀念碑。相思湖後來似乎有「湖中船屋會自動旋轉」等與溺水事件有關的傳說。[6] 交大的話，可能與一九八一年溺斃的帆船社李姓副社長有關。他在六月二十四日下午於竹湖駕船落水，隔日上午被尋獲。新聞未提及是否抽乾湖水，僅提到他不會游泳，也未著救生衣。

〈交大鬼故事一則〉比起羅問的〈清華大學裡的黑鬼〉更加豐富，故事不只是單純的「室友溺死後，回來睡覺令床板沾上水漬」，還強調「屍體與船沒有浮上來」的異狀，使得靈異成為了「死不瞑目」的象徵。在臺灣民間觀念裡，往往認為鬼魂的作祟表達某種索求（例如孤魂野鬼討祀、孤身女鬼討嫁），也有不少靈異敘述，親人認為下落不明的死者會以靈異方式（託夢等）告知所在位置。這個故事裡回來的室友，就是以作祟表達想被找到的祈求。他「好冷」的呼喊，則彷彿告知他仍在水中一事，因此後來的「在湖底找到他」的結局，才會如此合理——湖底正是一個會令人找不到他、卻又會讓死者感到寒冷的地方。

故事最後一句「那是交大竹湖唯一一次水放乾的紀錄」讓這件事彷彿具有官方紀錄色彩，感覺更加真實。但考量到故事的來歷，它應該仍是一則承襲自清華鬼故事的傳說。

早期故事只強調鬼魂留下一灘水，交大這個「上鋪滴水＋屍沉水底」的情節組合，後來成了「交大帆船社鬼故事」的主流版本，許多文章都提到極其相似的故事。[7] 這些故事同樣都以「上鋪滴水＋屍沉水底」為前提，只增補了一些細節，例如：「房間裡的那張床一直有人形水印，也許是學長很想回去睡吧！」[8] 這句話比較感性地，從「住宿生會對自己的床位產生歸屬感」這點，來合理化靈異現象。

此外還有一些故事提到，出事寢室的室友們一夜搬離，那寢室一直不平靜，校方因此將它規劃為機房，不再住學生，「而今，事隔二十年，那間機房內仍有一灘永遠清不掉的水漬，以及揮散不去的腐泥和魚腥味。」[9] 改建為特殊用途的特別房間，近似於第一章〈封鎖的寢室〉裡封鎖之後作特殊用途的房間。以下這個版本，則增加了新竹氣候描寫的細節：

> 以前有個學長是帆船社社長，喜歡在下午新竹風起時到交大唯一的湖去揚帆。他大三那年冬天，新竹反常的連續兩個禮拜沒風，正當學長感覺自己身手快不靈時，晚

> 上風呼呼大作，學長馬上往寢室外跑，室友們則埋首於作業中。隔天，室友們不知道社長是否回來過，但發現他的床上出現一灘水，再隔天，寢室地板上出現混著泥土的水，後來室友們又發現水在床上蔓延開來……最後教官把湖水洩掉，在湖底找到社長只剩腳板尚在泥土上。三位室友連夜離開該寢，後來有教官不信邪住進去，隔天一早就自動走人，絕口不提發生什麼事。(BBS, 1999)[10]

這版本並未強調靈異與「死不瞑目」之間的關係，但是詳細描述了學長對於揚帆的愛好，以及因此在深夜獨自出門並遭遇意外的一串過程。新竹被描繪為一個風大、適合開帆船的地方。只要待過新竹，都會對於新竹的風感到印象深刻。對於那些就學而來到新竹的學生來說，「晚上聽到風呼呼大作」的聲音，應該是很切身的體驗。尤其在故事所說的冬天，風更是強勁。故事裡深夜強勁危險的風，也彷彿預告了學長的死亡。

新竹的陰冷大風貫穿了整個故事。寫下故事的作者自言會造訪那間傳說中的寢室，他形容該寢室為：「在那種乾糙的冬季裡，北風呼嘯耳邊過，那間寢室永遠有個特徵，就是地板總是有一灘水在那。那時的我們，沒有人想過要去擦掉。」乾不了的水暗示著溺死學長的亡魂，但放在淒風苦雨的新竹，那灘水又似乎十分合理。這版本下的氣候細節，讓「交大帆船社學長」完全是個生動地發生在新竹、與新竹大風不可分割的鬼故事。

除了新竹的清華、交大兩所學校，其他學校也有相似的「鬼魂回來，令床鋪濡濕」

的鬼故事：

1某高中鬼故事

曾有一位很愛護學生的女性校長，在游泳池裡抽筋溺斃。在那之後，宿舍常常傳出半夜校長會來巡房，還會幫學生蓋被子。如果你早上起床，看到地上有一灘水，不必害怕，只是校長太喜歡你，不忍你著涼，幫你蓋被子而已。（BBS, 2001）[11]

2樹德鬼故事

學校門口常常有砂石車經過，每年都有人車禍過世。曾有一位女學生，下雨天回學校時，在校門口被砂石車碾斃。那天晚上她沒有回寢室，室友們也沒察覺異樣，只猜她可能隔天才回學校。到了兩點，大家都睡了，突然傳來爬樓梯的聲音。隔天，室友們知道了女學生被輾斃的不幸事件。女學生的家人來到寢室收拾她的物品，感謝室友對她的照顧，室友們協助收拾，但在收床墊時，卻發現床墊竟然是濕的，不禁疑惑「昨晚到底是誰睡過了」……（BBS, 2005）[12]

3淡水某技術學院鬼故事

從前有位學長，拿著床板說要去離學校不到十分鐘的海邊衝浪。但學校附近海邊的潮差很大，學長溺水了，屍體在基隆被發現，床板就成了裝載學長屍體的工具。

原本的床板用完後，又拿回去放在原本的床位上。下鋪學長某天晚上睡覺時，感到臉上濕濕的，睜開眼一看，卻發現上鋪床板在滴水。仔細一看，床板濕濕的部位，是個人形。床板後來被拿去燒掉，這批住宿生才從教官口中得知了當初的故事。（BBS, 2006）[13]

故事1由於溺死鬼魂是校長而非住宿生，因此不會有對應的床鋪，也沒有「床鋪濡濕」的描繪，但故事中所寫「地上有一灘水」，意思也很接近。故事2跟故事3都十分典型，核心都是濕地板或濕床墊，只是與水有關的死亡原因被替換了，不一定是溺死，也可能是車禍死亡。

故事3的原Po說這是「社團學長的親身經歷」，社團中的某位「金剛學長」就自稱是故事中睡下鋪的那一位主角。但這一故事很顯然並非學長親身經歷——因為就在一九九二年《校園鬼話》當中，有則一模一樣的故事〈淡水新埔工專的討床水鬼〉。故事中就讀於淡水新埔工專的學生小郭，總會在睡夢中聽到「還我床來」的聲音。後來小郭跑去問學長，才得知了事情經過：

> 就在小郭考進新埔工專的前一年，有個學生不曉得爲了什麼原因，被人發現淹死在學校旁邊的池塘裏。屍體撈上岸之後，校方派人取來他宿舍的床板，將他運回學校，沒想到從此之後，學校的宿舍便傳出了怪事，六棟宿舍裏至少有三棟發生了事

情。當時抬屍用的那塊床板在清洗完之後，又裝回原來的那張床上，而那張床——就是小郭目前所睡的那張！！（《校園鬼話》，1992）[14]

故事3這個「學長的經歷」與〈淡水新埔工專的討床水鬼〉如出一轍，總不可能金剛學長就是小郭吧？故事3原Po聽到故事的時間是一九九九年後（新埔工專一九九九年改制為新埔技術學院，原Po就讀時是技術學院時期），兩個故事細節也不同。更有可能是，這位金剛學長將他從《校園鬼話》中看到的故事，當成自身經歷講給學弟聽，唬得學弟一愣一愣的——到現在二〇二四年，二十年後，我可以斬釘截鐵地說：學弟，你應該是被騙了。

故事3把溺死的場景從學校池塘搬到海邊，讓學長帶著床板去海邊衝浪。新埔工專現為聖約翰大學，只離海邊十幾分鐘路程，這一更動確實頗具有該校特色；但這也使「床板運屍」變得不太合理。原本〈淡水新埔工專的討床水鬼〉的學生死在學校池塘旁，因此才去取宿舍床板；但故事3的屍體都從淡水沖到基隆了，床板怎麼可能還跟著本人一起沖到同一個地方？若不是床板跟屍體間有鋼索綁死，就是屍體跟床板真的心有靈犀、生死相許。床板被沖到基隆居然還沒腐爛，還能從基隆拿回學校物盡其用，也是頗不可思議。

在這類故事當中，溺死者原本就會與自己的床鋪有所連結，如「溺死者會來睡他的床」。〈淡水新埔工專的討床水鬼〉的連結性在於水鬼不停呼喊「還我床來」，彷彿表示他死後依然歸屬於這張床，床也歸屬於他。故事3雖然承襲了〈淡水新埔工專的討床水鬼〉的床板身世，死者與床板間同樣有強烈的感應，但這回換成了這系列故事中更常見的「上鋪滴水」經典情節。「溺死的室友」故事背景很常是有上下鋪的寢室，應該是因為「水從上鋪滴到下鋪」的靈異描述非常鮮明。「上鋪滴水」所帶來的感覺，應該像是：「床板曾運送的溺死者屍體，永遠都躺在床板上」。

這些校園故事裡的死者，死亡原因常隨著學校的環境有所差異。在清華、交通大學裡，死者往往被認為溺斃於學校知名的湖，在清華是「成功湖」，交通是「竹湖」，學校靠近海的，則說死於海邊。這些都傳達出學生對於整個學校環境的感知，讓這些故事聽起來「確實是發生在我們所熟悉的學校的事」。至於學校沒有較鮮明水域的，則被描述為「雨中去世」與「游泳池溺水」，在這些情況下，身上也會有水漬，可以連結到故事最鮮明的「床鋪有水漬」特徵。

沒有惡意的鬼

「溺死的室友」類型的鬼故事中，鬼魂往往都沒有惡意。其實作為其中一版故事前身的〈淡水新埔工專的討床水鬼〉，故事中的小郭曾被討床水鬼鬼壓床，令他不停喊救命。但在承襲的故事3當中，並沒有這一具威脅性的「鬼壓床」的情節，鬼變得十分平和。

為什麼「溺死的室友」往往無害呢？故事中的靈異現象，僅是「床鋪在沒有人的情況下濡濕」，這是一個不會傷害或針對任何人的現象，只是「不合理」與「怪異」而已，沒有任何危險性。故事1中校長鬼魂巡房，故事說「不必害怕」，只是校長「不忍你著涼，幫你蓋被子而已」，相較於宿舍裡其他非善意的鬼，或會瞪人的鬼（如第三章的「記得靠上椅子」和「紅眼睛」），鬼會「幫人蓋被子」，簡直貼心到令人感動。另一個提到「也許是學長很想回去睡（床）吧」的版本，故事中的鬼同樣心願卑微而無害。

「溺死的室友」之所以無害，應該是因為故事裡的鬼身分並不陌生，而是由熟悉的室友死後所變。鬼故事中若出現陌生、來歷不明的鬼，通常會令人不安、感到恐懼，這些鬼也很可能帶有惡意。但正因為鬼是熟悉的室友，所以令人有「室友不會危害我」的安心感——這份安心感，正反映了宿舍生活朝夕相處中可能培養出的某種「室友情誼」。即便現實中的「室友」再怎麼難相處，在鬼故事裡，他就算化身成鬼，也無意害人。

那為什麼鬼魂要回到床位呢？這種敘事，應該是承襲了傳統民間信仰中，「人死後魂魄會回家」的觀念。這就更顯示出室友的親近感——假使魂魄要回家，那麼也應該是回到有父母在的家吧？怎麼會是宿舍呢？但是宿舍中的床位，確實是某種「家」沒錯，畢竟住宿生夜夜所睡的不是自家的床，而是宿舍的床鋪。因此，床位足以成為「靈魂回去的地方」。假使寢室是「家」，那室友也是某種意義下的「家人」了。睡的寢室能成為「家」、萍水相逢，起居同室的室友可以是「家人」——這樣的想法，完全說明了宿舍生活可能帶給住宿生的親和感受。

儘管室友不帶有惡意，但不代表室友就「不恐怖」——某些情況下，室友就算沒有惡意，仍可以引起恐怖感。那個情境，便是「夢遊」。在夢遊型的恐怖故事中，又以「夢遊挖（吃）死屍」最為著名。

夢遊挖死屍

一覺夢醒食屍人

這個故事發生在高雄某醫學院。蔡守義注意到室友田仁貴深夜都會出去，一問，田仁貴卻臉色大變地罵他「你管我出去做什麼」。一天蔡守義參加生日舞會，到一點半才回學校。他看到田仁貴只穿內衣褲、打著赤腳在校內遊蕩，意識到田仁貴是在夢遊。蔡守義知道最好不要叫醒夢遊者，只是好奇地跟著田仁貴。田仁貴走進停屍間，拉出一具屍體撫摸並微笑。蔡守義嚇得出聲，驚醒了田仁貴。

清醒的田仁貴娓娓道來，他身爲家中長子，辛苦拉拔弟弟減輕父母負擔，國中時會發現自己醒來指甲裡充滿污泥、身上衣服帶有血跡。這現象持續一個月後停止，但田仁貴沒想到，如今又發生同樣的狀況。田仁貴很不能接受，求蔡守義不要告訴別人。

一天半夜兩點多，田仁貴又消失了，蔡守義衝到停屍間去，驚恐地發現一具被剖開肚子的遺體。這時蔡守義聽到解剖台傳來啃咬聲，田仁貴咬著一截腸子，另一隻手拿著咬了一半的胃。蔡守義想逃時，校工老王出現了。蔡守義發現田仁貴走向停屍間的屍體，想推開他，田仁貴卻撲向蔡守義，差點咬下蔡守義肩膀的肉。校工老王把椅子砸向田仁貴，田仁貴因此清醒過來，發現自己身上的血，痛苦嚎叫著衝出停屍間。後來，田仁貴被發現吊死在樹林裡。（羅問《校園鬼話II》，1993）[15]

一個奇怪的夢遊故事

某個學校的住宿生，發現了該寢室裡總有一種很奇怪的味道。起初大家也不覺得怪，猜想味道可能是不通風造成的，但過一陣子後，味道卻越來越濃。這寢的室友們感到奇怪，爲什麼味道總是不消呢？他們尋找味道來源，發現其中一位室友「某甲」的床下，竟然有死人頭骨。室友們都嚇呆了，那股味道原來是死人骨頭。骨頭還不只一顆，已經有不少了。

室友們決定調查頭骨的來源，因此觀察某甲的言行，他們也都很有默契地不告訴某甲。在觀察期間，人骨還持續增加。其中一天晚上，四人都在睡覺時，一位室友睡不著，看到某甲從床上爬起來，過了一段時間後才回來，這時某甲手上拿著骨頭。隔晚，三名室友決定跟蹤某甲，發現某甲半夜起床，往學校附近的墓園快步走去。某甲找到墓後，不知哪來的力氣挖開土，把棺材打開，拿出裡面的人頭往回走，回到宿舍把人頭放在床下，繼續睡覺。室友們天亮後討論，某甲走的速度快到不尋常，而且他竟然能徒手撬開棺材。此外，某甲兩眼半開半閉，他們也不能解釋爲什麼……（BBS, 1995）[16]

「夢遊挖死屍」故事中並無靈異，是「具有死亡要素的恐怖故事」。但因為涉及屍體、墳墓、人骨，給予人陰森的印象，「夢遊挖死屍」也常被視為「鬼故事」，因此將它列入本書。

「夢遊挖死屍」中室友的行爲可以分成兩類：一類重點放在室友「吃死屍」，如第一個〈一覺夢醒食屍人〉故事；另一類則略過吃屍體部分，僅止於「挖死屍」，如第二個〈一個奇怪的夢遊故事〉。無論是挖死屍或吃死屍，這一類的故事模式都是一樣的：故事裡往往都會有一名舉止怪異的住宿生（〈一覺夢醒食屍人〉田仁貴／〈一個奇怪的夢遊故事〉的某甲），這個故事的視角並非這怪異學生，而是與他同寢的室友（〈一覺夢醒食屍人〉蔡守義／〈一個奇怪的夢遊故事〉室友們）。故事情節通常包括：

1. 室友會在半夜時，意識到怪異學生出寢室。
2. 室友並不會叫住怪異學生、問他要做什麼，而是跟隨他。
3. 室友會發現怪異學生到墳墓或停屍間挖屍體，有些故事中他還會吃屍體。
4. 室友這時才了解，怪異學生之所以舉止怪異、半夜出門，都是因為他有夢遊症狀的緣故。

這一類「夢遊挖死屍」現在雖然並非最常被提起的故事，但它曾經流傳很廣，流傳時間也很長。在一九九〇年代大量出版的鬼故事集中，相似的故事曾經好幾次被重述，足以證明它曾經被視為十足獵奇、恐怖。

「夢遊挖死屍」不涉及靈異、故事中沒有太明顯的矛盾，「一名挖屍體的夢遊者」也有存在的可能性。但故事會是真的嗎?可能性很低。臺灣多數「夢遊挖死屍」的傳說紀錄，看起來都像是源自司馬中原的短篇小說〈夜行者〉。

〈夜行者〉收錄於司馬中原《挑燈練膽》一書中，出版於一九七八年。可知「夢遊挖死屍」故事，從這時就已經存在於世界上了。前述〈一覺夢醒食屍人〉和〈一個奇怪的夢遊故事〉，當然也在〈夜行者〉之後，應該是受其影響。其實幾乎所有「夢遊挖死屍」故事，都可以看出司馬中原〈夜行者〉的痕跡。以下是〈夜行者〉的故事經過：

夜行者

鄭同昆的宿舍鄰近山麓的墳場。鄭同昆發現睡在他上鋪的黃善甫，經常在半夜起床出門，直到天亮才回來。黃善甫生性沉默寡言，言行孤僻。鄭同昆原本想跟蹤他，但又覺得這種想法十分幼稚。因此在白天時問黃善甫，黃善甫卻說，他從來沒有半夜出去過。鄭同昆於是決定跟蹤他。果然某夜，黃善甫又下床出門，鄭同昆跟著他走，發現黃善甫走向墳墓。對鄭同昆來說，黃善甫讀書認眞彬彬有禮，不該做出這麼怪異的行爲。但黃善甫卻突然開始倒立，又以倒立姿勢爬上電線杆，鄭同昆理解到，黃善甫這是在夢遊。

鄭同昆持續跟著黃善甫，黃善甫走進墳場時，鄭同昆躲著以墓碑做掩護，繼續觀察黃善甫。黃善甫找到一座小墳，那是一個早夭清秀男孩的墳墓，黃善甫開始用雙手，以一般人不可能有的速度，又快又有力地挖著墳墓。黃善甫挖出棺木，掀開棺蓋，抱出腐臭的童屍大口大口嚼。鄭同昆嚇得目瞪口呆，黃善甫似乎怕人看見地東張西望，他的臉在月光下歪曲，嘴角沾著黑血。鄭同昆打算比黃善甫早回到寢室，才不會被發現。但他爬行時腳勾到石頭，發出了聲音，令黃善甫放下童屍開始找人。鄭同昆拚命奔回宿舍，但在同時，他也聽到對方的腳步聲在身後響起。

鄭同昆上床裝睡，沒過多久，黃善甫回來了，在寢室內走動找人。黃善甫摸向睡著同學的胸口，鄭同昆意識到，跑步的人心跳是無法騙人的。當黃善甫的手摸到鄭同昆身上時，動手掐住了他的脖子。兩人扭打間，鄭同昆趁機求救，驚醒了整棟宿舍的人。但鄭同昆沒有說明原因，黃善甫清醒後則完全不知道發生什麼事。

之後鄭同昆進醫院治療頸傷，搬出宿舍。後來才和室友解釋黃善甫夢遊的事，鄭同昆爲了保護黃善甫，不讓他被自己的行爲嚇死，才不提眞相。但黃善甫已經被送到精神病院了，晚上睡在鐵籠裡，半夜會起來抓著鐵欄猴叫，但隔天完全不知道自己做過什麼事。（《挑燈練膽》，1978）[17]

以上只是〈夜行者〉的梗概，它實際上是一篇充滿細節、篇幅十四頁、相當完整的短篇小說。故事中詳細描繪「鄭同昆」發現室友「黃善甫」夢遊的經過：鄭同昆跟蹤黃善甫到墓地，被發現後躲回寢室，又被夢遊的黃善甫檢查心跳聲後揪出來，差點被掐死。

可以說，後來的「夢遊挖死屍」傳說版本，出現的元素都與〈夜行者〉情節高度重疊。以下兩個「夢遊挖死屍」故事，幾乎可說完全是〈夜行者〉的翻版：

吃死人肉

在臺北某前幾志願學校，其中一側山上是一片荒蕪的亂葬崗。一位有夢遊症的學生，每天晚上都往那裡跑。室友們不知情，就連那位學生自己，每天早晨也都對身上的污泥和口臭感到莫名其妙。一天，室友半夜起床，意識到那位學生不在床上，跟著他走，他卻走得飛快。等到他停下來時，室友才發現身在充滿隆起土堆的亂葬崗之中。室友找了個土堆躲起來，看到夢遊學生像瘋狗般挖著地面，挖出了一人大小的坑洞，坑洞中露出棺材，發瘋的他扳開棺材蓋，將屍體的一隻手扯下，用嘴巴像啃肉一般開始「享用」。那隻手上有些蛆與不知名的昆蟲……室友被嚇到往後退，腳踢到一塊石頭發出聲響，使得對方回頭，那是一張貪婪的臉，嘴角掛著碎肉，雙眼火紅。室友狂奔回家，跑回宿舍躲回被窩，但腳步聲緊追在後，室友只能祈禱不會被發現身分。夢遊學生把手伸向每張床，確認每個人的心跳。室友十分緊張，心臟狂跳，那隻沾滿污泥的手終於伸進室友的被窩，室友看到那張貪婪的臉又在他眼前。兩人發瘋似地扭打在一起，引來宿舍的所有人……最後，兩個人都退學了，被送到松山療養院，一個驚嚇過度，一個精神分裂。（BBS, 2002）[18]

P醫的食屍生

P醫一間寢室，一位同學每天都會發現鄰床的室友滿身泥土、滿嘴爛肉。這位同學在某夜跟蹤室友，發現室友半夜三點起來夢遊，走往學校後的公墓，挖開剛下葬的棺木大口大口咬著屍體。同學忍不住大叫一聲，夢遊的室友發現了他，像夜裡惡狼一般瞪著他。同學跑回寢室躲回床上，室友追到寢室，用耳朵緊貼每一位室友的心臟，尋找又急又快的心跳聲。這位同學被發現了，吃屍體的室友掀開被子，雙手往這位同學的脖子狠狠掐下去。隔天，全寢的同學們一起床，就發現被掐死的同學，以及滿嘴屍肉的夢遊室友。夢遊室友完全不知道發生什麼事，後來，他才知道原來自己會起床吃屍體。夢遊室友無法忍受自己的行徑而發瘋，現在住在陽明山上的精神病院中。原來，夢遊室友某天趕著上晚上的課，抄墳墓捷徑趕到學校，被食屍鬼附身，下場才如此悲慘。（巴哈姆特創作小屋，2008）[19]

〈吃死人肉〉幾乎可說只是重述了司馬中原的〈夜行者〉，〈P醫的食屍生〉多數情節與〈夜行者〉，僅有結尾不同。但是跟蹤夢遊室友後，「夢遊室友發現，回寢室確認所有人心跳」的部分，則一模一樣。

這些傳說版本還有許多與〈夜行者〉的相似細節。如〈夜行者〉提到黃善甫夢遊時，體能不可思議的好，可以用超乎常人的速度倒立行走，傳說版則常描述夢遊者「速度快到不像在走路」（〈一個奇怪的夢遊故事〉）。〈夜行者〉強調夢遊者「徒手迅速挖開墳墓」的異能，〈一個奇怪的夢遊故事〉也形容某甲徒手撬開棺材十分離譜。〈夜行者〉中的鄭同昆跟蹤到墓地後，找了個墓碑做掩護，〈吃死人肉〉的跟蹤室友則是躲在土堆後，且和鄭同昆同樣，都是腳踢到石頭發出聲音，而驚動夢遊者。

接著就接到〈夜行者〉最大的巧思——「夢遊者檢查心跳」的情節。按理來說，跟蹤的室友被夢遊者發現，應該已經是故事的高潮，如果跟蹤者僅是被夢遊者追上、掐頸，也是一則完整的故事。但後面「檢查心跳」的發展，又讓緊張感往上升溫。跟蹤室友會猜測，夢遊者應該沒有看到自己，因此他是安全的，但是夢遊者竟然比他想得更聰明，在夢遊中仍能想到檢驗方法——一開始令人摸不著頭緒的「摸胸口」，實際上是敏銳的檢查心跳頻率。這邊安排了一個「當下難以理解的行為」，再解釋「心跳聲無法騙人」，令人有恍然大悟的感覺。

這幾個故事的結尾處略有不同。〈吃死人肉〉的結尾和〈夜行者〉最為接近，角色都因精神問題送醫，但沒有〈夜行者〉強調的「室友拒絕告訴夢遊者真相」一事；〈P醫的食屍生〉故事中，可憐的跟蹤室友則沒有像鄭同昆一樣逃過一劫，而是慘遭掐死。〈P醫的食屍生〉是一個比較粗糙的故事，沒有考量到跟蹤室友被掐死後，「要由誰來揭露夢遊真相」的問題。總之，這故事中的夢遊者還是知道了真相（不知道從什麼管道）。〈P醫的食屍生〉並不滿足於把「吃屍體」的原因歸於單純的夢遊，還加入了靈異要素：夢遊者實際上是被「食屍鬼」所附身。這一段收尾使〈P醫的食屍生〉不只是恐怖故事，還是個靈異故事。

即便其他傳說版本再怎麼接近〈夜行者〉，〈夜行者〉作為一篇有意識的虛構小說，依然有無法複製的細膩之處。例如在所有傳說裡，跟蹤室友都跳過了「當面詢問夢遊者」的階段，而直接選擇跟蹤。但只要細想，假使夢遊者並非夢遊，只是單純的晚上清醒出門，那有什麼好不問的？因此〈夜行者〉有詢問黃善甫的橋段，但因為黃善甫的回答與事實有落差，鄭同昆才只能透過跟蹤探究真相。

鄭同昆在跟蹤室友黃善甫時，不斷強調黃善甫「學業成績好，待人接物極為認真」，也問：「一個品學兼優的同學，怎麼可能半夜掘墳犯罪？」顯然深夜的黃善甫舉止怪異，與白天的形象十分斷裂。故事由此凸顯夢遊的特性：夢遊者在夢遊時，與清醒時的行為不可一概而論，反而更像是另一個人。此外，〈夜行者〉全篇刻意強調的部分，是鄭同昆的善意——即便黃善甫曾經掐過他的脖子，他都沒有當著黃善甫的面，告訴他夢遊的真相。「夢遊吃死屍」類型的傳說，時常強調「不要叫醒夢遊者」，若跟其他「夢遊者被叫醒」（下列的〈同窗〉）的故事一起看，儘管「貼心隱瞞」的安排有點刻意，但似乎是一種設想周到的選擇。

當一則故事成為傳說，人們轉述時，往往會有所篩選。顯然〈夜行者〉這些細膩之處，對於轉述故事的人們來說並不是重點，但是夢遊者異常的速度與力量、嘴角帶有血肉的恐怖臉龐、逐床確認心跳的危險感……則是多數人會喜愛的部分，因此當〈夜行者〉被簡化後，這些要素也如實保存。

儘管有些人說，「夢遊挖死屍」這件事曾經真實發生於認識的人身上，或者有人更早就聽過相似故事。至少以上這幾則，應該是從〈夜行者〉延伸出來無疑。甚至有一篇二〇一〇年的 PTT 文章，作者詢問到一名老師，解釋了傳說最初的來由，是當年的學長以司馬中原為藍本編的，用意是跟學弟開玩笑。[20]看來，由司馬中原這篇小說，確實意外創造了不少傳說。

吃屍體的倫理難題

該如何看待「夢遊吃屍體」的人？當事人如果知道了，又該如何看待自己？……這是「夢遊吃死屍」故事必然面對的倫理難題。假使吃死屍者是清醒的，那麼吃屍體無疑是個值得譴責的犯罪行為，但「夢遊吃死屍」的當事人卻是在不能自我控制的狀態下，做出跨越人類底線的事情——這又該如何評價？

假使講述「夢遊吃死屍」故事只是出於獵奇，可以不用思考這些難題。但是當一則故事不只是用獵奇角度看待吃死屍者，還想讓吃死屍者有點人性的話，這就成為不得不處理的問題。吃死屍者的身分往往是主角的同住室友，對主角來說，他是善良的——當善良之人發現自己無意識間做出泯滅人性的殘酷之事，到底該怎麼辦？

羅問《校園鬼話III》的〈一覺夢醒食屍人〉就已經觸及這主題。第一次田仁貴發現自己會吃屍體時，就已經感到十分痛苦。在他第二次發現後，對於自己的舉止無法承受——即便那是他不能控制的夢遊——因此才會在樹林裡上吊結束自己的生命。

《孫叔叔遇鬼記10》中有一篇〈吃屍人〉，故事中的夢遊者也因自己的舉止十分掙扎。或許因為「孫叔叔說鬼故事」系列傾向面對孩童，因此〈吃屍人〉的故事並不刻意鋪陳吃屍體的恐怖，反而將重點置於夢遊者的心境：

> 「我」在外租屋，室友阿德人很好，只是半夜常常徹夜未歸，床邊會沾上血跡與泥土。阿德注意到「我」發現後，就說他早已打算搬出去。阿德害怕室友知道眞相，但「我」希望阿德坦白，阿德這才說，他以前曾經由於在夢裡感到餓，因此挖開新墳，吃了一個女孩子的手。阿德並不想這樣，但他無法控制自己，爲此不斷搬家。「我」想幫阿德治療怪病，因此跟著半夜夢遊的阿德出門，卻看到他在吃一隻兔子……後來，阿德不告而別，只留了一張字條，告訴「我」：「你是我最好的朋友」。（〈吃屍人〉，《孫叔叔遇鬼記10》，1993）[21]

〈吃屍人〉中沒有讓主角正面看到阿德吃人類屍體的畫面，取而代之的是「兔子」，應該是出於其孩童讀物的定位。故事刻畫阿德對吃死屍感到愧疚，但卻無法控制自己的心境，和〈一覺夢醒食屍人〉的田仁貴不同，阿德非常清楚自己的行為。但他害怕說出真相會被拋棄，因此就連家人也不敢說，又為了怕被室友發現，他總是不斷搬家。在「我」請求阿德告知真相之前，阿德還再三強調：「你要記住，我真的當你是我朋友。」凸顯他獵奇隱疾下的脆弱心靈。最後，阿德不告而別，從此消失在這世上，這也表示他自認為不配擁有一段友誼。

〈吃屍人〉的阿德孤立到十分可憐，結局只揭示他的消失，沒有給這名跨越「人與非人界線」的吃屍體者更悲慘的下場。吃屍體者早晚要面對自己的罪孽，那作為他身邊的人，到底要不要讓當事人意識到？這也是個道德難題。〈夜行者〉中鄭同昆，為了不要讓黃善甫發現自己吃屍體的殘酷真相，因此沒有叫醒他。但在王覺《校園裏有鬼III》的〈同窗〉中，主角無意間作出不同的決定，成為他後來負疚的原因。

> 「我」有一個要好的國中同學「阿諾」，阿諾家境不好，又患有羊癲瘋，與外婆相依爲命。某天阿諾的外婆失蹤了，「我」叫阿諾去休息並替他找外婆時，阿諾也失蹤了。但「我」卻在附近的墳場看到神似阿諾的背影，「我」出聲叫他，阿諾轉頭，「我」這才發現阿諾一嘴血紅，白襯衫也染紅，抓著斷手正在吃死屍。
>
> 阿諾被「我」叫喚後清醒過來，不敢相信自己正在吃死屍。阿諾似乎想對「我」說什麼，但「我」嚇得趕快騎單車回家。隔天，班導宣布阿諾死在墳場。原來阿諾有夢遊症，會到墳場刨死屍，他之前也曾經一覺醒來發現自己全身是血。阿諾的死法是用鐮刀割斷咽喉自殺，「我」相信阿諾是因「我」而死。若不是因爲「我」叫醒他，阿諾不會發現自己吃死屍，也不會這般決絕尋短。在阿諾死後，眾人發現了阿諾外婆的屍體，將祖孫倆合葬在一起。（〈同窗〉，《校園裏有鬼III》，1995）[22]

〈同窗〉也屬於「夢遊吃死屍」類型，是少數不以宿舍為背景的夢遊故事。夢遊與睡眠有關，因此共同起居的宿舍是絕佳的環境。〈同窗〉中則因為主角與夢遊者「阿諾」十分親近，才會去到阿諾家、深入到阿諾的日常生活，形成不以宿舍為背景的「夢遊吃死屍」故事。但也因為主角不像其他故事一般，從床鋪開始跟蹤著夢遊者，因此當他看到阿諾背影時，並沒有意識到「阿諾在夢遊」，才會出聲呼喚，因無心而導致了悲劇。

「我」對於自己鑄成悲劇一事，遲遲無法放下。故事提到阿諾的死時，主角忍不住說：「用鐮刀割斷自己的咽喉，絕對需要很大的勇氣，我能想像他當時哀莫大於心死的心情。」而這一切，都是因為自己叫醒了阿諾。阿諾死亡後，不少同學曾經目睹阿諾的鬼魂。主角聽聞非常難過，但他卻不害怕，反而希望阿諾的鬼魂可以出現在自己眼前，接受他的道歉。只是他始終沒有等到。

〈同窗〉故事前半花了許多篇幅，鋪陳夢遊者「阿諾」的悲情身世：父母離開他，他和外婆相依為命，遭遇令人同情。阿諾善良，甚至善良到無法負荷自己成為吃屍體的惡人——因而用決絕的方式自殺。

無論是〈一覺夢醒食屍人〉的田仁貴，〈吃屍人〉的阿德，或者是〈同窗〉的阿諾，他們都善良且脆弱，以致於無法接受自己吃屍體的行為，選擇自殺或失蹤來終止這一切。這似乎透露了，這類小說認為「善良」與「吃屍體」是兩個不能相容的特性，因此唯有死或消失，才能解決這份矛盾。儘管「夢遊挖死屍」一開始可能只是為了獵奇而設想，隨著故事發展，卻引發了意外的倫理思考。

日本的吃屍體傳說

在司馬中原的〈夜行者〉之前，臺灣是否曾經有「室友吃屍體」的傳說？我不確定。但在日本，確實有流傳類似的傳聞。松谷美代子的《現代民話考‧（7）學校》收錄了一系列「發現室友半夜留出去吃屍體」的怪談，稱之為「你看到了啊」。例如以下這則由松谷美代子所述的故事：

某寢室的室長發現同寢的A晚上總是不在，因此某夜跟蹤A。A來到墓地，因爲注意到動靜而回頭時，嘴上咬著骨頭。室長逃回寢室，聽到A回來的腳步聲。A一個個檢查室友們的氣息，輪到室長時，說：「你看到了啊。」室長因此發了高燒。後來聽說A在中庭的柳樹上自縊。原來A是爲了治療肺結核病而吃人肉。（《現代民話考‧（7）學校》，1987）[23]

這故事在日本的流傳時間，可以追溯至戰前的一九三〇年代。日本這一類型故事的高潮時刻是，主角偷窺怪異學生吃人肉後，被怪異學生說：「你看到了啊。」這是臺灣「夢遊挖屍體」不會出現的一句話。之所以兩者會有差異，是因為故事中的怪異學生清醒程度不同。日本「你看到了啊」中的怪異學生，徹頭徹尾都是清醒的，鮮少有故事提到他是一名夢遊者。而怪異學生吃屍體的原因，往往都歸咎於「治療罕見疾病（如肺結核）」，也有些故事中的原因是「戰爭時沒有東西吃」。

儘管怪異學生的清醒程度和吃屍骨原因不同，但日本傳說和臺灣故事中，怪異學生「一一檢查室友氣息」的場景卻十分相像。有些故事還強調怪異學生把手伸到室友們的棉被裡，一個個檢查他們心臟鼓動的狀態。由於這份相似，司馬中原的〈夜行者〉可能以日本「你看到了啊」傳說為靈感來源，卻未意識到夢遊者不該有檢查心跳的那份清醒。

臺灣「夢遊挖死屍」中，背負著「如何評價不自覺的吃人者」的難題，故事中的夢遊的怪異學生發現真相後，往往難以忍受，結局不是下落不明就是自殺。在日本「你看到了啊」故事中問題不太相同：吃屍骨者是清醒的，一開始就知道他們自己踰越了人類的界線。日本傳說中，吃屍骨的理由往往與肺結核有關，這般設定已經減輕了吃屍體者的罪行——他也是莫可奈何、逼不得已，因為罹患難以治療的罕見疾病，只好以他人的血肉來換取自己的性命。吃屍體行為未曝光前，吃屍體者心中還過得去（這點和臺灣故事的夢遊者不同）；然而一旦曝光，吃屍體者幾乎都以自殺作結。日本「你看到了啊」給予吃屍體者的評價似乎是弔詭的：吃屍體者能過得了自己內心的一關，卻無法忍受被他人知道。

夢遊切西瓜

關於夢遊的恐怖故事有不少，但其中最常見的類型，就是「夢遊挖死屍」和「夢遊切西瓜」。「夢遊切西瓜」也是不靈異的恐怖故事，故事梗概為「夢遊者在夢遊中，將人錯當西瓜而誤砍」。「夢遊切西瓜」並不一定是宿舍故事，但有幾個版本與宿舍有關。就算是與宿舍無關的，故事主角也往往是學齡孩童，因此這裡仍列入「校園鬼故事」之一。

「夢遊切西瓜」雖然不一定以宿舍為背景，但最早的起源確實是宿舍。事件可見於一九五五年《中國時報》〈午夜操刀摸人頭　不砍只為西瓜小〉報導：

> 兩星期前……某晚深夜一時許，她在宿舍內長叫一聲，同學皆大驚失色，她手持菜刀一把，在七位女同學頭上每人點了一下，似有砍下之勢，復又微微暗自嘆息，仍舊再次安睡，同學們目瞪口呆，翌日乃推舉代表，告知學校當局，校方經考證後，決定令其暫時休學，她除唯唯外，並未有何表示，有人問起那晚情形，據她說，夢中口渴，見有西瓜七個，因而持刀欲砍切食用，可惜巡視周圍，發現西瓜太小，沒有合適選擇，同學聽了，咋舌不已，判定其精神已不正常。（〈午夜操刀摸人頭　不砍只爲西瓜小〉，報紙，1955）[24]

在這則報導裡，「切西瓜」的慘劇並沒有發生，原因是「西瓜太小」。〈午夜操刀摸人頭〉的報導透露一種宿舍式的危險：當其中一位室友有無法自我控制的異常行為時，其他室友就會深陷危機之中——畢竟寢室就那麼大，他們就是毫無防備地處於近距離的危險之中。

「夢遊切西瓜」的主題應該可說存在很久。一九六八年刊載於《經濟日報》的推理小說《羅門探案　金手銬》延續了這個主題，故事中有一個心懷怨恨的哥哥，在夢中將假人頭誤做西瓜砍下。[25]到了一九九〇年代，我們可以看到更多「夢遊切西瓜」的故事。以下這個宿舍傳說，頗像是一九五五年女生宿舍事件的男生宿舍版：

那一夜他們去夢遊

老李考上一所中部私立高中，位於南投鄉下的山腰，學校旁有一片西瓜田，宿舍就在山邊。開學後某天夜晚，老李在睡夢中醒來，看到下鋪的林同學走出門外，從廚房拿了一把菜刀回來。林同學走到最裡面的床，伸手摸下鋪同學的臉，拿起刀舉起又放下，最後嘆了一口氣。這讓老李嚇得半死，林同學又轉向另一位下鋪同學，做了同樣的事。這時老李才發現，林同學的雙眼緊閉。林同學往老李走來，一隻手摸著老李的臉，好不容易熬過漫長的恐怖時光，老李又聽到一聲長嘆。林同學走出門外，把刀丟到草叢裡，回室內上床睡覺。老李已經嚇得睡不著，隔天林同學說：「我昨天夜裡去溪邊摘西瓜，好奇怪，所有西瓜都凹凸不平，沒一個好的，所以一個也沒摘，不然大家今天有西瓜吃囉。」老李心中暗叫好險，後來老李把那夜看到的事告訴林同學，

林同學會隨家長去醫院檢查，後來就沒再發生「半夜摘西瓜」之類的事。（報紙，1994）[26]

和「溺死的室友」、「夢遊挖死屍」等故事相比，「夢遊切西瓜」是室友系故事當中，室友攻擊性最強的——在這故事中，其他人若非真的死掉，就是差點死掉。〈那一夜他們去夢遊〉裡的「切西瓜」一樣沒有真實發生，室友們經歷了一場驚險的危機而沒有喪命，夢遊者同樣出於「西瓜狀態不好」而刀下留人。

〈那一夜他們去夢遊〉以記錄於一九九四年的故事而言，算是相當完整的，可知「夢遊切西瓜」故事流傳久遠。在資料較多的一九九〇年代，我們還能見到這個故事的不同變形：「夢遊切西瓜」故事只需要同住的情境，因此可以想像它發生在宿舍室友之間，也可以發生在任何同住者如母子、夫妻之間，還可以用軍營中的宿舍為背景。

1 弒母案

以前，曾有一個人在睡夢中突然起身，他夢到想吃西瓜，到廚房拿了一把菜刀，走著走著進到了他媽的房間，口中喃喃自語「我要吃西瓜」，就拿刀朝他母親的頭砍下。接下來的情形，大家都可猜到了……（BBS, 1995）[27]

2 夢遊切西瓜

一對夫妻睡在一起，隔天早上先生的頭不見了，妻子報警，但經過警方的搜查，並無外人進入的痕跡。但先生的頭到底被藏在哪裡呢？最後，在冰箱裡發現了先生被切成一半的頭。（BBS, 2011）[28]

3 軍中故事

某軍營裡剛收了一批新進菜鳥兵，沒想到宿舍裡就發生了慘案。宿舍的床鋪爲左右兩排，新兵們慣例頭朝著走道睡。沒想到其中一位新兵，因爲以前是賣西瓜的，又有夢遊習慣，半夜竟無意識地把好幾個兵的頭當西瓜剖開。於是營長下令，以後睡覺改成頭靠牆，腳靠走道。然而不久後，又來了一個新兵，他也會夢遊。很不幸的，那新兵以前是摘龍眼的……（BBS, 1996）[29]

1〈弒母案〉和2〈夢遊切西瓜〉都發生於家人之間，3〈軍中故事〉則同樣是發生在宿舍裡——軍中的。多數「夢遊切西瓜」故事都是恐怖故事，故事3則作為笑話流傳，曾多次被發布在PTT的Joke板。「夢遊切西瓜」故事中，似乎只有3是笑話版本，其他都是恐怖故事。以「夢遊切西瓜」的梗概而言，它確實應該是恐怖故事。也有其他以軍中為背景的「夢遊切西瓜」故事，依然維持恐怖性質。[30]或許3會變成笑話本來就是個意外，因為增添了「新兵摘龍眼」的哏，而成為恐怖故事的笑話版本。

故事2的原文裡，講述了兩個故事。原Po先轉帖了網路版的「夢遊切西瓜」故事，故事中是一名小朋友到同學家借宿、把同學頭當成西瓜切的故事。原Po才講了自己聽說過的，妻子砍丈夫頭的版本，並說這在那時是轟動一時的新聞，儘管我翻了報紙資料庫，都沒有查到相關新聞。

那個「小朋友去同學家借宿」的故事，是「夢遊切西瓜」這系列故事裡，鋪陳最多、伏筆最精細的一個版本。轉錄時間為二〇一一年，但這版本或許在那之前就已經存在於網路上，只是很難確認紀錄。原文非常長，以下為濃縮版：

夢遊切西瓜

一名孩子收到南部同學的邀請，到同學南部家中作客、吃當時盛產的西瓜。他在出發之前詢問了母親意見，母親聽到邀請，先是確認：「要過夜啊？」她提醒兒子，他的「病情」會嚇到其他人。但兒子強調「我現在都沒發病了」，母親敵不過兒子的苦苦哀求，終究還是放行。但母親不忘提醒兒子：「不要玩太累啊！」

他到了同學家，聽聞同學的媽媽教授新的切西瓜方法：尾部切一刀、有梗的地方切一刀，接著再把西瓜切個十字。那天他跟同學都玩累了上床睡覺。到了半夜，他爬了起來，拿起西瓜刀，抱起一顆西瓜，按照同學媽媽教授的方法切：尾部切一刀、有梗的地方切一刀（梗卻切不斷），接著再把西瓜切個十字，流出好多西瓜汁。

隔天早上他醒來，推推隔壁同學，卻發現滿手是血。他趕緊找同學的媽媽，同學媽媽才發現自己兒子死了，頭都不見了。後來警方才查出來，這個孩子有夢遊症，他前一晚切的西瓜，實際上是同學的頭。（BBS, 2011）[31]

這個版本用了非常多小說技巧，例如先埋了兒子「病情」的伏筆，母親也曾耳提面命，要小孩不要太累。然而故事裡所有莫非總會發生，小孩果然玩累了，也果然病症發作，他的病情正是夢遊。故事裡描寫小孩砍人頭的一段，用的是切西瓜的描述方法，因此，先描繪了一遍同學媽媽真正的切西瓜經過，好讓孩子夢中的第一視角，也能複製同樣的切西瓜順序——透過這種限制於孩子第一視角的描寫，讓讀者不會在第一時間注意到「孩子切的實際上是人頭」。

故事透過轉換視角，不正面寫孩子切下同學頭的經過，而透過描述「梗切不斷」與「西瓜多汁」，呈現孩子主觀中的「切西瓜」狀態；揭露砍頭後，再讓讀者意識到，這些主觀意識，對應的是同學「脖子難切斷」與「鮮紅的血流出來」的客觀現象。對比其他版本平鋪直敘地說夢遊者「把人頭當西瓜砍下」，這一版的描述方式，更能鋪陳意外感。

這個故事或許聽起來真實，這是因為故事本身使用了許多技巧，使得它讀起來鮮活生動。但學齡孩童要把人頭當西瓜切，應該是有困難的，砍斷骨頭實際上需要相當大的力氣，要像故事中那樣完全割斷頸脖、使屍體變成無頭屍，就算切的是小孩脖子，孩童的力氣都不可能做得到。

像3〈軍中故事〉那般，說新兵一人「把好幾個兵的頭當西瓜剖開」，更是不可能——就算剖得了第一個，也必定會發出很大的聲響，這時同寢室的其他士兵睡得再怎麼熟，也一定會馬上被聲音驚醒吧？故事中新兵拿刀切了一整排的人頭西瓜，是不太重視合理性的荒誕情節。

「夢遊切西瓜」故事很常作為一個哏被提及，例如曾有人問道：「該如何拒絕同學借宿？」有人說可以回答：「我會夢遊，又愛吃西瓜。」暗示自己會夢遊切西瓜。[32] 因此傳說的真實性或許從來就只是其次，重點是這故事本身自有一種趣味與張力。

「夢遊」是一種難以理解的狀態，因此給人恐怖感。而這種恐怖感會在什麼情況下發揮到極致？就是當夢遊者做出最可怕的事——殺人。但若只是說「夢遊者會殺人」，未免無聊到不足以作為一個驚悚故事。但假使賦予這個殺人故事一個意象，那故事就會豐富許多。「西瓜」就是被選中的意象：因為西瓜和人頭一樣，都是長橢圓球狀，西瓜汁也和人血一樣，都是鮮紅色；因此「切西瓜等於砍人頭」，在形象的層面上十分說服人。所以，「夢遊切西瓜」故事之所以流傳，並非因為它是真的——而是因為故事中「切西瓜＝砍人頭」的連結令人印象深刻，這完全是出於故事的力量。

這些和室友有關的恐怖故事／鬼故事中，有最無害的「溺死的室友」，還有可能會掐住室友脖子、差點砍室友頭的「夢遊挖死屍」跟「夢遊切西瓜」——但奇妙的是，在這些故事裡，仍透露著信賴室友的某種「室友情誼」。室友之所以會變得危險、具侵略性，都是因為他在夢遊——這時他變成了另一個人，已經不是那個熟悉的室友了。也就是說，這些故事透露的擔憂是，室友清醒時是不需要擔心的，因為他會具備人性，唯有在室友因為某些原因（最顯而易見的原因是夢遊）而變成另一個人時，他才可能做出失控的事。這種信賴感，或許是朝夕相處帶來的。但是想像室友「夢遊狀態」的存在，也表示，就算共處一室共同生活，人也沒辦法瞭解對方的另一面——更何況那一面，連他自己也不知道。

1 羅問，《校園鬼話》（希代書版，1992）頁 237-239。

2 hahaa，〈帆船社〉，師大精靈之城 BBS, 1995 年 6 月 4 日（https://www.ptt.cc/man/NTHU-NHCTC/DAB6/D6E1/M.947214151.A.html）。

3 如這篇〈校園奇談……〉，Dcard，2015 年 11 月 18 日（https://www.dcard.tw/f/marvel/p/776761）。

4 Lightx，〈交大鬼故事一則〉，交大控工 BBS, 1995 年 11 月 27 日（https://www.ptt.cc/man/NTHU-NHCTC/DAB6/D6E1/M.947217227.A.html ）。

5 〈大學生李宗威　駕船落水溺斃〉，《聯合報》，1981 年 6 月 26 日。此筆資料感謝讀者 Johnny Lee 提供。

6 〈【校園傳說專題】清大遊樂園 兒童不宜〉，Peope 公民新聞，2007 年 11 月 20 日。（https://www.peopo.org/news/7849）

7 笨貓，〈關於交大的鬼故事〉，BBS, 1997 年 10 月 5 日（https://groups.google.com/g/tw.bbs.rec.marvel/c/BXlqDBcABX8/m/chCOAlPmoTkJ ），Cano，〈淹死的學長〉，BBS, 1997 年 12 月 14 日（https://groups.google.com/g/tw.bbs.rec.marvel/c/u-1rvXp7Mgc/m/6K3ByryrHDkJ ）。

8 笨貓，〈關於交大的鬼故事〉，BBS, 1997 年 10 月 5 日。

9 jiansheng，〈老師，學校有鬼（上）〉，部落格「陶瓷怪魚．無物」，2007 年 8 月 19 日（https://jiansheng.pixnet.net/blog/post/41337565 ）。

10 失落的歲月，〈交大男八舍〉，轉引自 tw.bbs.rec.marvel@googlegroups.com，1999 年 12 月 7 日（https://groups.google.com/g/tw.bbs.rec.marvel/c/qLmK-LLrd8Q/m/vFuCQIGMFjMJ ）。

11 幽靈教主，〈[校園鬼話] 復興高中〉，轉引自 tw.bbs.rec.marvel@googlegroups.com，2001 年 6 月 19 日（https://groups.google.com/g/tw.bbs.rec.marvel/c/KuF891XW7o0/m/Fopo3jQOE7oJ ）。

12 ?，〈第一次來 來說說我的經驗 .. 宿舍〉，轉引自 tw.bbs.rec.marvel@googlegroups.com，2005 年 8 月 15 日（https://groups.google.com/g/tw.bbs.rec.marvel/c/frA9jA300cw/m/4cbFKIT5eKsJ ）。

13 ASLV，〈[超幹] 來一篇淡水鬼故事 ~ 白天比較不怕了〉，轉引自 tw.bbs.rec.marvel@googlegroups.com，2006 年 2 月 20 日（https://groups.google.com/g/tw.bbs.rec.marvel/c/HEeCwlQ9b0I/m/ctgWijVs_zoJ ）。

14 羅問，《校園鬼話》（希代書版，1992）頁 160-161。

15 羅問《校園鬼話III》（希代書版，1993）頁 216-243。

16 回首夢已遠，〈一個奇怪的夢遊故事〉，轉引自 tw.bbs.rec.marvel@googlegroups.com，1995 年 12 月 8 日（https://groups.google.com/g/tw.bbs.rec.marvel/c/nsKf4y4nfmE/m/2SbDv6fM558J ）。A Land Girl，〈一個奇怪的夢遊故事〉，轉引自 tw.bbs.rec.marvel@googlegroups.com，1999 年 12 月 17 日（https://groups.google.com/g/tw.bbs.rec.marvel/c/uWvJ3haJMgY/m/513OlvzMNDwJ ）。

17 司馬中原，《挑燈練膽》（皇冠出版社，1978）。

18 大一新鮮人，〈吃死人肉〉，轉引自 tw.bbs.rec.marvel@googlegroups.com，2002 年 8 月 15 日（https://groups.google.com/g/tw.bbs.rec.marvel/c/212oxPm-Cuw/m/tuTPKDEsCzwJ ）。

19 七夜 -PeaceCraft，〈夜夜挖屍的夢遊者〉，巴哈姆特創作小屋「snowcode 的小屋」，2008 年 5 月 13 日（https://home.gamer.com.tw/creationDetail.php?sn=716914 ）。

20 hushiang，〈Re:［校園］新竹教育大學幾年前的恐怖傳說〉，PTT marvel 板，2011 年 4 月 29（https://www.ptt.cc/bbs/NHCUE-Talk/M.1304132698.A.2AF.html ）。

21 孫叔叔：《孫叔叔遇鬼記 10》（南門書局，2021〔原輔欣書局，1993〕）頁 142-167。

22 王覺，《校園裏有鬼 III》（禾馬文化，1995）頁 88-119。

23 松谷みよ子，《現代民話考・（7）学校》（筑摩書房，2003〔原立風書房 1987 年刊行〕），頁 47。

24 〈午夜操刀摸人頭 不砍只為西瓜小〉，《中國時報》，1955 年 1 月 15 日。

25 魯帝：〈羅門探案 金手銬〉，《經濟日報》，1968 年 05 月 15-16 日。

26 陸平，〈那一夜他們去夢遊！〉，《聯合報》，1994 年 06 月 15 日。

27 如風似雲 ~~，〈弒母案〉，轉引自 tw.bbs.rec.marvel@googlegroups.com，1995 年 12 月 10 日（https://groups.google.com/g/tw.bbs.rec.marvel/c/M6r2_uDsbh4/m/BLD_ZzsYq2sJ ）。

28 紅塵遊子，〈[分享] 夢遊切西瓜〉，轉引自 tw.bbs.rec.marvel@googlegroups.com，2011 年 4 月 5 日（https://groups.google.com/g/tw.bbs.rec.marvel/c/sZs-1wI4JfA/m/FldSCFe4XD8J ）。

29 ◤深情款款◢，〈軍中故事〉，轉引自 tw.bbs.rec.marvel@googlegroups.com，1996 年 11 月 18 日（https://groups.google.com/g/tw.bbs.talk.joke/c/wLV73NNB1Jo/m/VH7eW1z_x8gJ ）。

30 如發布於二〇一三年的原創故事「阿山的西瓜」（https://fg984k.pixnet.net/blog/post/291759329 ），以及 2015 年講述此故事的靈異節目《來自星星的事》（https://www.youtube.com/watch?v=qOPk19ipYd8 ）。

31 紅塵遊子，〈[分享] 夢遊切西瓜〉，轉引自 tw.bbs.rec.marvel@googlegroups.com，2011 年 4 月 5 日。

32 鉮鉮，〈不借宿理由〉，轉引自 tw.bbs.talk.joke@googlegroups.com，1996 年 8 月 14 日（https://groups.google.com/g/tw.bbs.talk.joke/c/uRH63nxCycY/m/gBoMEWEIQQ4J ）。

校舍之內

前面宿舍篇部分，由於宿舍鬼故事眾多，因此在宿舍篇內，依照故事模式進行分類。本篇「校舍之內」則包括三個不同的空間類型：廁所、特別教室、逆八卦的大樓。每一章單談一個空間，這幾個空間都在學校的室內，因此概稱為「校舍之內」。

宿舍是學生們睡覺與生活起居的地方，相對的，校舍是學生們「做正事」的地方，主要的課業活動都在校舍裡進行。宿舍屬於睡眠與洗澡洗衣，校舍則收納那些學生們的清醒時光，學生們在這裡做所謂的「學生的本分」：學習。

校舍的主要組成是教室。在中小學階段，又可以分成「普通教室」與「特別教室」。一天有八節課，多數時候在普通教室裡上學科（國文、英文、數學……）課程，這佔據了學生們最多的精神。假使用學生一日作息的時間比例來換算，普通教室裡的鬼故事應該要最多吧？

但事實卻相反。普通教室在鬼故事裡的佔比反而很少。根據日本民俗學家常光徹《學校怪談：口承文藝的研究》一書，比起學生們熟悉的普通教室，理科教室、音樂教室、體育館、廁所這些特別教室與附屬設施，更常是學校怪談的舞台。

臺灣的校園鬼故事也存在相似的傾向。或許是因為，鬼故事是關於邊緣，關於陰暗，普通教室太過正常了。鬼故事往往想像正常的日常之中，有一些溢出去的、異常、無法捉摸的「某種東西」。因此和普通對比之下「特別」的「特別教室」，或是和學習的理性相對的、屬於肉身與本能的「廁所」……這些空間比一般教室更具備某種「特別的感覺」。

廁所的特別時刻，是無人的時刻。很奇妙的，明明多數人上廁所的體驗，應該是下課十分鐘時，廁所人聲雜沓的時刻。但鬼故事的背景往往不是這時，而是放學、晚自習、深夜，一個人進到廁所的那刻。假使說學生下課來到廁所，已經是一種離開正常的喘息，那無人的廁所，則令喘息都變得陌生。日本的廁所鬼故事很多，臺灣雖然並未那般鮮明，但部分廁所鬼故事以「晚自習」為背景，也反映了臺灣學生與日本不同的地方。

特別教室的特別感覺，源於它們同樣是教室，但學習的技能與環境卻完全不同。臺灣校園鬼故事裡較常出現的特別教室，包括音樂教室與美術教室等，除此之外，校史室也被我歸納進「特別教室」的行列。校史室有一些關於肖像的傳聞，它和特別教室一樣，都是學生日常不會無事踏入的地方，校史室鮮少開放的性質，又使它具備更強烈的神秘感。

在大學，上課的型態變得和高中完全不同，學生們只在特定時間到特定的教學大樓上課，也沒有普通教室或特別教室之分，但關於校舍的靈異想像依然存在。有一類屬於大學校園的傳說，可稱為「逆八卦的大樓」，這些傳說往往講述某棟教學大樓出於某些特殊的風水原因，因此「很陰」。大學裡高聳而宏偉、時而設計得別具雄心的教學大樓，往往比中學方正的教學樓，更能容納那些奇思異想的風水解釋。

學校是規訓與正常的場所，但這些相較之下特別的空間、異常的時刻，則往往能提供鬼故事的靈感。

05 無人的廁所

除了宿舍，校園裡最容易有鬼故事的地方，應該就是廁所了。廁所私密又幽暗、開放又阻隔等性質，讓它產生不少鬼故事。但臺灣的廁所鬼故事雖然不少，卻沒有我們想像中那麼完整而豐富。在這本書中，我篩選的是鬼故事的「類型」，最好是情節完整的故事，這些故事來源不同，彼此模式相同、細節相異。然而臺灣的廁所鬼故事多半簡短，變來變去離不開某些特定要素——例如「有手從馬桶裡伸出來」、「聽到廁所裡有人在哭」，或者是「廁所裡有人頭／臉」等等……但情節完整、模式鮮明的鬼故事則相對較少——和廁所這一地點的靈異盛名相比，故事數量或許不少，但「強度」是遠遠不足的。

我們可以對照日本的狀況。在日本，廁所是毫無疑問、排名第一的校園鬼地點。日本的廁所鬼故事眾多，除了最著名的「廁所裡的花子」（身穿紅衣的小學生女鬼）以外，還有「紅色紙、青色紙」（廁所裡會冒出一個聲音，問你要紅色紙還是青色紙。回答紅色紙會全身流血而死，回答青色紙會被全身抽乾血而死）、「紅色半纏」（會有一個聲音問進入廁所的人「要不要穿紅色半纏」，回答的話會被砍殺而死）、「從馬桶中伸出

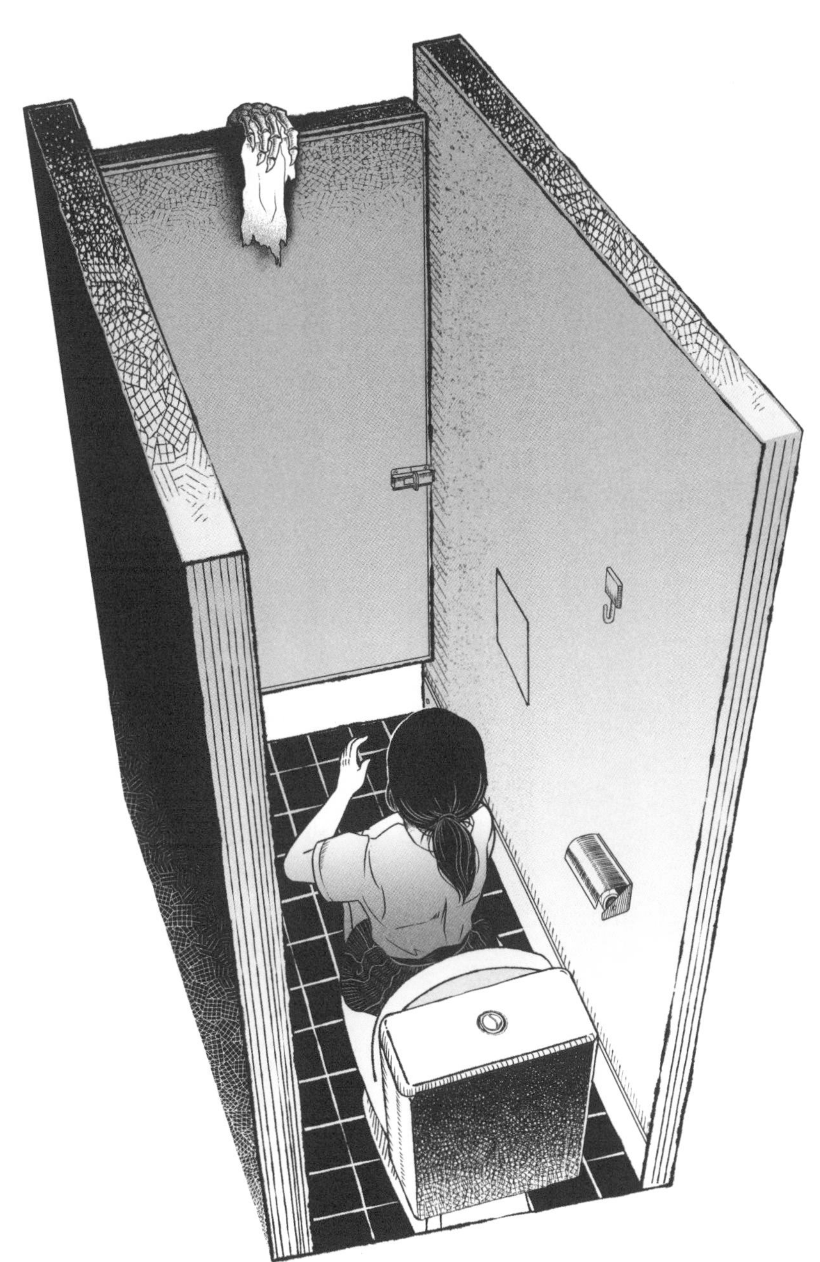

的手」，以及「窺視的臉」（女學生遭遇亡靈後躲進廁所最裡面一間，亡靈一間間敲門說「這裡也沒有人」，在女學生以為亡靈已經離去之時，她卻從廁間上頭往下窺視自己）等等。這些故事都具備完整的情節，與標誌性的固定模式。

我詢問過一些身邊的朋友，多數人給我的回答都是，「感覺廁所很陰、鬼故事很多」，但通常只能說出一些模糊而簡短的故事。臺灣一九九〇年代出過很多鬼故事集，如《校園鬼話》、《校園鬼故事》、《學校恐怖夜話》等，這些書裡廁所時常登場，故事則鮮少雷同。比對這些鬼故事書與網路論壇資料，大抵上可以整理出以下幾個廁所鬼故事類型，包括：

1. 流傳時間最久、變體也最廣的「伸出的手」。
2. 在廁所裡發現或挖到屍體的「廁所裡的屍骨」。
3. 和「伸出的手」相關，但情節較為繁複的「廁所裡的老婆婆」。
4. 只聞聲而不見人的「廁所裡的哭聲」。
5. 鬼在廁所裡逐間找人的「窺視的臉」。
6. 有人問你要不要戴紅帽子的「紅帽子」。

由於本書以校園鬼故事為主，因此我會選擇發生在學校裡或學校周邊的鬼故事。但廁所鬼故事不一定只以學校廁所為背景，也有以家中廁所、公廁為背景的，只要屬於同一類型，仍會納入本章一起討論。

伸出的手

廁所鬼故事中很常有「有手伸出來」的情節。這一要素開始廣泛流傳，應該是因為一九七六年的恐怖片《鬼嫁》。《鬼嫁》是姚鳳磐執導的恐怖片，為臺灣早期恐怖片的代表作。劇中由於男主角志達與女鬼冥婚，男配角到志達家中上廁所時，剛好遇到女鬼的手從廁所中伸出來，甚至還拿衛生紙給他，他嚇得落荒而逃。這一幕在這之後影響深遠，不少人提到他們因為看過電影，上廁所時都心存陰影，害怕有手從馬桶裡伸出來。

「有手伸出來」是廁所鬼故事中最常見的靈異，但這手似乎不一定要從馬桶裡伸出來，也有「從廁所的牆伸出手」的說法。故事裡這些「伸出的手」，往往只有一隻，伸出來的也僅止於手臂的部分，鮮少包括肩膀或上半身。

既然手都不一定要從馬桶裡伸出來了，那麼也可以不一定要從廁所裡伸出來吧？其他空間不行嗎——但不知為何，「手伸出來」的靈異往往被認為發生在廁所裡，其他空間（如校園裡的宿舍、教室）很少有這類「手憑空伸出來」的想像。這是為什麼呢？為什麼偏偏是在理應封閉、私密的廁所空間裡，人們會覺得有其他人的手出現？

以下這篇出自《臺灣鬼故事奇談》的故事，講述了一個「伸出的手」故事。這隻手伸出的位置是廁所牆壁：

怪手

劉美珠住在臺北赤峰街的一間公寓，這棟房子在日治時代曾是外科醫院。某天，她在上廁所時，從她身後伸出一隻手拿衛生紙給她。劉美珠疑心是自己看錯了，但就連朋友到美珠家洗澡時，也遇到了那隻手遞肥皂給她。美珠把這件事告訴房東太太，房東太太卻不相信，甚至懷疑美珠是因爲常被毛手毛腳而疑神疑鬼。這令美珠決定要抓到那隻手，房東太太也承諾，要是抓到怪手免美珠房租。她陸續請過一些朋友來家裡，假裝是她廁所裡裝了一隻電動手，要朋友們抓到那隻手。這隻手不只會遞衛生紙，還會遞肥皂跟擦背，但手遞出來的衛生紙，沒多久就會化成瓦片。美珠一次決定反著上廁所，終於看到手是從廁所的牆壁伸出來的。房東太太把牆壁拆開後，才知道那裡原來是以前外科醫院的焚化爐，焚化爐的破瓦中間，有一隻打著石膏的斷手。斷手的切面整齊，應該是因手術切除後，被丟到焚化爐裡面的人手。（《臺灣鬼故事奇談》，1988）[1]

多數「伸出的手」故事裡，光是手憑空冒出的靈異，就足以嚇得人落荒而逃——〈怪手〉這篇是比較特別的。主角美珠雖然一開始感到害怕，但被房東懷疑，加上房東甚至說「要是抓到手免她房租」後，美珠變得能夠面對鬼手泰然處之，甚至還對於抓到鬼手躍躍欲試。美珠編造了一個「廁所裡裝機械手」的說法，朋友們也信以為真，欣然接受手在廁所裡動來動去的怪現象。

〈怪手〉裡的手有種微妙的色情感。故事中的美珠從事酒店業，來到她家的姊妹們，也都是酒店從業人員。因此遇到這隻鬼手的，全部都是女性，沒有一個男性角色。怪手在故事裡，還被類比成酒店客人。當美珠第一次把廁所異狀告訴房東太太時，房東太太說：「酒家裡的客人大都是毛手毛腳的，妳們見得太多，所以心裡面……」懷疑美珠過於敏感。但靈異的手竟被等於酒客不安分的手，似乎靈異不是重點，近乎性騷擾的觸摸才是。這隻怪手除了會如其他故事那般奉上衛生紙外，還會「擦背」……這種肢體接觸也帶有曖昧意味。

在〈怪手〉裡，美珠家廁所鬧鬼的理由，是因為裡頭藏有斷肢白骨。但多數時候，「伸出的手」故事並不一定會解釋廁所為何有手。以下是幾個較單純的故事：

1 成×國中的飛天乒乓桌

曉海因爲肚子痛，跑進教室旁的一間男廁。若非肚子痛，曉海不會上這間廁所，廁所裡有不少傳聞，例如「有人在小便時，褲子突然被拉下來，但身後根本沒人」，「想上大號時，每間都有人應門，但一打開，好幾間是空的」。曉海無事上完廁所後，聽到廁所裡傳來敲門聲，他看到廁所門縫有一道黑影，紅眼盯著他。曉海衝出來，老師聽聞後進到廁所，卻沒看到異狀，當作是曉海的幻覺。但幾天後，有個學生暈倒在那間廁所裡。因爲他躲進廁所抽菸時，突然有隻手從身後伸出來，死命地勒住他的脖子。（《校園鬼話》，1992）[2]

2 彰中怪談

彰中校舍一位住校生讀書到深夜，想上大號而跑去水塔旁的廁所。上完後，才想起來沒帶廁紙，心裡正在想該怎麼辦時，門縫裡伸進一隻手遞給他一張衛生紙。他欣喜使用後想跟對方道謝，卻想到「他怎麼知道我要衛生紙」，沒穿好褲子就奪門而出。（BBS, 1999）[3]

3

廁所鬼會伸出手來幫人拿衛生紙，甚至還會幫人擦屁股。（高年級男生，《學校怪談的日台比較》，2006）[4]

從這幾則一九九〇至二〇〇〇年代的廁所故事可以看到，手伸出來的方向很多，1〈成Ｘ國中的飛天乒乓桌〉是從「身後」，2〈彰中怪談〉是從門縫中，3則沒有提到手具體伸出來的地點，但又能拿衛生紙又會幫人擦屁股的，應該是一隻能移動自如的手。加上〈怪手〉的牆壁，可以說涵蓋四面八方。「手從馬桶中伸出」的也有，例如一篇刊在《聯合報》的文章，作者梁平自述幼時回憶，提到：「總害怕我蹲廁所時，鬼會從廁所的坑洞伸出手抓我屁股。」作者害怕到半夜上廁所時，還要求哥哥陪他去。[5] 馬桶並非唯一選擇，這點和日本不同。

日本也有「伸出的手」怪談，然而伸出的地方，高度的集中於「馬桶」。常光徹的《學校的怪談：口傳文學的研究I》一書中，將這一類傳說命名為「從馬桶（便器）伸出的手」，直接用馬桶來概括。該書所轉錄的傳說，也多是「手從馬桶伸出來」的故事。[6]傳說中從馬桶中伸出來的手，會撫摸如廁者的屁股。這似乎是傳說中很常見的描述，也可在其他收集廁所怪談的書中看到。[7]由於許多小學生因此不敢去上廁所，老師們才得知了這則怪談。

常光徹提到，「從馬桶伸出的手」應與日本江戶時代的河童故事有關。傳說河童會取人們的「尻子玉」（想像中長在屁股上的玉），某些家傳秘藥的傳說，就說是先祖在上廁所時，被河童撫摸屁股，先祖把河童的手砍了下來。這隻手就成了故事裡用來跟河童交換秘藥的材料。常光徹解釋「從馬桶伸出的手」之所以可怕，是因為人在上廁所時，需要露出脆弱的陰部，偏偏露出的地方又朝向自己看不到的方向（馬桶），這令人感到生理上的不安。[8]

我們用這樣的說明，來看臺灣的「伸出的手」怪談，只能解釋一部分。這些手伸出的方向，很多時候確實是視線的盲區，如故事1的「身後」，〈怪手〉伸出地點，更是神祕到主角美珠發動朋友們一起來找，但不一定是對準陰部。在「手從馬桶裡伸出來」的描述裡，如廁者都會先在觸覺上感受到「有人在撫摸屁股」，然後才用眼睛看到，有一隻伸出的手。但臺灣「伸出的手」並不一定是觸覺先於視覺，很多時候是如廁者直接看到手做出如「拿衛生紙」等動作——這可能是因為，在臺灣主流的「伸出的手」意象，是

「手遞上衛生紙」，就跟恐怖片《鬼嫁》裡一樣。假使故事中要讓如廁者馬上看到「手遞上衛生紙」的畫面，那手伸出來的地方，自然就不會是目光死角的馬桶。

以上幾個廁所故事並未解釋手的來歷，在有解釋的故事裡，「伸出的手」往往跟殘存的屍骨有關：

4 鬼故事

這是發生在一所古老學校的鬼故事。一天，一個晚上留校唸書的女學生去上廁所，她如廁到一半時，感覺好像有東西碰到她，她往坐式馬桶下一看，發現馬桶裡伸出一隻手正要摸她。那隻手越伸越上來，好像整個人都要從馬桶裡跑出來，但那身體沒有頭。女學生尖叫著跑出廁所。後來，校工在廁所下挖出了一堆沒有頭骨的白骨，那是一具女性的屍骨，死亡年齡約十五、十六歲。原來這所學校在改建之前，曾發生女學生失蹤的案件，當時學校夜晚廁所常常發出「用手敲打牆壁」的聲音。當時的人以爲是貓狗聲或風聲，只是晚上沒人敢進廁所。某位校工說，他當年某夜曾聽到女學生尖叫聲，晚上時常夢到一名女學生坐在馬桶上哭，或夢到手從馬桶裡伸出來。警方研判，女學生應是遭到姦殺後，被分屍埋在廁所底下。頭顱可能埋在學校某處，但學校改建過，頭顱應該也找不到了。（BBS, 1997）[9]

5 校園不可思議

學校曾經有老師宿舍。某年，一位女老師在沐浴時，忘記帶香皂，接過同事遞來的香皂後，又發現也沒帶毛巾，又接過同事遞來的毛巾。這時女老師才意識到，門不在那方向，手是從牆壁伸過來的！學校打了牆，在牆內發現斷手，又陸續在其他地方找到被肢解的屍體。後來宿舍就拆了。（巴哈姆特創作小屋，2008）[10]

5〈校園不可思議〉儘管說的是宿舍中的浴室，但故事情節和「伸出的手」十分相像，因此也納入廁所一段來討論。4〈鬼故事〉的手來自於馬桶，5的手則是從牆壁伸出來，怪手在女老師洗澡時「遞香皂」的動作，也和針對女性遞衛生紙、擦背的〈怪手〉有部分相似。

這兩則故事，都共享「先遭遇靈異，後發現該處藏有屍骨」的模式，早在一九八八年的〈怪手〉中，就已經呈現「伸出的手」與「埋藏屍骨」間的相關性：〈怪手〉中的靈異源自於一隻焚化爐的手。在這兩則故事中，「被分屍的屍骨」也都是導致鬼手靈異的原因。故事4安排了一位資深校工，從他角度詳細說明女學生失蹤後的靈異，因此揭曉鬼「無頭」的型態，和「女學生的頭找不到」有關；5則只說挖出「被肢解的屍體」，並未解釋死者身分與死因。

有怪手的原因總是屍骨，不只是有人死亡（像是多數鬼故事的原因一樣），還要發現屍骨。或許因為「伸出的手」是身體感非常強烈的靈異類型，因此對應的解釋原因，才會強調人的肉身——還不只是對應到「死去的屍體」，甚至是「被分屍的屍體」。日本的「伸出的手」，有些會提到原因是「學校改建以前，曾經是墳墓」[11]，其他廁所怪談也會說「以前是墳墓」[12]——但特別提到分屍與屍體埋在廁所的，似乎不多。臺灣「伸出的手」中則有更直接的棄屍、埋屍元素，和日本不同。

此外，伸出的手明明應該是鬼怪，卻時常做出善意行為，如遞衛生紙、遞肥皂毛巾，甚至幫人擦屁股……這些靈異現象都帶有喜劇感。這應該是因為從《鬼嫁》的「遞衛生紙」延伸而來的「遞東西」的聯想，使得「伸出的手」這一系故事儘管有時加入分屍元素，仍呈現與殘酷分屍不和諧的無害靈異。

▨ 廁所裡的屍骨

不只「伸出的手」背後是「廁所裡的屍骨」，很多廁所鬼故事都把「廁所裡的屍骨」當作靈異現象的原因。就像學校的所有靈異，都可以被解釋為「學校以前是刑場／墳場」一樣。但廁所鬼故事中的屍骨想像，又和單純的「墳場」略有點不同，儘管墳墓也是埋屍體的地方，但埋的畢竟是妥善下葬的屍體——「廁所裡的屍骨」則更常呈現為「遭到棄屍的屍骨」，這類屍骨與犯罪、懸案概念的連結更強，很多時候還會強調屍體遭到分屍。兩者相比，墳墓的概念只是指向鬼魂，「棄屍屍骨」的概念則指向尚未偵破的殺人命案、被分解卻無人知曉的冤魂。以下是兩個「屍骨埋在廁所」的故事：

1紫色婆婆

五年級的胖女孩阿針喜歡紫色的東西，她所讀的學校是出名的鬼怪國小，但阿針性格十分鐵齒。同學說學校西邊老廁所有鬼，阿針不相信，同學就和阿針約好，要是阿針在廁所待一晚，同學就付阿針五百塊，阿針答應了。晚上，她穿著全身紫，帶著泡麵、手電筒和紫色幸運符進到廁所。她吃完泡麵後，聽到有聲音問說：「妳喜歡紫色嗎？」阿針以爲遇到知音，回答：「當然喜歡。」她眼前出現一位老婆婆，拿著一條紫色圍巾，老婆婆把圍巾拿到阿針面前，問她要不要看看。阿針接過圍巾端詳，高興地把圍巾圍到自己脖子上，卻被圍巾緊緊纏住，阿針不能呼吸……天亮後，同學來找阿針，只見阿針已斷了氣。幾年後，學校拆除這間廁所，工人挖開地面，看到一條紫色圍巾包著一堆骨骸。（BBS, 1998）[13]

2

小強在學校老舊的廁所裡看到白骨，因爲以前建廁所時，石頭掉下來砸到前校長，校長不想讓別人知道，所以才把前校長埋起來。（高年級男生，《學校怪談的日台比較》，2006）[14]

在1〈紫色婆婆〉中，骨骸是廁所靈異的原因，這副由紫色圍巾包圍的骨骸，就是故事中「阿針」所見到的老婆婆鬼魂。而讀者們會知道，是因為老婆婆和骨頭同樣都被紫色圍巾包著。第二個由高年級男生所說的這則「學校廁所裡看到白骨」的故事，則屬於沒有靈異的恐怖故事。校長把前校長埋起來，這個「校長」要素在校園傳說中很常見（或許只是因為校園傳說需要一個有職稱的鮮明角色）。前校長被埋起來，原因是現任校長「不想讓人知道」。埋進廁所代表著隱瞞，這行為帶有政治鬥爭的意涵，因此也是個關乎陰謀的埋屍故事。

〈紫色婆婆〉很可能是來自日本同名的「紫色婆婆」傳說。日本「紫色婆婆」同樣出現在廁所，說法有兩種：一種是回答「喜歡紫色」或穿戴紫色會被襲擊，另一種是說出「紫色」或穿戴紫色衣物，可以避免被襲擊，漫畫《靈異教師神眉》也曾經出現這類「紫色婆婆」。[15]

這篇臺灣版〈紫色婆婆〉沿用的，無疑是第一種「喜歡紫色會被襲擊」的紫色婆婆。在這類故事中，如果遭遇紫色婆婆問：「你喜歡什麼顏色？」回答「紫色」的話，就會被絞首。[16]臺灣版〈紫色婆婆〉是如何知道日本的紫色婆婆故事？可能來源之一，是一九九七年翻譯自日文的《非常靈異》。該書中有簡短的紫色婆婆故事：「在學校廁所裡有一個穿紫色古裝的婆婆，如果穿戴紫色衣物的話，就會被她襲擊。」[17]臺灣版〈紫色婆婆〉雖然參考了日本故事，但和《非常靈異》的簡短版本仍有差距，如「圍巾」、「骨骸」的要素是原故事所沒有。或許當時有其他更詳細地引介日本「紫色婆婆」傳說的書，成了臺灣版〈紫色婆婆〉的來源。但無論如何，這一篇故事承襲日本傳說，應該沒有什麼疑問。只是日本傳說通常不會提到的紫色婆婆骨骸，在臺灣版中卻成了重點。

廁所中的屍骨可分成兩類，一類是時間久遠的骨骸，已被掩埋，因此難以看見，唯有拆除廁所才能發現；另一類是新鮮的屍體，命案剛發生不久，被棄屍在廁所。屍骨並未被刻意掩埋，只是因為門上了鎖而不容易發現，但只要打開門，便會直面恐怖的屍體。以下兩個故事屬於後者：

3音樂教室廁所分屍案

民國七、八十年時，某夜一位高三學姊在夜自習去上廁所，就沒有回來了。她的同學們報告教官，家長們也來找，但就是找不到人，到了一點時決定報警，所有人先回家。隔天早上，掃音樂教室男廁的同學發現一間廁間的門被反鎖，有人踢到一包東西，他把那包東西打開，裡面是屍塊。學校報警，並打開反鎖的門，發現一顆頭丟在蹲式馬桶裡，就是昨天失蹤的女學生。警方在一週內找到了凶手，凶手稱他把屍體切成六塊，丟在學校與虎頭山。警方找到了五包，遲遲找不到最後一包，凶手也不肯說。後來一位檢察官夢到他到附近竹林調查，一隻手拉著他的腳，說：「拜託你，還我手。」檢察官果然在竹林中找到了一隻手。找到全部屍塊後，凶手猝死在拘留所裡。後來音樂教室廁所常常發生異狀，晚上廁所燈和水龍頭突然打開，或馬桶自行不斷沖水……學校把馬桶那邊用磚頭堵起來，廁所因此變成現在的大小。(PTT, 2005)[18]

4 高縣某高中

鳳山某高中有不少傳說，據說當時有一位外校的女學生死在女廁裡，沒有人知道這件事。隔天，打掃的同學轉了門，發現是鎖著的，原本她以爲裡面有人，但一直到掃除結束，都沒有人出來，她敲了門，也沒回應。於是她拿了椅子，探頭到廁間隔板上，看向廁所裡面。她低頭，看到一個女生背靠在門上，頭往上仰，睜開的眼睛與她四目相對。打掃同學嚇到腿軟，還來不及站起來，門就「喀」一聲，自行打開了。

(BBS, 2007)[19]

3〈音樂教室廁所分屍案〉的靈異十分簡單，只是燈、水龍頭與馬桶自行啟動的異狀，並沒有特別之處。故事重點並非靈異，而是女學生死亡的凶殺案，故事中凶殺案調查過程的詳細程度，在鬼故事當中稱得上前段班。一般來說鬼故事的刑偵部分都十分簡單，只會提到警方，但這故事甚至還提到檢察官跟拘留所，故事的主軸成了尋找分屍屍塊，靈異倒像是順便。靈異的薄弱，使它看起來更有真實感。這則故事是一篇長文〈桃園高中鬼故事〉的其中一則，然而我檢索了桃園高中的新聞，並沒有看到廁所分屍案一事。儘管這則故事在靈異部分表現普通，以恐怖故事而論，〈音樂教室廁所分屍案〉中「頭顱被丟在馬桶裡」是個相當令人印象深刻的鮮明畫面。

3〈音樂教室廁所分屍案〉和4〈高縣某高中〉這兩則廁所屍體故事，都是由打掃廁所的同學所發現。這情境設計十分日常，因此帶有強烈反差：正是在日常的例行打掃當中，發現了「屍體」這種完全非日常的事物。故事4的恐怖，帶有懲罰打掃同學的意味。打掃同學決定往廁所內看時，行文描述「所以她決定拿椅子，然後做一些鬼片主角會做的白目行為」，正是在侵犯他人隱私後，她報應般地看到了屍體——而且還是以「四目相對」這種恐怖的方式近距離目擊。4的重點也不在靈異，而是「毫無預期地近距離看到屍體」的驚懼狀態。

關於「在廁所裡發現棄屍」的故事，還有一篇發表於二〇〇六年的 BBS 文章〈Re: 女廁傳來了嬰兒哭聲〉[20]。這篇文章中，原 Po 談到某年暑假，認識的學姊去上廁所，去了幾次，某間廁間卻總是有人，廁所也傳來強烈的臭味。後來才知道，交大校園內發現一具陳屍女廁的男屍，死亡多日，屍體散發屍臭。這故事看起來很像其他「在廁所裡發現棄屍」的故事，然而卻有對應的新聞事件。據報導，二〇〇三年時一位交大校友在交大男廁燒炭自殺，被發現時已死亡多時。[21]時間點正好是暑假，與文章中所提到的時間相同，但死亡地點（女廁/男廁）有所差異，看來文章也非全然真實的紀錄。

廁所有屍體，不只這起事件。還有發生於二〇一三年的「醃頭案」：一顆被食鹽醃過的女性頭顱，遭棄屍於嘉義水上一間媽祖廟的男廁中。[22]二〇一六年，一具男屍遭到棄屍於新竹新月沙灣公廁。[23]這兩則新聞較為知名，應該還有更多的廁所棄屍事件。廁所之所以會成為棄屍地點，和其特性有關：廁所隔間的隱蔽性高，廁間內所作所為，基本上不會有人看到，因此棄屍也是可能的；再者，公廁誰都可以進去，是個難以追蹤出入者的場所，也成為藏污納垢的地方。因此這些「廁所裡有屍體」的想像，可以說並不過分。只是若要論犯罪可能性，校園廁所可怕不過公共廁所，只是多數廁所鬼故事裡，登場的仍是校園廁所。與其說校園廁所比較可怕，不如說這是因為學校「易於傳播鬼故事」的特性所導致，使用同一間學校廁所的學生會彼此交流，使用同一間公廁的人們流動性太高，和學校相比，較難形成鬼故事的交流社群。設想一下，學校廁所鬼故事一定比捷運公廁鬼故事來得更有話題性。

廁所裡的老婆婆

「廁所裡的老婆婆」是和「伸出的手」相關的故事。前面所提「伸出的手」和「廁所的屍骨」，都只能用「手」與「屍體」等要素，來統整出一個類別，故事之間缺乏共通模式。但「廁所裡的老婆婆」情節較多，不同版本間的雷同度也比較高，可以看得出來屬於同一個故事模式，是較為成熟的廁所鬼故事類型。

1廁所裡的老婆婆

高雄仁X學校有一排廁所在學校最後方，很少人會使用那間廁所，廁所瀰漫陰森氣息，第三間總是深鎖。某天，一個高年級男生急著上大號，其他廁間都有人，他用力拉開了平常拉不開的第三間的門。當他鬆了口氣時，底下突然有涼涼的感覺，他往下一看，一隻枯瘦的手從茅坑中伸出來，他大叫從口袋裡拿出小刀，往怪手劃了一刀，馬上衝出廁所。

很久以後，這男生已經忘記這件事，他又與同學在附近的籃球場打球，球不知爲何轉頭飛進了廁所裡，這男生走進廁所，看到一個老婆婆拿著那顆籃球。他看到老婆婆手上的刀痕，問老婆婆刀痕從何而來，老婆婆抬起頭來瞪著他，說：「那是被你割的呀！」老婆婆向他撲來，他暈了過去。在那之後，這名高年級男生就變得有些痴呆，那排廁所也拆除了。（BBS, 1999）[24]

2 半夜廁所裡的馬桶

有些廁所裡會有一隻手幫你擦屁股，或是遞衛生紙。聽說有人在公園廁所遇到了那隻手，他拿美工刀往那隻手猛畫，手迅速縮了回去。那隻手並沒有流血，只留下一道深深的傷口。那小孩非常害怕，趕快跑回家。隔天他在回家路上，看到一個慈祥老婆婆向他招手，他走近，發現老婆婆手上有一道深深的傷口，之後這小孩便不知去向。（BBS, 2000）[25]

「廁所裡的老婆婆」類型故事也同樣具有「伸出的手」要素，但由於模式更加完整，在此視作另一類故事。故事中那隻「伸出的手」，伸出位置都是馬桶，這可能代表老婆婆是躲在馬桶裡作祟的鬼。但1〈廁所裡的老婆婆〉老婆婆被砍後，並未馬上找砍她的高年級男生報仇（明明作為鬼，這應該並不難才對），而是在某次高年級男生打籃球時，才用籃球將他引進廁所中，再度攻擊他。這故事以老婆婆鬼的角度來說並不合理，但以揮刀學生來說，則有「做過的事情終究會回來找你」的警惕意味。

儘管如此，這警惕意味放在「廁所裡的老婆婆」故事中有些奇怪。學生是在廁所裡被攻擊，儘管拿美工刀砍手激進了點，但也還在「正當防衛」的範疇，為此要背負罪惡感，似乎有點不符合比例原則。故事中安排學齡孩童看到怪手的反應，居然不是嚇哭或奪門而出，反而是「拿刀砍」，也相當不合理——去上廁所的小孩身上會帶刀嗎？故事1中的國小高年級（十一至十二歲）男生，能「從口袋裡拿出小刀」，好像有點太超齡；2〈半夜廁所裡的馬桶〉沒有說小孩年紀，拿「美工刀」較為貼近學童生活，但隨身攜帶依然很反常。

不過，在這些安排上如此隨性，就代表這些細節並非這故事的賣點。這故事的賣點，是遭遇鬼手的孩童再次遇到老婆婆後，老婆婆說的那一句：「那是被你割的呀！」

以下這個版本，更加強化了這部分：

3就是那隻手

某間學校裡有一處老舊廁所，小孩們被他們的父母們警告千萬別靠近，因爲那邊有鬼。某天下午，一群小孩在操場打棒球，一名小孩打出全壘打，但球卻不見了。小明找球時來到了廁所附近，突然感覺到肚子痛，因此進了廁所。他上到一半才想到，這廁所是傳說鬧鬼的那一間。他要出去時卻發現沒帶衛生紙，突然眼前出現了衛生紙，一隻泛綠的手向他招手，小明衝出了宿舍。

在那之後，小明變得不對勁，臥病在床，口中不停唸著「手」。小明被帶到廟裡去，廟公請小明三天後過來。當天，廟公拿著開山刀，要小明到廁所去，砍斷嚇到他的東西。小明進到廁所，對著手砍了下去。不久，小明又恢復以前的狀態。

小明畢業那年，大家又在操場打棒球，小明擊出了全壘打，大家又再度去找球。小明發現在榕樹下，一位老伯看著他，小明上前詢問老伯有沒有看到球，老伯笑而不答，雙手放在背後。小明要他把手伸出來，確認是否有球，老伯伸出了手，小明問他：「你怎麼斷了一隻手？」老伯張大眼睛指著小明說：「就是你啦。」（BBS, 2001）[26]

二〇〇一年的3〈就是那隻手〉，比兩年前出現的1〈廁所裡的老婆婆〉情節更為繁複，也彌補了不合理的地方。原版中的老婆婆則被改成「老伯」。3的更改之處，是將「孩童砍廁所中的手」這一不符年齡的反擊行為，轉變為孩童受到指示下的主動攻擊。並新增了一位角色「廟公」，故事安排廟公給小明刀，指示小明去砍手。在這情況下，小明依然是被迫的，他也無須承擔什麼下場——除了被老伯嚇以外。故事1和2〈半夜廁所裡的馬桶〉的小孩下場都不好，前者的高年級男生落得從此痴呆，後者的小孩則不知去向，顯然是已被老婆婆帶離人間。3的故事停在老伯指認小明，沒有後續，但從老伯並未主動釋出惡意的態度看來，可能後續也沒有攻擊小明。這讓被迫砍手的小明，也沒有負擔過多的懲罰。

在3的頭尾，原Po說了一些對這故事的評價。開頭是：「這是我朋友告訴我的，可以拿來嚇人喔。」故事說完後，原Po則談到當時朋友跟他說時的經驗，朋友指著他還拍了桌子，嚇到原Po。結尾他建議：「大家可以回去試試喔。」

顯然這故事值得一說的原因，是在講述時的表演性。說故事者可以用誇張的聲音、表情或肢體動作，突如其來的嚇唬聽故事者。在日本，這一類故事被稱之為「お前だ」（就是你）。「廁所裡的老婆婆」和「お前だ」的關聯性，伊藤龍平與謝佳靜《現代台湾鬼譚――海を渡った「学校の怪談」》一書曾注意到。第五章中伊藤龍平提到，謝佳靜小時候曾聽說過「小孩為了撿球在廁所裡遇到受傷老婆婆，問老婆婆為何受傷，老婆婆說『就是你』」的故事，這正和日本的現代故事「お前だ」很像。[27]

「お前だ」是個流傳滿廣的傳說，歷史也很悠久。常光徹曾梳理「お前だ」類故事，不只從日本江戶時代就已經有這類民間故事，當代也有多種「お前だ」的變體。[28]江戶時代的故事包括「旅行藥商」（船家殺了旅行藥商後，船家生出來的小孩多年後說：「今晚的月色，就跟你殺了我那晚一樣呢。」），現代「お前だ」的故事，則有「被奪走的戒指」以及「投幣式寄物櫃」等。

被奪走的戒指

深夜計程車司機載到一名女子，司機覬覦女子戒指上的寶石，而將之殺害棄屍。這件事情由於沒有抓到犯人而被淡忘。十年後，同一日同一時同一地點，出現一個小孩，希望計程車司機載他到同一地點。車上，司機問起小孩的父母，問到母親時，小孩說：「就是被你殺的！」

投幣式寄物櫃

一名女子生了小孩後，由於擔心自己無法撫養，因此將小孩鎖在東京車站的投幣式寄物櫃內丟棄。此後女子不再接近東京車站，這事也沒有對雙親提及。多年後，女子因公出差在東京車站轉車，行經投幣式寄物櫃時，發現一名哭泣的小男孩。女子上前詢問小男孩的父母，問到「你的母親呢？」的時候，小男孩突然抬頭說：「就是妳！」隨即便消失了。

〈被奪走的戒指〉是常光徹自身於一九八六年聽聞的傳說，〈投幣式寄物櫃〉則收錄於一九八七年的《年輕人們聽聞的可怕傳說（4）》。[29]此外還有「母親生下了醜小孩後將其丟下懸崖，多年後第二個小孩被帶到懸崖邊，對母親說『這次不要把我丟下去』」[30]，與「夏季合宿時出現了女鬼，一一檢查社員後對其中一個說：『殺死我兒子的人……就是你！』並將之絞首。原來去年有一名忍受不了合宿辛苦的社員半夜逃出來在懸崖失足，女鬼就是該社員的母親。」[31]等故事。

日本的「お前だ」同樣著重於最後講「就是你」的表演效果，常光徹當初聽到時，講故事的女學生也突然朝他大喊：「就是被你殺的！」〈夏季合宿〉的故事，出現在日本版的 Yahoo 知識＋裡，原因是有人詢問：「可以教我最後說『就是你』的恐怖故事嗎？」顯然日本也將它當作「可以拿來嚇人」的傳說。

「お前だ」故事本身涉及的情境，時常是「不會被任何人知道的犯行」。犯下了這樣罪行的人，在現實的層面沒有被追究，依然正常地生活……故事中殺害女性的司機、丟棄嬰兒的女子，都是如此。那些說出「お前だ」的小孩們，則將那些「原以為不會留下痕跡的犯行」，帶回到凶手眼前，告訴凶手：你做的事我知道。

所以在這類故事當中，凶手原本做的事情，都是足以令他愧疚的事，如殺人或殺小孩一類，這樣一來，他才值得故事結尾的強烈譴責。臺灣版「お前だ」的「廁所裡的老婆婆」系列故事，則沒有這麼強烈的愧疚主題，這點倒是和日本很不一樣。因此「廁所裡的老婆婆」是否有承襲自日本傳說的可能？或許有。但無論如何，臺灣版「廁所裡的老婆婆」已經發展成了臺灣獨特的樣子——包括故事中出現「廟公」的部分，都非常臺灣。

廁所裡的哭聲

「廁所裡的哭聲」往往是情節最簡單的廁所故事，模式通常都是「聽聞哭聲，打開廁間，卻沒看到人」這般故事，只有一個轉折，沒有太多懸念。但「廁所哭聲」類故事的數量卻有不少，可以說是除了「伸出的手」以外，數量最多的廁所鬼故事類型。由於數量眾多，情節簡單，這類故事很難追到最早的源頭。以下是兩個「廁所裡的哭聲」故事：

1 臺南延平國中的染血女鬼

某天方小燕在上課中肚子痛，和老師報告去廁所，她上完後，聽到一陣幽幽的女子哭聲，方小燕頓時感覺全身發冷。她循著哭聲，確定哭聲來自某一間廁所。方小燕敲門問裡面的人是否沒事，那哭聲停了，門打開一條縫，拉開門裡面卻沒人，只有蹲式馬桶裡外溢著一灘鮮血。後來校方找人來做法事，才不再有空屋女鬼的哭聲。（《校園鬼話》，1992）[32]

2 高中時候的鬼故事

某位宿舍學姊熬夜唸書，半夜進到廁所。她聽到隔壁有人出聲借面紙，學姊丟面紙過去，啪一聲掉到隔壁地板。隔壁的人開始哭，說自己考試考砸，學姊就在廁所裡安慰對方。等學姊走出廁間洗手，才發現那一間沒聲音了，敲門也沒回應，學姊擔心那位同學想不開，趕緊去找來舍監跟教官開門。門打開後，裡面沒有人，但牆上有一張綠色的人臉在哭。（BBS, 2007）[33]

1〈臺南延平國中的染血女鬼〉的方小燕遇到鬼的時間，是上課中自己去上廁所時。「無人的廁所」是常見的廁所鬼故事背景，不會是下課中紛擾的廁所，都是上課或深夜時獨自一人上廁所的情境。很可能沒有其他人的廁所，出現了別人的聲音，成了異狀的前兆。2〈高中時候的鬼故事〉，學姊在深夜去上廁所，也是一個按理廁所會十分冷清的時刻。這似乎說明，在廁所接近無人狀態時，聽到的聲音更可能是鬼的聲音。

這兩個故事都是非常典型的「廁所傳來人的哭聲，實際上卻沒有人」。廁所裡到底有沒有人？這問題彷彿薛丁格的貓，在廁所門打開之前，都可以假定裡面有人。但唯有打開廁所掩蓋的門，才能確認虛實。故事2的門關得十分徹底，學姊還要等舍監與教官來，才能夠確認門內是怎麼回事。這種隔絕的狀態，使得「聽見哭聲，卻看不到人」的鬼故事得以成立。

此外還有一個臺灣曾流傳的「廁所裡的哭聲」故事，與日本學校怪談十分相像：

廁所禁忌！

聽說在某大學裡，學生深夜上廁所時，會聽到有人在低聲哭泣。問那人發生什麼事，那人就會停止哭泣，問：「紅的還是白的？」回答的話，無論如何都會慘遭不測。假如回答紅的，就會頭頂流血、渾身被鮮血染成紅色抽搐而死；如果回答白的，體內血液就會被抽乾，全身慘白痛苦死去。只要不正面回答就會沒事，就算回問：「什麼紅的白的？」也會死，只是看不出痕跡。（深藍論壇，2005）[34]

這個故事完全是日本學校怪談「紅色紙、青色紙」的翻版。「紅色紙、青色紙」是非常有名的日本傳說，從一九五〇年代就有類似故事流傳。「紅色紙、青色紙」的主要故事是，廁所裡會出現一個聲音，問人：「要紅色紙還是青色紙？」，或是問：「紅色、青色和黃色喜歡哪一色？」回答紅色的話，會全身染血而死，回答青色，會全身被抽乾血而死。青色有時也會被替換成白色。[35]

曾在臺灣十分流行的日本漫畫《靈異教師神眉》單行本第四集（一九九六年出版）中，也有一名怪人「A」詢問主角群：「喜歡紅色、白色，還是藍色？」故事中說，回答喜歡藍色的小孩，會被丟到水裡淹死；喜歡白色的小孩，全身的血會被抽乾而死；喜歡紅色的小孩，會全身沾滿鮮血而死。[36]無論是「紅色紙、青色紙」，或是《靈異教師神眉》中A的問題，白色都對應「全身血液抽乾」，紅色都對應「全身沾滿鮮血」。這正是〈廁所禁忌！〉裡出現的顏色與死法。

儘管〈廁所禁忌！〉和日本的「紅色紙、青色紙」傳說如此相像——但我檢閱了幾個「紅色紙、青色紙」的相似版本，都沒有看到「哭聲」的要素。在〈廁所禁忌！〉故事中，雖然以「聽到哭聲」為開頭，但考量到敘事功能，哭聲也可以不用出現，只要如同日本學校怪談那般，以奇妙聲音的詢問當作開頭即可。因此這故事中「哭聲」要素的存在，或許足以說明，「哭聲」確實是臺灣式的廁所鬼故事當中，一個十分經典的元素。

窺視的臉

臺灣有許多承襲自日本學校怪談的廁所鬼故事，而在這些故事中，承襲得最完整、流傳最廣的，應該就是「窺視的臉」。臺灣版「窺視的臉」與日本版幾乎沒有太大分別，其中有些版本還直接標明「這是發生在日本的真實故事」，顯然對於「窺視的臉」的日本源流相當清楚。

1 鬧鬼的洗手間

屏東某所中學的教職員洗手間據說有鬼魂出沒，一位男性家長曾在裡面看到一位歐巴桑的影子。一天，快要放學的下午五點時，黃老師去使用那間廁所，沖水時，原本應停止的水沒有停，黃老師打開水箱，卻找不出故障的原因。在他準備要出去找人時，聽到「嘻嘻嘻嘻」的可怕笑聲從上方傳來，黃老師鼓起勇氣往上方看，在洗手間的天花板上，有一個上吊的歐巴桑身影，那個歐巴桑在上面用冷冷的眼睛盯著黃老師。突然，歐巴桑掉了下來，黃老師衝出去告訴同事們，再回到廁所，卻沒有歐巴桑上吊的影子，水也停了，一切就像沒發生過一樣。（《校園鬼故事 PART2》，1995.1）[37]

2 沒有下半身的藍色怪物

屏東的一所學校裡，五點多，一群國小生打完球後回家，只剩一名負責把球拿回教室的女孩。天色昏暗，女孩在教室裡看到一個半透明的藍色人形，它沒有下半身，用雙手撐在桌子上。女孩嚇得鬆手，球落在地上，那藍色人形因此回頭，女孩拔腿就跑，後方傳來啪啪啪啪的追趕聲。女孩進到了女生廁所。她不加思索地跑進最後一間把門鎖上。外面又傳來「啪啪啪啪」的聲音，那東西一間間地打開廁所門，打開後又「碰」地關上，直到關上第九間門後，卻沒了聲音。女孩在最後一間廁所昏迷了兩小時，醒來後發現時間已經八點多，廁所沒有聲音，她正想站起來，頭一抬，卻發現「那東西」用兩隻手撐在廁所上方，頭向下地一直看著她……她在廁所的這段時間裡，「那東西」一直都在看著她，女孩不禁昏倒在廁所裡，直到被她的家人找到。

(BBS, 1995.12)[38]

3 別亂進廁所

醫專宿舍裡有「三更半夜最後一間廁所不能上」的傳聞，會有「人」敲門問「有人嗎」，千萬不能回答，否則會被鬼抓。但林一芳一天半夜三點想上廁所，由於其他門都打不開，她進到了最後一間廁所。這時她聽到外面有人開始敲了三下門，問：「有人嗎？」那人逐間敲三下門，終於來到林一芳門前。林一芳不敢發出任何聲音，那聲音說：「都沒有人嗎？林莉莉，妳上廁所上到哪裡去了？」但在林一芳鬆口氣抬頭

時，卻發現有個人浮在天花板上看著她。而且對方有三顆頭。（《學校恐怖夜話》，1996.4）[39]

4 微笑的護士

這是發生在日本的眞實故事。某天，一群小孩在學校附近玩起了捉迷藏，小女孩和一位同學躲進廁所，各躲到其中一間。但過了很久，一直沒有動靜，小女孩決定出去看，卻發現打不開門。她呼叫同學，同學也沒回應。終於，她聽到了輪椅的聲音。那個推著輪椅的人從第一間開始敲門，問說：「有人在嗎？」是低沉的女聲，令人毛骨悚然，小女孩不敢發出聲音繼續躲著。推輪椅的女子來到了小女孩所在的這間前，敲了門，就沒再有任何聲音。小女孩在裡面躲了很久後，她試著再度開門，門輕易打開了，小女孩看到一雙懸空的腳，以及飄在半空中的輪椅。一個穿護士服的女子，和坐輪椅的老婆婆，兩張陰沉的臉笑著從上方看她，看了一夜。原來，這所學校以前是被火燒掉的醫院。（BBS, 1996.12）[40]

這些紀錄時間點為一九九五年、一九九六年，由於不同版本之間年分接近，這裡加上月分標示。這故事居然在兩年間能有這麼多紀錄，可見是流傳相當廣、非常受歡迎的故事，不只紙本的鬼故事書有紀錄，網路上也有不少足跡。這類「窺視的臉」故事通常包括以下情節：

1. 主角（通常是女生）躲在廁所最後一間。
2. 有帶惡意的對方（人？）從第一間開始逐間敲門／開門。
3. 在發現主角之前，敲門聲停了下來，主角以為對方離去而鬆懈。
4. 主角抬頭，看到鬼／怪物正在看著她。

1〈鬧鬼的洗手間〉最早，但在這個故事中，並沒有「逐間敲門」的要素。因此四個情節單元當中，僅具備（四）的部分——在1的故事當中鬼和「窺視的臉」一樣，都位於天花板上，也都與主角四目相對。因此雖然1並不完整，仍可以看出「窺視的臉」鬼故事的主題。

除了故事1以外，另外三個故事（2〈沒有下半身的藍色怪物〉、3〈別亂進廁所〉、4〈微笑的護士〉）都和日本版「窺視的臉」十分相像，都具備「躲到最後一間」、「逐間敲門」、「在前一間停下來」、「抬頭看到鬼／怪物」的情節。尤其說是「日本真實故事」的故事4，要素更是重疊。我們可以比對這個由民俗學者岩倉千春記錄下來的著名版本：

窺視的臉

神奈川一間私立女子學校的故事。社團活動結束後，女學生們玩起捉迷藏。其中一個女學生躲在舊校舍，突然看到一個推著推車、著破爛白衣的看護婦（護理師），看護婦說「看到妳了」，女學生怕得逃跑，看護婦依然「咚咚」的追在後面。女學生跑到了體育館旁幽暗骯髒的廁所，進到了最裡面一間，鎖上門不敢出聲。那名看護婦逐間開門確認，說著「也不在這裡」，但卻在前一間停了下來。女學生什麼也聽不到，往上一看，看到看護婦正從上方窺視著她。（〈ヤングの知っているこわい話〉，1989）[41]

「窺視的臉」在日本可見到的早期紀錄，約是一九九〇年前後，只比臺灣流傳時間略早幾年。除此之外還有記錄於一九八八年的〈のぞくのっぺら坊〉（窺視的無臉和尚：女子晚上獨行，遇到沒有眼鼻只有嘴巴的和尚。她躲到公共廁所裡，她待了很長時間，在她以為安全了可以出來時，卻抬頭看到上方和尚笑著看她），以及記錄於一九九二年的〈窺視的看護婦〉（這故事與神奈川女校的「窺視的臉」極為相像，不過地點改成了廣島）：同樣是放學後留在學校的女學生被看護婦追逐而躲到廁所，最後與看護婦對視，然而這故事加了一句原因：這學校曾經是醫院，在原爆中被摧毀。[42]

日本版「窺視的臉」最常見的追逐者是「看護婦」，四個故事中的4中也是看護婦，儘管增減了一些要素，但仍和日本傳說大幅重疊。

在日本「窺視的臉」傳說中，時常是主角先遭遇到鬼/怪物，才躲進廁所。先遭遇怪物後進行躲藏，表示已確認過怪物確實帶有追逐的惡意，從第一間廁所的敲門聲開始，主角就知道那個聲音要找自己，因此主角「不能發出聲音」的躲藏緊張感也更加強烈。但臺灣的故事3和4，以及較不完整的故事1，卻都是「主角一開始就在廁所」，沒有「遭遇後躲藏」的環節。這樣一來，其實需要一個「確認來者帶有惡意」的環節。故事3是以主角林一芳聽過廁所有問「有人嗎」的鬼故事，導出「可能是鬼」的推論；4則形容來者聲音「令人毛骨悚然」，讓小女孩感到害怕。然而這兩個故事營造「來者不善」的方式，都是以被追逐者內心的主觀感覺來進行推論。

只有故事2有「遭遇怪物後躲藏」的情節：女孩先在教室看到「半透明的藍色人形」，因為發出聲音而導致怪物追她。這個「沒有下半身的藍色怪物」形象十分特殊，也很難聯想到相似的鬼怪，但用手撐著行走的畫面，頗令人印象深刻。藍色怪物追她時的「啪啪啪啪」聲，也和日本「窺視的臉」裡的看護婦「咚咚」追逐聲近似。撇開「藍色怪物」和看護婦形象有落差一事，2是在情節與節奏上「最還原」日本「窺視的臉」的版本。但這故事卻說是發生在臺灣的屏東——顯然已有基本的在地化設置，企圖使人相信它是發生在臺灣的故事。

停下來然後抬頭

「窺視的臉」有個重要的故事節奏，故事會先描繪鬼/怪物逐間敲門尋找的過程，透過重複的節奏，營造「危險越來越接近」、「下一個就會找到主角」的緊張感。這份逐漸逼近的節奏，也出現在第二章宿舍故事的「格子狀的房間」，「找到了」也重複逐間敲門、確認寢室是否有人的節奏。

「窺視的臉」的高潮還多了一層轉折。故事抓到「讀者／聽者一定會以為下一個就是主角」的心理，所以故意不這麼做。故事讓鬼／怪物在前一間停下來，當主角以為怪物停止尋找而鬆一口氣時，卻揭露怪物躲藏在廁所上方——那是一個意料之外的方向。而主角以為逃過一劫，實際上卻從未逃過，更有無路可逃的恐怖感。

這故事若要用說的，重複「怪物逐間敲門尋找」的過程，恐怖感會非常強烈。3〈別亂進廁所〉裡的廁所有五間，確實寫了五次的「有人嗎？」，不厭其煩地執行重複能帶來的恐怖感。故事3的林一芳因為聽過相同的廁所鬼故事，而想到「難道真的有鬼？」推論十分薄弱。但故事也利用了這份薄弱——當那奇妙的聲音說出：「都沒有人嗎？林莉莉，妳上廁所上到哪裡去了？」暗示對方只是一個來廁所找熟人的普通人。林一芳非常快地接受這個可能，當作她多想了。只是對方行為剛好跟她聽過的鬼故事接近，讓林一芳誤會了。這是個頗具說服力的誤會設計。在主角鬆懈、以為沒事後，再後面揭露對方實際上是具有三顆頭的怪物。儘管主角鬆懈的原因不一樣（並非「躲了很久，推測已經安全」），這個「鬆懈後嚇人」節奏的依然一致。3源自王章的《學校恐怖夜話》一書，作者這樣的創造性改編，是這個版本特別的地方。

攻守交換

「窺視的臉」的結尾之所以令人害怕，是因為「你以為自己很安全，但實際上早已在對方的掌握中」。當主角被追到躲進廁所，她就成了某種程度上的「偷聽者」：她的位置是隱蔽的，儘管她有危險，但在資訊上，她卻知道得比對方更多，因此也更能主動判斷該怎麼做（有些故事會決定把腳伸到馬桶上躲起來）。由於「我在暗，你在明」——偷聽者處在「我聽得到你、你卻找不到我」的資訊優勢中。

但這個優勢，會在發現自己被偷窺的那一刻，徹底地破滅——「原以為我方是偷聽者，才發現原來對方早在偷窺著我」，瞬間變成「我在明，對方在暗」，當故事中的怪物具備敵意，偷窺就等於尚未發動的偷襲。我方以為的蟄伏優勢，其實並不存在。

不封閉的廁所

「偷窺」是「窺視的臉」的核心概念，為什麼廁所怪談中會有「他人在看著我」的偷窺主題？常光徹在《學校怪談：口傳文學的研究I》中解釋，學校廁所或公共廁所，實際上並非完全獨立的空間，隔板並沒有緊密連接天花板處，因此可能會產生「有誰從上面看著」的不安心理。再加上廁所的使用者是不特定的他人，這種不安感便被加強。[43]以下這個故事，更可以佐證對這類「不完全封閉」廁所空間的恐懼：

發生在中部某專科宿舍的故事

據說是臺中某五專女生宿舍的傳說。一位女孩半夜醒來，在深夜兩點去上廁所。宿舍廁所五間都是坐式馬桶，廁所隔間上下都有空間，可以從縫隙看到是否有人。女孩選擇到最裡面的廁所，她上完時，聽到外面響起腳步聲。外面那人敲了第一間廁所的門，一個女生聲音問：「請問有沒有人？」經過一陣沉默後，她惋惜地說：「沒有人喔……」

那女生繼續敲門，廁所內的女孩害怕對方發現，把腳放到馬桶上緊緊抱住。門外的女生走到門前，敲了門詢問：「裡面有沒有人？」像是知道女孩在裡面一樣，門外女生不停敲門，女孩始終不敢發出聲音，過了許久，外面沒了聲音，女孩也安心下來。女孩想外面的女生應該走了，在她起身準備回寢室時，抬頭往上一看，只見一個臉色蒼白，皮膚腫脹腐爛的女生，趴在門上對她陰陰笑著：「妳終於看到我了喔……」

（BBS, 2005）[44]

這故事也是標準的「窺視的臉」故事，同樣具有「逐間敲門」、「鬆懈下來」、「抬頭看到怪物」等情節。稍微不同的是，敲門的人並沒有在前一間停下來，還大力敲著主角所在這間的廁所門，顯然非常清楚主角身在最後一間。

〈發生在中部某專科宿舍的故事〉更詳細地描繪了廁所的空間，包括介紹廁所這一場景：「廁所隔間上下都有空間，可以從縫隙看到是否有人。」主角在被尋找時，也意識到廁所的隔間很可能會暴露她的存在，因此「把腳放到馬桶上緊緊抱住」。這是在這一系列故事中，對於空間感最細緻的描寫。

「窺視的臉」故事令人後怕的，還有「在不知不覺下已經被窺視了很長一段時間」一事。不少故事會拉長主角躲在廁所裡，到「發現對方看著她」的時間差。2〈沒有下半身的藍色怪物〉的主角昏迷了兩個小時，看到怪物後，意識到「在她在廁所的這時間裡，『那東西』一直都在看著她」。4〈微笑的護士〉裡的怪物，則看了主角一夜。日本某一版「窺視的臉」故事中，少女因為得知了男人的祕密被追逐，少女躲到廁所裡，女孩躲了一整夜，隔早卻發現男人也偷窺了她一整夜。《魔女の伝言板》一書認為，這可能跟日本實際存在的「痴漢從隔板上方偷窺」的事件有關。[45] 日本版「窺視的臉」與廁所性騷擾事件的連結性較強，也不只一個故事裡的追逐者是男性，形成「男性窺視女性」的騷擾結構；臺灣版的「窺視的臉」，則似乎難以辨別出性騷擾要素。這五篇故事中，被追逐者的性別有男有女，早期最不像「窺視的臉」模式的1〈鬧鬼的洗手間〉的主角是男性，其餘則為女性。但「窺視的臉」故事會以女性為主，應該與女廁空間有關，男側多是開放的小便斗，女廁才以隔間為主。此外，鬼與怪物的形象，也多偏向女性，似乎較難見到「男性窺視女性」的意味。

「窺視的臉」這類故事，也利用「聽覺與視覺有所落差」的特性，令主角「聽到廁所無聲」，來判斷怪物已經離去〈畢竟怪物追逐的動作，在此之前是以敲門聲等聲音的形式存在的）。但無聲不代表不存在，最後的臉翻轉了這一點。

廁所有隔間，但仍有不可避免的空隙，使人的躲藏狀態並不完全。廁所有一種「儘管屬於私密空間，實際上卻與外界緊密相連」的弔詭。這樣的恐懼反映在言說層面，就成了「會有人看著身在廁所中的自己」的廁所鬼故事。

紅帽子

「紅帽子」這類型故事也沒有名字，甚至連故事中出現的衣物，都不一定是帽子，也可能是圍巾、大衣。這類故事的共通點，是廁所中會有個聲音問：「你要穿戴紅色帽子／圍巾／大衣嗎？」回答對方的話，便會流血。本節所提到的故事在發表時可能另有篇名或無篇名，為了方便辨識，統一以故事中所提到的衣物代稱，以下是「紅圍巾」和「紅色大衣」：

1紅圍巾

某天下午，小晶去上廁所，上到一半時聽到有人對她說：「妳要不要戴紅圍巾？」小晶以爲是朋友麗麗嚇她，還笑朋友少嚇人了，那聲音繼續問她：「妳眞的不要戴嗎？」小晶回說：「好好好，我戴行了吧。」接著小晶脖子一陣痛，她的頸子上出現了一圈鮮血。她才知道自己遇鬼了，衝出廁所。從此以後，沒人敢去那間廁所。

(BBS, 2000)[46]

2 紅色大衣

學長高中入學前的暑假，到學校參觀，因爲急，進到了學校邊緣的一間廁所。上廁所時，他聽到女孩子的呻吟聲。但暑假應該不會有人來學校，怎麼會有聲音呢。這時他聽到聲音問：「你要不要穿血紅色的大衣啊？」又看到一名全身是血的女子。他拔腿就跑。

他在校內遇到了工友，說明了經過。工友告訴他，曾有一位老師跟丈夫吵架，丈夫在她身上鑽了洞，丟在廁所裡，老師失血過多而死……由於全身是血，她看起來很像穿一件血紅色的衣服。某天，另一位女老師去上那間廁所，聽到有人問「妳要不要穿血紅色的大衣」時，毫不猶豫地說了「好」，隔天便被發現死在廁所裡，死狀就和那名老師一樣。工友又問，那棟樓已經被封起來了，廁所也被封起來了，怎麼進得去？

(BBS, 2001)[47]

〈紅圍巾〉跟〈紅色大衣〉一樣，故事都包括：

1. 廁所裡出現聲音問：「你要穿紅色〇〇嗎？」
2. 遭遇者挑釁般回答：「好。」
3. 遭遇者身上流血，就像穿了紅色衣物一樣。

這故事最主要的戲劇高潮，就是「揭露穿上紅色衣物的方式是染血」，元素單純但有效，是「讓人先困惑後想通」的伏筆設計。

臺灣的這類故事應是承襲日本廁所怪談。日本稱之為「紅色斗篷」（赤いマント）、「紅色和式背心」（赤いちゃんちゃんこ）或「紅色半纏」（赤いはんてん），後兩者都是日式的傳統衣物，「ちゃんちゃんこ」是無袖和式背心，「半纏（はんてん）」是一種類似羽織的和式外套，內裡常有鋪棉。可能因為臺灣不存在這兩種衣物，因此故事中的衣物類別被替換成熟悉的「圍巾」、「大衣」等，但邏輯仍和背心、半纏一樣，都以血染的紅色衣物為核心意象。

日本「紅色半纏」一系的傳說流傳相當久，早在一九四五年前就有原型，甚至可以上溯到江戶時代的傳說故事。一九七〇年代在女大學生之間成為流行傳說，以下是收錄於松谷美代子《現代民話考（7）學校》的故事：

紅色半纏

女大學生在十一點半時進入最裡面的廁所，聽到有人問：「妳要穿紅色半纏嗎？」警察因此來調查，一名女警十一點半進到廁所，果然聽到了「妳要穿紅色半纏嗎」的聲音。女警是好強的人，回說：「能讓我穿上的話，就穿穿看啊。」廁所裡突然出現了一隻拿著刀的手，刺向女警的胸部，一瞬間鮮血飛散，身上出現紅色的斑點（日文

音同「半纏」）。（《現代民話考（7）學校》，1987）[48]

「紅色背心」、「紅色斗篷」的版本，則是將衣物替換成斗篷或日式背心，僅以染血連結紅色；只是「半纏」在因為日文與「斑點」的諧音，而多了一層斑點的意思。這類故事相當有名，《魔女的傳言版》一書收錄了三個「紅色斗篷」的版本、一個「紅色半纏」的版本，結構相同。[49]這故事在臺灣較廣為人知的版本，可能是《靈異教師神眉》所收錄的「紅色外套」（臺灣翻譯為紅色外套，日文原標題「赤いチャンチャンコ」指的即是紅色和式背心ちゃんちゃんこ）：鄉子進到一間封鎖的教室裡，看到流著血的鬼魂問她：「妳要不要穿紅色的外套？」據說要是回答的話，就會沾滿鮮血、像是穿上無袖外套一樣。這是因為曾有一位女學生因被欺負自殺，死狀就像是穿了無袖外套，在那之後就成了到處作祟的幽靈。[50]

「紅圍巾」、「紅色大衣」的流傳紀錄為二〇〇〇年和二〇〇一年，晚於《靈異教師神眉》第六卷在臺灣出版的一九九六年，可能有受到《靈異教師神眉》影響。但臺灣版「紅圍巾/紅色大衣」來源應該不只《靈異教師神眉》，《靈異教師神眉》的「紅色外套」版本將場景改成教室，臺灣版卻精準地承襲了日本「紅色半纏」的廁所背景。應該還有其他傳承來源，可以讓臺灣接收到「紅色半纏」類型故事的廁所版。

挑釁與懲罰

前述「紅色半纏」的故事中，面對「妳要穿紅色半纏嗎？」的問題，主角反應分成兩種：女學生們聽聞問題並未回答，進入廁所調查的女警則回答「好」（甚至是具挑釁意味的「能讓我穿上的話就穿穿看啊」），唯有回答「好」的情況下，回答者才會遭遇攻擊。

儘管結尾需要悲劇，但故事也需要考慮合理性。面對詭異的問題，不回答或拒絕，應當才是安全的選項，於是需要挑釁地嗆聲的女警，她被描述為「好強的人」。「紅圍巾」裡的小晶說「好好好，我戴行了吧」，則是因為她以為是朋友的惡作劇。出於「好強」、「誤會為惡作劇」等原因，這些故事主角才能合情地做出冒險的回答。其中女警因好強而被攻擊，下場帶有懲罰意味。

「紅色大衣」的漏洞

1〈紅圍巾〉裡的小晶儘管脖子上出現了一圈概念上模擬圍巾的血痕，卻沒有死亡，故事以小晶逃出廁所作結。另一篇2〈紅色大衣〉，故事結構比1更為複雜，「故事2內含了三個事件：一、老師被丈夫刺死在廁所；二、老師的幽靈詢問另一名女老師「妳要不要穿血紅色的大衣」並殺死對方；三、故事中的「學長」聽到「你要不要穿血紅色的大衣啊」的問題，後來從工友那邊理解了來龍去脈。

「紅色大衣」的原Po說這是「我學長所告訴我的真實故事」，這位學長正是故事中的遭遇者。但考慮到「紅色大衣」跟日本「紅色半纏」類型傳說如此相似，總不可能「紅色半纏」的怪物本人飄洋過海或搭飛機來到臺灣、並且還學會講中文？——如果原Po不是自己編的，八成又是一個被學長糊弄欺騙的可憐蟲，相信了學長把傳說當成自身體驗的胡說八道。

如果故事是學長講的，那學長可能不太會說故事。「紅色大衣」故事裡有很多漏洞。首先，事發廁所到底是男廁還是女廁？學長進的應該是男廁，但「紅色大衣」的前一位受害者是女老師，似乎又是女廁，故事在這最基礎場景設定上，竟然沒有統一。再來，被鬼殺死的女老師，故事說她聽到「妳要不要穿血紅色的大衣」時，「她便毫不考慮的說了聲好」——故事是工友說的。但女老師隔天就被發現死亡，工友要如何得知她的回答？這故事顯然沒有考慮到敘事視角的問題。

「紅色大衣」是針對「有人詢問要不要穿紅色○○」原故事的加工，加入了鬼魂的身世，以及交代了兩起作祟事件的經過，故事表現差強人意。以下這則「紅帽子」，也是在「有人詢問要不要穿紅色○○」的原初傳說上，疊上了一則故事。但「紅帽子」出手巧妙，雖然也有缺點，仍不失為一則好故事：

紅帽子

阿明想嚇膽小的小白，說：「我跟你說一個鬼故事，如果你不怕，就證明你不是膽

> 小鬼。」接著說了一個據說發生在某公廁的鬼故事：一個叫小剛的男生，上廁所上到一半時，聽到一個聲音問：「你要戴紅帽子嗎？」小剛以爲對方在開玩笑，於是大聲回答「好啊！你有辦法幫我戴上，你就戴啊。」隔天，公廁裡發現了小剛的屍體，他腦袋破了，鮮血流了一地。
>
> 小白不得不承認他很膽小。這時小白突然想上廁所，於是進到廁所裡。阿明打算捉弄小白，因此當小白因爲剛剛的鬼故事而感到緊張時，卻聽到「你要戴紅帽子嗎？」小白嚇得不知道該怎麼辦。阿明則在廁所門外偷笑，因爲那是他問的，阿明說：「小白，你別害怕，我開玩笑的。」卻沒聽見小白的聲音，阿明以爲小白走了，也離開了廁所。隔天，小白的屍體在廁所被發現，小白的頭卡在窗戶欄杆，流了一頭鮮血。
>
> 阿明知道後很愧疚，他不開玩笑的話，小白就不會死了。三個月後，阿明已經忘了小白的事，半夜起來上廁所時，聽到「你要戴紅帽子嗎」的聲音，阿明以爲有人開玩笑，因此回答：「你要戴就戴啊，如果你戴得上的話……」說完，他看見小白留著一頭鮮血的身影，對他奸笑。隔天早上，阿明的屍體被發現在家中廁所，頭跟身體分開，流了滿頭的鮮血。（BBS, 2002）[51]

〈紅帽子〉的故事一樣有三層，使得「你要戴紅帽子嗎」問句出現了三次：第一層，是阿明跟小白講的原初的「你要戴紅帽子嗎？」故事，這埋下了第二段阿明嚇小白的伏筆。第二層，是阿明惡作劇對上廁所的小白問出：「你要戴紅帽子嗎？」因為小白聽說故事，進入廁所時已經感到害怕，再聽到故事中出現的問句，應該更是害怕得不得了。故事沒有明講小白發生什麼事，但考慮到故事中小白膽小的個性，他可能是因為害怕逃跑，在廁所裡走投無路而死（可能想從窗戶逃走）。第三層，是阿明自己也遭遇到了詢問「你要戴紅帽子嗎」的鬼——在前兩層裡，都沒有靈異，「詢問『你要戴紅帽子嗎』的鬼」並未真實出現。阿明講的故事只是故事，阿明嚇小白只是惡作劇，這邊全是沒有靈異的人間事，但是在故事最後，阿明遭遇了小白的鬼魂。這是第三層，也是最重要的一層。故事說阿明「已經忘記小白的事」，因此聽到「你要戴紅帽子嗎」的聲音時，他沒有想到小白，是阿明在看到小白的身影後，才揭示這是小白的復仇……阿明的死狀與小白一樣，都是「流了滿頭的鮮血」，這屬於「被作祟者死狀會和作祟者一樣」的主題。同樣的主題，也出現在《靈異教師神眉》的「紅色外套」，和臺灣版的「紅色大衣」。

這故事的三段都沒有多餘的部分，非常精巧。故事翻轉了兩次，第一次是阿明只想惡作劇，卻導致了小白的死。第二次則是結尾處，阿明再度聽到「你要戴紅帽子嗎」的聲音。由於在前一次，這句話是由他惡作劇時說出，因此阿明認為這是某人的惡作劇，也十分合理。這就是第二次翻轉：這回是真的。

結尾的阿明被小白索命，是個情節上與道德上都有完整感的結果。道德上，這是阿明惡作劇害死人所理應承受的後果，阿明儘管當初無心害小白，但他對小白確實帶有某種「想嚇他」的惡意，微小的惡意陰錯陽差地害死了人，阿明也感到愧疚，因為他知道是自己做的，他有責任。但當他忘記了小白的事、不再背負罪惡感，他在道德上就更值得被譴責。結尾具有某種命中註定之感：當初阿明用「紅帽子」的鬼故事害死小白，如今，阿明也死於相同的鬼故事，並且是由被他害死的小白動手——這般輪迴感，使整個故事具有強烈的報應意味。

整體來說，臺灣的〈紅圍巾〉、〈紅色大衣〉和〈紅帽子〉，都是承襲自日本「紅色半纏」（「紅色斗篷」、「紅色外套」）怪談，故事中問答後染紅鮮血的結構，與原版故事一模一樣，甚至就連〈紅帽子〉裡的那句：「好啊！你有辦法幫我戴上，你就戴啊。」都跟「紅色半纏」裡女警的話一樣。但是，這並不代表臺灣在「紅色半纏」這類故事上，就只是單純的被動承襲——〈紅色大衣〉和〈紅帽子〉這兩個版本的故事，都是「根據原故事的改編創作」，其中〈紅帽子〉又表現得更好。不知道〈紅帽子〉這個故事從何而來，它整個故事有對應的日文版嗎？還是臺灣人在讀到日本原版故事後，加入阿明與小白兩個角色、增補更多情節的創作？考量到並沒有看到日本版的阿明與小白的故事，我傾向認為這是臺灣的創作。若是如此，那我覺得這份改編的成績也不俗，完全不遜於「紅色半纏」傳說原本的設計。

廁所裡的日本怪談

儘管臺灣的廁所鬼故事不少，但其中承襲自日本廁所怪談的故事非常多。其中情節完整、模式固定的那些鬼故事，都是源自日本：包括鬼從上往下俯瞰人的「窺視的臉」，以及有人問要不要穿戴紅色的「紅帽子」。屬於「廁所裡的屍骨」的「紫色婆婆」故事，也源自日本的同名傳說「紫色婆婆」。對著小學生大喊「就是你」的「廁所裡的老婆婆」，與日本「就是你」類型傳說的講述方式類似，但不一定有承襲關係。

至於那些難以確認與日本怪談關係的，都是比較簡短、僅能以元素分類的廁所鬼故事，包括「伸出的手」、「廁所裡的屍骨」和「廁所裡的哭聲」。

因此大抵上可以說，臺灣廁所鬼故事裡最完整的那些，幾乎都具有日本血緣。光就廁所鬼故事一類來看，日本怪談影響臺灣深遠，這點毫無疑問。

以下再舉一個例子，這個傳說也是我在檢索廁所鬼故事時，發現的一個完整度較高的故事：

藍婆婆

> 有個小女孩家裡很貧窮，某天她在路上看到一個富家女繫著一條漂亮藍絲巾，她心裡羨慕，忍不住多看了幾眼，這時來了一陣怪風吹走藍絲巾，剛好被小女孩撿到了。富家女怪罪小女孩，說她偷了絲巾。小女孩在廁所上吊自殺。聽說在大雨的廁所中，會出現全身穿藍衣物的老婆婆，給她藍色的東西，她就會不見了。(BBS, 2002)[52]

原 Po 稱，因為害怕這名據說會在雨天廁所出現的「藍婆婆」，小時候不敢去上廁所。這篇文章發布於二〇〇二年，原 Po 這時已經會用 BBS，可能是大學生年紀。假使原

Po害怕的小時候為真，那是多久以前呢？五年前？十年前？或許在一九九〇年代，臺灣流傳著這樣的「藍婆婆」故事。

但是，「藍婆婆」其實也是源自日本的廁所怪談。一九九一年由「日本學校怪談編輯委員會」整理編著的《學校怪談　二》曾提到這則故事，稱之為「紫婆婆」：學校裡流傳著「紫色婆婆」的傳說，據說只要給她紫色的東西，她就會消失。傳說曾有一位窮困的少女，羨慕地主的女兒擁有紫色披肩洋裝。少女某日撿到被風吹落的紫色披肩，卻被地主女兒指為小偷，少女因此背負污名老死。[53]臺灣「藍婆婆」與日本「紫婆婆」十分相像，可以說就是以「紫婆婆」為本，調整顏色而已。但畢竟不是原版，「藍婆婆」有顯而易見的改編痕跡。在原版「紫婆婆」中，紫婆婆孤獨終老，「藍婆婆」故事中，小女孩在蒙受指責後不久便上吊自殺——按照小女孩這般身世，不太可能死後化為「婆婆」的形象。這應是故事改編原版後出現的破綻。

臺灣時報出版社曾在二〇〇九年引進這套書，「紫婆婆」收錄於第六冊。[54]但二〇〇二年前，「藍婆婆」就已經出現於臺灣了。講述故事的人，到底是如何知道的呢？

儘管我們可以指出，臺灣的廁所怪談跟日本有多麼相像——但要追究「這些故事具體是如何進入臺灣的？」則有些困難。只能整體地說，一九九〇年代的臺灣，接收到日本怪談的機會意外的多——在書籍方面，民俗學者渡邊節子、岩倉千春等著的《非常靈異》曾被引入臺灣。而鬼故事書的書系當中，也有一些「編譯」自日本書籍的書，例如知青頻道出版，關西電視台企劃的《恐怖怪談》（一九九三）及《日本名人鬼話連篇》

（一九九五）等書，還有大家最熟悉的《靈異教師神眉》系列漫畫。電視上的靈異節目《鬼話連篇》也會在中間插入《學校有鬼，花子來了》的動畫——這部畫風簡樸的動畫演出了很多日本怪談。在這樣的氛圍之下，或許很容易會將書籍、影視中所看到的日本怪談，當作發生在臺灣的傳說——臺灣這些具有日本血緣的廁所怪談，就這麼飄洋過海、落地生根了。

1 《臺灣鬼故事奇談》（陽明書局，1988）頁 408-429。

2 羅問，《校園鬼話》（希代，1992）頁 220-227。

3 最近有點煩，〈彰中怪談〉，轉引自 tw.bbs.rec.marvel@googlegroups.com，1999 年 12 月 18 日（https://groups.google.com/g/tw.bbs.rec.marvel/c/60aa31yMMzk/m/0SMa6jH8rBAJ）。

4 謝佳靜：《学校の怪談の台日比較（學校怪談的台日比較）》（南台科技大學應用日語系碩士論文，2009）頁 97。

5 梁平：〈讀者回響 上舊墳場公廁〉，《聯合報》，2007 年 03 月 20 日。

6 常光徹：《学校の怪談：口承文芸の研究Ⅰ》（角川ソフィア文庫，2002 年）2013 年電子書版，第一章第二節〈トイレの怪異〉。

7 近藤雅樹、高津美保子、常光徹、三原幸久、渡辺節子編著，《魔女の伝言板——日本の現代伝説》（白水社，1995）頁 130。朝里樹，《日本現代怪異事典》（笠間書院，2018）頁 205。

8 常光徹：《学校の怪談：口承文芸の研究Ⅰ》（角川ソフィア文庫，2002 年）2013 年電子書版，第一章第二節〈トイレの怪異〉。

9 小先先…，〈鬼故事〉，轉引自 tw.bbs.rec.marvel@googlegroups.com，1997 年 4 月 22 日（https://groups.google.com/g/tw.bbs.rec.marvel/c/xCI0bGK2CHY/m/oToTfu0ZKggJ）。

10 樹，〈那年代的點點滴滴－校園不可思議〉，巴哈姆特創作小屋「sunnyasue 的小屋」，2008 年 3 月 6 日（https://home.gamer.com.tw/creationDetail.php?sn=124354）。

11 〈トイレから泣き声〉，近藤雅樹、高津美保子、常光徹、三原幸久、渡辺節子編著：《魔女の伝言板——日本の現代伝説》（白水社，1995），頁 135。

12 〈トイレのしみ〉（廁所牆上有臉，是因為住家以前是墳墓）、〈幽霊の出入りする開かずのトイレ〉（廁所裡有喊著「好熱」的女人。學校原本是墳墓，因為沒有除靈因此發生火災），近藤雅樹、高津美保子、常光徹、三原幸久、渡辺節子編著：《魔女の伝言板——日本の現代伝説》（白水社，1995）頁 132、134。

13 Edi，〈紫色婆婆〉，轉引自 tw.bbs.rec.marvel@googlegroups.com，1998 年 10 月 16 日（https://groups.google.com/g/tw.bbs.rec.marvel/c/UJjwRjIlvs0/m/V3PRl5GrSIgJ）。

14 謝佳靜：《学校の怪談の台日比較（學校怪談的台日比較）》（南台科技大學應用日語系碩士論文，2009），頁68。

15 真倉翔、岡野剛，《靈異教師神眉11》（東立，1997）。

16 近藤雅樹、高津美保子、常光徹、三原幸久、渡辺節子編著：《魔女の伝言板——日本の現代伝説》（白水社，1995），頁125。

17 渡邊節子、岩倉千春編著，林淑珍譯：《非常靈異》（暖流出版社，1997），頁198。

18 jackily216，〈Re: 桃園高中鬼故事〉，PTT Marvel板，2005年9月4日（https://www.ptt.cc/bbs/marvel/M.1125830541.A.95E.html）。

19 分開旅行，〈[真實]高縣某高中〉，轉引自tw.bbs.rec.marvel@googlegroups.com，2007年10月28日（https://groups.google.com/g/tw.bbs.rec.marvel/c/mirA4WMBCeQ/m/K_eDIfqtGhwJ）。

20 SuperMP3，〈Re: 女廁傳來了嬰兒哭聲………〉，轉引自tw.bbs.rec.marvel@googlegroups.com，2006年4月24日（https://groups.google.com/g/tw.bbs.rec.marvel/c/-prAsYiMssg/m/hKV91ExYksEJ）。

21 〈交大傑出校友　男廁燒炭自殺〉，《TVBS新聞網》，2003年7月30日。（https://news.tvbs.com.tw/life/406749）

22 〈「兄醃妹頭」藏公廁 夜半驚聞淒慘女哭聲〉，《中時新聞網》，2020年4月6日。（https://www.chinatimes.com/realtimenews/20200406005156-260402?chdtv）

23 〈最親卻最狠！新月沙灣公廁男屍破案　4友人涉棄屍〉，《三立新聞網》，2016年02月20日。（https://www.setn.com/News.aspx?NewsID=125227）

24 笨ㄚ修～，〈廁所裡的老婆婆〉，轉引自tw.bbs.rec.marvel@googlegroups.com，1999年1月9日（https://groups.google.com/g/tw.bbs.rec.marvel/c/tACCGiXfj0U/m/iBxYP3lNFh0J）。

25 ^^.....(b)，〈半夜廁所裡的馬桶〉，轉引自tw.bbs.rec.marvel@googlegroups.com，2000年8月23日（https://groups.google.com/g/tw.bbs.rec.marvel/c/6X4vEjShm-I/m/-LiZtwRkBgEJ）。

26 戀上雙子女孩，〈就是那隻手〉，轉引自tw.bbs.rec.marvel@googlegroups.com，2001年6月11日（https://groups.google.com/g/tw.bbs.rec.marvel/c/vFoixUbhpRg/m/Bc-hnhXTOnsJ）。

27 伊藤龍平、謝佳靜，《現代台湾鬼譚——海を渡った「学校の怪談」》（青弓社，2012）。

28 常光徹，《学校の怪談：口承文芸の研究I》（角川ソフィア文庫，2002年）2013年電子書版，第三章第三節〈異人殺し伝承譚の創造〉。

29 此處轉引自池田香代子、大島広志、高津美保子、常光徹、渡辺節子著，《ピアスの白い糸―日本の現代伝説》（白水社，1994）頁157-158。此單元收錄不少「お前だ」類似故事。由常光徹著的《学校の怪談（１）》（講談社KK文庫，1990）也有很多，這些故事的分析則見於常光徹的《学校の怪談：口承文芸の研究Ⅰ》一書。

30 池田香代子、大島広志、高津美保子、常光徹、渡辺節子著，《ピアスの白い糸―日本の現代伝説》（白水社，1994），頁160-161。

31 〈最後が「お前だ!-!」みたいに終わる怖い話を教えて下さい〉，Yahoo! 知恵袋回答，2008。（https://detail.chiebukuro.yahoo.co.jp/qa/question_detail/q1018610590）

32 羅問，《校園鬼話》（希代，1992）頁204-205。

33 CHiN＊酪梨人種！，〈[討論]高中時候的鬼故事〉，轉引自 tw.bbs.rec.marvel@googlegroups.com，2007年11月15日（https://groups.google.com/g/tw.bbs.rec.marvel/c/MjYOgZCQagY/m/Nuif0TjsGh0J）。

34 knight78x，〈【轉貼】廁所禁忌!-!-〉，DeepBlue深藍論壇，2005年7月6日（https://www.student.tw/topic/7436-【轉貼】廁所禁忌!-!-/）。

35 此故事可見於近藤雅樹、高津美保子、常光徹、三原幸久、渡辺節子編著：《魔女の伝言板——日本の現代伝説》（白水社，1995）。朝里樹，《日本現代怪異事典》（笠間書院，2018）。

36 真倉翔、岡野剛，《靈異教師神眉４》（東立，1996）。

37 沈公子，《校園鬼故事 PART2》（知青頻道，1995）頁182-187。

38 vive，〈喵喵白白ＶＳ鬼話連篇 PART １〉，轉引自 tw.bbs.rec.marvel@googlegroups.com，1995年12月11日（https://groups.google.com/g/tw.bbs.rec.marvel/c/6f5MDAbOlhQ/m/6fCF-OTE2RwJ）。

39 王章，《學校恐怖夜話》（精美出版，1996）頁10-31。

40 高鈣脫脂奶粉，〈微笑的護士〉，轉引自 tw.bbs.rec.marvel@googlegroups.com，1996年12月14日（https://groups.google.com/g/tw.bbs.rec.marvel/c/0aPCFq6vOv8/m/65jFaodZylUJ）。

41 岩倉千春：〈ヤングの知っているこわい話〉，《不思議な世界を考える会会報》（1989）。轉引自常光徹：《学校の怪談：口承文芸の研究Ⅰ》（角川ソフィア文庫，2002）第一章第二節〈トイレの怪異〉。

42 近藤雅樹、高津美保子、常光徹、三原幸久、渡辺節子編著：《魔女の伝言板——日本の現代伝説》（白水社，1995）。

43 常光徹，《学校の怪談：口承文芸の研究Ⅰ》（角川ソフィア文庫，2002）2013年電子書版，第一章第二節〈トイレの怪異〉。

44 大白，〈發生在中部某專科宿舍的故事〉，轉引自 tw.bbs.rec.marvel@googlegroups.com，2005年2月23日（https://groups.google.com/g/tw.bbs.rec.marvel/c/DrSbwbnbWD0/m/sBs-bNf_cIYJ）。

45 近藤雅樹、高津美保子、常光徹、三原幸久、渡辺節子編著：《魔女の伝言板——日本の現代伝説》（白水社，1995）頁114-115。

46 true heart of you，〈你要戴紅圍巾嗎〉，轉引自 tw.bbs.rec.marvel@googlegroups.com，2000年5月27日（https://groups.google.com/g/tw.bbs.rec.marvel/c/VBgF4uVhv-8/m/XLGPnX7LUSMJ）。

47 king，〈[文件]鬼歐〉，轉引自 tw.bbs.rec.marvel@googlegroups.com，2001年5月25日（https://groups.google.com/g/tw.bbs.rec.marvel/c/h5GzyeGlp80/m/5VWCK0QLY4IJ）。

48 松谷みよ子，《現代民話考．（7）学校》（筑摩書房，2003）。該書初版時間為1987。

49 近藤雅樹、高津美保子、常光徹、三原幸久、渡辺節子編著：《魔女の伝言板——日本の現代伝説》（白水社，1995）頁119-122。朝里樹，《日本現代怪異事典》（笠間書院，2018）頁14、17、26。

50 真倉翔、岡野剛，《靈異教師神眉6》（東立，1996）。

51 飄心，〈有沒有廁所的鬼故事〉，轉引自 tw.bbs.rec.marvel@googlegroups.com，2002年8月5日（https://groups.google.com/g/tw.bbs.rec.marvel/c/q4bOTF9FAuw/m/0Rf6FNY7NS8J）。

52 露背裝至上，〈有沒有廁所的鬼故事〉，轉引自 tw.bbs.rec.marvel@googlegroups.com，2002年8月6日（https://groups.google.com/g/tw.bbs.rec.marvel/c/q4bOTF9FAuw/m/9pPTJ-wLoCkJ）。

53 轉引自朝里樹，《日本現代怪異事典》（笠間書院，2018）頁375。這故事應出自学校の怪談編集委員会：《放課後のトイレはおばけがいっぱい（学校の怪談　二）》（ポプラ社，1991）。

54 學校怪談編輯委員會編著；渡邊幸繪圖；張秋明譯：《學校怪談6. 放學後的廁所鬼怪一大堆》（時報文化，2009），頁54-61。

06 — 深夜的特別教室

「特別教室」指的是學校裡除了普通教室以外的教室：音樂教室、美術教室、生物教室（理科教室）。在日本，這類特別教室常有怪談：音樂教室深夜傳出鋼琴聲、音樂教室的貝多芬和美術教室的蒙娜麗莎畫作眼睛會動、理科教室的人體模型半夜會走動……這些是日本學校怪談裡，除了廁所怪談外，最知名、最經典的部分。

應該不是巧合，臺灣也有不少這類「特別教室」傳說。臺灣特別教室傳說沒有日本興盛，很難說實際的口耳流傳有多少，但若從一九九〇年代流行的鬼故事集來看，特別教室倒是很常出現的主題。網路論壇裡，可看到一些「特別教室」故事的口傳紀錄，鬼故事書籍的作者也常聲稱，他們的小說是根據傳說梗概加以渲染。無論口傳程度如何，「特別教室」在書面文字中都有不少身影。

臺灣的特別教室傳說，以「音樂教室」為最多，幾乎都是延伸自「無人音樂教室的鋼琴聲」這個主題。其次是「畫像／照片會動」的類別，地點可能為美術教室、音樂教室或校史館。再來還有一些和生物教室、保健室相關的傳說。

音樂教室鋼琴聲

日本的音樂教室怪談，主軸多是「在沒有其他人的音樂教室裡，聽到了鋼琴彈奏的聲音」。臺灣的音樂教室靈異傳說，也以為無人教室的鋼琴聲為主要梗概。以我目前看到較早的音樂教室鬼故事，是一九九二年羅問《校園鬼話》中的〈馬公國中的恐怖鋼琴聲〉：

> **馬公國中的恐怖鋼琴聲**
>
> 學校的音樂教室半夜會傳出詭異鋼琴聲，查看卻沒看到人，因此有鬧鬼之說。某天，不信邪的工友持木棍衝進音樂教室，想教訓裝神弄鬼的人，卻連滾帶爬出來，口中喊著「有鬼！」隔天便辭職。
>
> 周亮有天掉了彈珠，放學後進音樂教室尋找，卻看到鋼琴琴鍵自己上上下下，彷彿有個隱形人正在彈奏。周亮爬出音樂教室，鋼琴聲卻剎那停止。從此，他上音樂課總是最晚進教室、最早離開。（《校園鬼話》，1992）[1]

臺灣為什麼會有「音樂教室鬼故事」的想像呢？可能跟電影有關。作者羅問在這篇故事的前言提到：「以前看恐怖片，只要是以學校為場景，就一定少不了音樂教室在半夜裏頻頻傳出悲傷的鋼琴聲，待人查看，音樂教室裏一定不見半個人影，然後由此推演出一連串的怪事。」

我們不知道羅問指的「以學校為場景」的恐怖電影是哪一部，但很可能是日本電影。這時是一九九二年，常光徹和日本民話學校怪談委員會相繼出版《学校の怪談》（一九九〇、一九九一）書籍系列的熱潮才剛發生，東寶電影公司依據常光徹搜集傳說改編的電影《学校の怪談》（一九九五）尚未上映……儘管如此，在一九九二年之前，日本電影中可能已經存在「音樂教室無人鋼琴聲」的橋段，畢竟這一怪談在日本相當有名。

假使不限於「音樂教室」這個空間，「無人鋼琴聲」情節在臺灣出現的時間，可以追溯到一九七六年，姚鳳磐導演的電影《子夜歌》。《子夜歌》當中，主角看見不少幻影，其中一段就是「無人彈奏的鋼琴，鍵盤情況下自行上下跳動」的影像。後來又出現了一名綠光人影，近看才發現是一名女鬼……這段影像是「無人彈奏的鋼琴」恐怖要素的一段流傳痕跡，但並沒有置於「學校怪談」的脈絡下。因此，要說臺灣校園傳說裡的「音樂教室鋼琴聲」，很可能離不開日本學校怪談的影響。

日本「音樂教室鋼琴聲」的由來很早，在一九四九年就有流傳：群馬大學講堂深夜會傳來鋼琴聲，原來是學習鋼琴、卻因結核死亡的女學生作祟。鍵盤上還沾了她的血跡。[2]

常光徹學校怪談領域的奠基之作《學校怪談：口傳文學的研究Ⅰ》裡提出一個重要的觀察：廁所和特別教室的怪談，比其他學校空間更多。明明學生多數時候都待在普通教室，但是那些學生們短暫造訪的特別教室，卻有更多怪談。常光徹一九八五年在國中採集的學校怪談中，就有「音樂教室裡明明沒有人，卻傳來鋼琴聲」的故事。[3] 同類傳說還有「音樂教室深夜的鋼琴聲，是因病死去的音樂老師所彈奏」、「某位學生晚上到學校拿東西，發現沒看過的女孩子在彈著琴，原來是數年前因白血病死亡的、喜歡彈鋼琴的女孩。」等。[4]

音樂教室鋼琴聲怪談最基礎的型態，只有短短一句「無人的音樂教室裡傳來鋼琴聲」，〈馬公國中的恐怖鋼琴聲〉比這多一點，還有主角看到「彷彿有個隱形人正在彈奏」的畫面。但大抵仍屬於較為簡單的故事，沒有說明那位「隱形人」的身世。「鬼魂身世」可以帶來不少戲劇性，那些以小說體裁寫下的故事，多半不會錯過鋪陳鬼魂身世的機會。

無人的練唱聲

> 二十年前，學校裡有一位想投考熱門音樂系的女學生。她從小學小提琴，成績優秀，很得老師疼愛。她想考聲樂，常常放學後還在音樂教室練唱，進步很多。但在聯考前兩個月，她得了白血病，在聯考前就逝世了。在那之後，音樂教室就據說常常發生怪現象。比如接近合唱團比賽或民歌比賽時，音樂教室就會傳出女高音練唱聲和小提琴演奏聲。有人放學後回頭去拿課本時，聽到小提琴的聲音；也有人放學後聽到女高音練唱聲，但所有教室的燈都沒有亮。（《校園鬼故事 PART3》，1995）[5]

徹夜微笑的貝多芬

鄰居女孩唐裴妮想考音樂系，借了一間舊校舍教室練琴，「我」陪她前去練習。但在練到一半時，音樂教室的貝多芬畫像卻在笑，牆上的音樂家照片也都露出駭人笑容。兩人想逃離音樂教室，卻差點打不開門，靠唸佛號化險爲夷。原來舊校舍原本是日據時代皇軍的行刑場。

後來，一位女音樂老師在失蹤三天後，被發現死在音樂教室，被鋼琴琴蓋夾斷頸骨。女老師死後，音樂教室到三更半夜就會傳出琴聲，那剛好是女音樂老師平常彈的曲子。（《學校恐怖夜話》，1996）[6]

〈無人的練唱聲〉裡對於女鬼身世的描述相當詳細。通常這類發出靈異樂聲的鬼魂，生前若不是熟悉音樂的學生，就是音樂老師，性別常是女性。這名鬼魂因白血病去世，和不少日本音樂教室鋼琴聲怪談一致。似乎病死是個死亡的好理由，演奏者的藝術氣息也可與病弱形象相連，配得上她們的，則是肺結核、白血病這類在文化隱喻上被認為高雅、脆弱的疾病。

這兩篇「音樂教室鋼琴聲」的小說，都存在一些額外的部分，主要是消費故事中那些「音樂氣質美女」的形象。〈無人的練唱聲〉裡，一位學長講到這位有才華的不幸女學生的故事，其中一位學弟的反應是：「大嘆自己不是出生於那個年代，否則能一睹這美女的風采」。〈徹夜微笑的貝多芬〉則更強調音樂氣質美女的美色——在主角「我」眼中，唐裴妮是位「氣質適合音樂系」的氣質美女。主角陪仰慕的唐裴妮去舊校舍練琴，本身就是懷著追求、接近她的心思。在這時刻，美女唐裴妮居然還主動倒在主角懷中喊說有鬼，因為她看到貝多芬畫像在笑。主角心臟劇烈跳動，這時沒想到鬼，卻只看著唐裴妮。兩人被可怕的笑聲包圍時，主角還問天：「為什麼要在賜給我暖玉溫香的同時，卻要附帶這麼痛苦的折磨？」——儘管有靈異，但這段完全是給懷春少年主角的福利吧？靈異只扮演了助攻的角色，故事中美麗有又氣質女主角的投懷送抱才是重點。

〈徹夜微笑的貝多芬〉裡同時寫到兩個知名的音樂教室怪談：「貝多芬畫像」與「音樂教室鋼琴聲」。「貝多芬畫像」也是日本十分經典的學校怪談，傳說內容包括貝多芬眼睛會放光、眼睛會動、表示憤怒、流眼淚、從畫裡出來彈鋼琴……等。[7] 貝多芬畫像之所以會產生傳說的理由，可能是因為貝多芬在日本十分受歡迎，加上他的肖像看起來表情十分堅毅，容易令學生產生可怕的聯想。[8] 臺灣很少聽說貝多芬畫像的傳說，我甚至不太確定，從小到大有沒有在學校裡看過懸掛的貝多芬肖像。「貝多芬畫像」不太像是臺灣傳說，更像是日本原生的學校怪談。那麼〈徹夜微笑的貝多芬〉出現貝多芬肖像怪談，即是一個臺灣校園鬼故事吸收了日本學校怪談的例子。

即便「貝多芬畫像」是日本學校怪談，在〈徹夜微笑的貝多芬〉這篇裡的靈異歸因，卻非常臺灣式——是臺灣常見的「學校以前是日據時代皇軍行刑場」的主題。（這一部分可參見第九章〈操場上的靈異軍人〉）。故事後半出現的鋼琴聲，其原因則和日本學校怪談較有共通之處，故事中說鋼琴聲源自「被鋼琴琴蓋夾斷頸骨的女老師」。「被鋼琴琴蓋夾死」的想像日本也有，松谷美代子《現代民話考》所記錄的一則音樂教室鋼琴聲傳說，就是關於「少女被突然蓋上的鋼琴夾斷手指而死、死後繼續彈鋼琴」的故事。[9]

整體來說，臺灣的音樂教室傳說，有一點和日本相當不同：臺灣傳說中的音樂聲，不只限於鋼琴。除了鋼琴以外，也有大提琴、小提琴、歌聲等。〈無人的練唱聲〉裡出現的就不是鋼琴聲，而是「女高音練唱聲和小提琴演奏聲」，反而沒有鋼琴聲。以下這個記錄於一九九四年的故事，則有大提琴聲：

琴聲

托兒班旁邊有一間原屬於室絃社的空教室，裡面遺留了一把斷弦的低音大提琴，曾經有人在教室內聽到低音大提琴聲。某回一位學長晚上九點半在教室看書，響起了鋼琴聲，但教室內空無一人……（BBS, 1994）[10]

日本的「音樂教室鋼琴聲」怪談，卻不存在音樂聲種類如此多元的現象。岩倉千春在《幸福的 Email》一書介紹鋼琴聲怪談時提到，傳說中被聽到的聲音幾乎都是鋼琴聲，鋼琴聲以外的樂器極端地少。[11] 臺灣也有不少鋼琴聲的傳說，可見於謝佳靜碩論《學校怪談的台日比較》裡某些「地下室沒人彈的鋼琴發出聲音」、「有人在音樂教室樓下聽到鋼琴聲，上去看時，鋼琴間自己動起來」等傳說。[12] 但相較之下，各式各樣的人聲與樂器聲並不算少，這應該可以說是臺灣音樂教室傳說的一種特色。

音樂教室的樂聲這類傳說為什麼會誕生呢？日本學者會說，可能是因為鋼琴給予人的嚴肅慎重氛圍太令人印象深刻，在家庭中鋼琴還不普及的時代，鋼琴是相當特別的存在，因此產生了關於鋼琴的想像。[13]日本的音樂教室怪談模式也反應了這份對於鋼琴的重視，不只鋼琴怪談佔絕大多數，發生的時間常常是在放學後或深夜的校園，在這個特別的、魔幻的時刻裡，主角聽聞鋼琴聲，因此來到音樂教室確認……臺灣的故事較少強調這個過程。這些擁有相似主題的小說，並不執著於鋼琴的特殊形象，而且比起樂器的氛圍感覺，更常強調彈奏樂器的鬼魂本身，甚至有些故事用大量篇幅鋪陳淒美的鬼魂身世……或許比起樂器，臺灣更喜歡彈奏樂器的女鬼吧。

畫像與美術教室

日本常有各種關於人像的傳說，音樂教室的貝多芬是其中之一，圖像、藝術品較多的美術教室，當然也非常適合出現人像傳說。在日本，與美術教室相關的學校怪談是「蒙娜麗莎畫像」。日本許多學校裡都有名畫「蒙娜麗莎」的複製畫，傳說畫裡的蒙娜麗莎會伸出手、會勒住學生等。在臺灣，畫像相關的傳說確實不少，但多數與蒙娜麗莎無關。以下這則故事同樣屬於美術教室靈異傳說，但畫像主角卻換成了慈禧：

安X國小之恐怖的慈禧畫像

由於校方整修教室，惠珍的班被迫移到美術教室上課。美術教室後方懸掛的人像，其中一幅是慈禧太后，畫中的雙眼彷彿有生命，讓人不敢久望。惠珍不論從什麼角度看慈禧太后，總是會對上她的視線。四星期後發生怪事，包括惠珍在內好幾人的筆記本，被用朱砂筆批了紅字，還在最後寫「欽此」兩個大字。據說那是畫像裡的慈禧太后半夜無聊，走出畫來親手批註。（《校園鬼話4》，1994）[14]

〈安X國小之恐怖的慈禧畫像〉故事主軸非常典型，一樣是「美術教室裡的畫像會動」的主題，但作祟主角並非典型的蒙娜麗莎，而是十分非典型的慈禧太后——但對慈禧太后畫像的描繪，依然接近於蒙娜麗莎。故事中主角惠珍的教室改到美術教室上課，因此與美術教室懸掛的慈禧太后畫像共同生活。慈禧太后畫像被描述為「不論從什麼角度看慈禧太后，總是會對上她的視線」——這不就是蒙娜麗莎最知名的特徵嗎？說到「會盯著觀眾的的畫像」，最先想到的就是蒙娜麗莎的微笑了。據說觀眾無論站在哪裡，總是會認為蒙娜麗莎在看著自己。

為什麼故事中的「慈禧太后畫像」會具備這種特質？很可能是因為，作者聽聞了「蒙娜麗莎畫像」的靈異，決心要來寫一個相似的故事，但臺灣校園並不像日本學校那樣，處處懸掛蒙娜麗莎的畫像——因此作者試圖寫了一個翻譯過後的版本：把蒙娜麗莎「翻譯」成臺灣較可能出現的慈禧太后，用來代替蒙娜麗莎。這個替代版本，也具有蒙娜麗莎原本的神祕之處：視線彷彿會移動。

但是「慈禧太后畫作」的描述寫實嗎？我想應該不。我從小到大也沒在哪間學校看過慈禧太后畫像，而且慈禧太后畫像的那種中國傳統肖像畫畫法，並非學校美術課授課的範圍，又怎麼會被掛在美術教室裡呢？這選擇頗令人出戲。作者選擇慈禧太后畫像，應該是因為這樣一來，就可以出現後面「慈禧太后批紅字」的中國風味情節。故事還強調「欽此」，顯然消費著某種中國古代皇室的尊貴風情。但這種風情，應該是受到影劇影響——實際上皇帝奏摺並不批欽此，多是寫「知道了」，用「欽此」的是聖旨。古裝劇中常有宣讀聖旨的情節，太監最後往往大聲唸出「欽此」，令人印象深刻。作者或許想藉由「欽此」召喚某種原汁原味的古代字詞，卻翻了車。不過假使這篇故事的讀者沒有發現瑕疵，應該能接收到作者想傳達的中國皇家風味。

故事中「慈禧太后走出畫來」的描述，跟某些「蒙娜麗莎從畫像中伸出手掐住學生」的描述相像。其實畫作是平面的，人也並不在畫作裡，但這些故事總有類似想像。另一個與這種想像相似的，是胡靈《宿舍鬼故事》〈附身海報的鬼魂〉：寢室裡的零食總是莫名減少，一位室友半夜起身，卻看到牆上貼的美女海報正在咀嚼，還伸出手去拿洋芋片。在那之後，該寢室同學們就把牆上的美女海報撕下來。[15]這雖然不是美術教室靈異，但同屬「人像會伸出手來」的故事情節。

除了畫像、肖像這類平面影像的靈異以外，美術教室足以成為傳說附著之物的，還有石膏像：

落淚石膏像

美術教室的其中一座「阿克力帕」石膏像常常不明所以落淚。石膏像長得跟某一位學長很像，那位學長曾經是美術社的風雲人物，卻因感情被拆散，而在考大學美術系時失利。石膏像哭泣，或許是有感於那位和它長相相似學長的悲劇命運。（《校園鬼故事 PART3》，1995）[16]

這類與音樂、美術相關的故事，時常會歌詠角色的藝術才華，讓該角色的悲劇更有戲劇性，同一位作者沈公子所寫的〈無人的練唱聲〉也是如此。這兩個故事裡，靈異同樣源自某位學姊學長相關。音樂教室這類「聲音類」的故事，要與死者連結並不困難，樂器都要有人演奏，只要無人而自動發生聲音，就是靈異；再補上該樂器與某個角色的連結，就可以暗示「是那名角色的鬼魂所為」。人像與石膏像類型的靈異，可以連結到畫像的主人如蒙娜麗莎、慈禧，但若要連結到其他非畫像主人的故事角色，就有困難。因此〈落淚

石膏像〉中，石膏像與懷才不遇學長間的連結或感應，就有點薄弱，只是因為兩者之間「長得相像」而已。假使說石膏像是以學長為原型而製作（或更獵奇一點，學長的頭被做成了石膏像？），那靈異就會較有說服力。這可能是美術教室類故事的侷限：因為靈異的主角選擇有限，必須是名畫主人如蒙娜麗莎，很難是故事裡作者創造的角色……因此作者較難為美術教室傳說主角創造屬於他的獨特身世。如果硬要攀附歷史人物，如「還原」慈禧的批奏摺用語，又可能像〈安Ｘ國小之恐怖的慈禧畫像〉一樣出錯。

臺灣蒙娜麗莎畫像不普遍，但是其他人像卻很多。校園裡最多的人像是「國父」孫文遺像、「蔣公」蔣介石遺像，懸掛的地點並非特別教室，而是普通教室與學校大禮堂。因國父遺像的懸掛規定是「集會場所需懸掛國父遺像」，因此會開班會的普通教室及集會使用的大禮堂，都會有國父遺像，在更早的年代裡，教室中還會有其他卸任元首遺像如蔣介石遺像等。在學生的想像世界裡，這些遺像也會動起來。BBS 上有人回憶，在一九九〇年時就聽說了國小裡流傳「有人到地下室看見國父七孔流血照」的傳說。[17]

除了國父遺像以外，「校長肖像」也屬於傳說中「會動」的人像類別。地點往往是掛滿歷代校長照片的「校史室」，雖不是上課用的教室，但確實也是校園中「特別」的空間。我國小二樓就有一間這樣的校史室，位在二樓視聽室旁邊，平常不是學生會經過的地方。但五年級時我們換到視聽教室上課，校史室就在我下課去廁所的必經之路上。經過時常常會感覺到「到有人在看自己」，仔細一看，才發現是玻璃窗內一排的歷任校長照片。校史室平常不開放，充滿了神祕感。我當時可能沒想到靈異，但後來聽到所有「人像會動／會笑」的傳說時，我腦中第一個浮現的畫面，都是那間校史室。

不是只有我這樣想，對於校史室照片的恐怖，也會發生在苗栗的建功國小。二〇〇五年新聞記錄，由於建功的小學生們傳說校史館鬧鬼，因此老師帶領學生參觀校史館，以破除謠言。[18]學生們流傳的傳說，說校史館裡的歷代校長照片「眼睛變紅」、「頭髮變色」、「眼睛突出瞪人」、「對人笑」……傳說傳得恐怖，造成學生間的騷動，膽大的同學會到校史館外探頭探腦，膽小同學則不敢靠近。傳說的沸騰，使校方覺得有必要處理，因此才有了「開放校史館」的應對行為。校方的說法是，可能是校史館平常不開放，昏暗光線加上反光或折射，才讓學生誤以為相片裡的人會動。校長說，謠言起於其中一位小學生要嚇另一位小學生。主任也說，學生產生靈異聯想，可能與英語教育接觸到的萬聖節鬼怪有關——新聞報導裡呈現的校方態度，往往認為這是小朋友們的胡思亂想、或者是受到玩笑誤導或萬聖節文化影響的結果，還會感慨謠言力量如何可怕，因此應當帶學生理解學校沿革與看清楚校長照片……靈異騷動的起因，真的是大人們口中的「學生嚇學生」或「萬聖節」那麼單純嗎？彷彿找到

一個說法，學生們的害怕就可以不是真的。

儘管理解單純，說法避開重點，但校方的做法沒有錯。帶領學生參觀校史室，應該確實能有效破除謠言：一旦學生們進入校史館，原本醞釀傳說的校史館神祕感，就會隨之消散。

建功國小的校史室傳說，完全是學校內發生的靈異騷動。學校因為一則傳說而「鬧得沸沸揚揚」，乍看很不尋常。但研究學校怪談的常光徹提出，每年夏天來臨時刻，國小低年級的班上常常發生妖怪騷動，使教室陷入小規模的混亂。[19]這應該正是二〇〇五年建功國小秋冬之際面臨的狀況。

二〇〇六年謝佳靜的碩論《學校怪談的台日比較》裡，也採集到一則高年級男學生聽說的校長照片怪談：半夜十二點去地下室看校長的照片和國父的照片，校長的眼睛會動，會笑，國父的照片會飛來飛去。[20]校長照片怪談並非臺灣獨有，日本也有各式各樣的「校長肖像會生氣」、「歷代校長肖像半夜一起開會」等傳說，在牆壁上靜靜擺著歷代校長肖像，因黑白色調令人聯想到遺照，也因缺乏表情而使人容易填入自身的觀看感受……具有這些特質的校長肖像，是絕佳的靈異背景。[21]

生物教室

日本的「理科教室」也是學校怪談常見的空間，理科教室可能會有人體模型、古老的骸骨或動物標本，這些都可能成為怪談主角。但謝佳靜研究學校怪談的碩論《學校怪談的台日比較》指出，日本的理科教室怪談很多，臺灣則幾乎沒有，這和她田野的學校沒有理科教室有關。[22]理科教室最常見的是「骨骼標本半夜會走動、到音樂教室彈鋼琴」，或是「人體模型半夜走動」的傳說，有些甚至說骨骼標本或人體模型會吃東西或攻擊人。[23]臺灣骨骼標本或人體模型類不多見，比較有機會見到人體構造，似乎反而是在保健室或生物教室。因此也有「保健教室用的教學人體圖，圖中一男一女會一直瞪著你」[24]的傳說。至於生物教室比較多的鬼故事，反而是關於嬰兒或胎兒的標本：

哭泣的嬰兒標本

生物教室中有個浸在藥水中的小嬰兒標本，據說到了晚上，這間走廊角落的生物教室，就會傳出「嗚嗚嗚」的嬰兒抽泣聲。一晚，學校校工在校園巡邏時，聽到生物教室的哭聲，開門卻看到好幾隻野貓。校工把野貓趕走後，又聽到哭聲，原來哭聲來自小嬰兒標本，福馬林中的小嬰兒狠狠瞪著他。校工因此昏了過去。（張允中《學生撞鬼記事3》，1996）[25]

中正高中見鬼事

生研社聽說有學姊懷了學長的孩子，選擇墮胎。孩子的屍骨放在福馬林裡，置於生研社。晚自習經過，會聽到嬰兒的笑聲。也有人在生研社窗戶上看過小嬰兒的臉。

（BBS, 2005）[26]

不只一則故事或傳說紀錄提到學校裡「福馬林中的嬰兒」（〈中正高中見鬼事〉的標本，若按照故事中的「墮胎」描述，指的應該是胎兒）。〈哭泣的嬰兒標本〉中說嬰兒標本放在生物教室，〈中正高中見鬼事〉則說放在生研社（生物研究社）。這類嬰兒／胎兒標本的靈異性質相似，都是「發出哭聲／笑聲」，或者「看著路人」。發出聲音以及眼神交流都是活物才能有的行為，透過這些描述凸顯標本「依然活著」的靈異。

因為這兩則故事，我甚至想了一下，學校裡嬰兒標本那麼常見嗎？結果一查，居然至少查到兩筆學校有嬰兒標本的紀錄：板橋國小校內收藏胚胎標本[27]；也有人回憶國中的生物實驗課時，在實驗室看到玻璃罐裝、福馬林泡的嬰兒標本。Dcard上〈學校裡的胎兒標本〉一文留言裡，也有兩位提到自己的高中或國中曾有嬰兒或胎兒標本。[28]假使學校本來就有這類胎兒標本的話，誕生關於它們的靈異傳說，似乎也不令人意外。而且從「這些學生過了許多年，依然記得學校內有胎兒標本」一事看來，這些標本確實是在看到當下，就會興起強烈恐怖感或震撼感的物品。這種感覺，應該就是校園鬼故事裡那些「嬰兒笑聲／哭聲」想像的背景。

整體來說，臺灣的特別教室傳說，大抵都與日本的特別教室怪談共享相同梗概。那麼臺灣的音樂教室、美術教室傳說，是承襲自日本的嗎——考量到羅問在《校園鬼話》中明確提及他受到電影的影響，以及〈安Ｘ國小之恐怖的慈禧畫像〉的慈禧太后明顯帶有蒙娜麗莎特點一事，我想確實有承襲的部分。但這些特別教室怪談進入臺灣之後，也演變成了帶有臺灣特色的模樣，和日本原貌不再相同。在日本，這類特別教室怪談，被認為表達了對於非日常空間的感覺與想像。常光徹發現特別教室比普通教室，更容易產生怪談。普通教室代表的是日常，而那些只在特定課堂造訪的特別教室，代表著非日常。音樂教室、理科教室或美術教室裡擺放著鋼琴、標本與繪畫的空間感，與技藝、操作導向的授課內容，也都是這種「非日常感」的一部分。特別教室怪談的背景常常是傍晚或深夜，因為這時學校和平常充滿學生聲音的感覺完全不同。[29]因此可以說，「特別教室」加上「深夜」，是非日常中的非日常。

但是臺灣的特別教室傳說，似乎並不傾向表現這種「非日常中的非日常」感覺——非日常感的前提，是音樂教室、美術教室的體驗本來就是學生學校生活的一部分。但從故事中可以感覺得出來，特別教室的那些特殊裝置，並不被視為普通學生會有的體驗，反而往往是故事裡某些有志於藝術或者相關社團的學生，才會與這些樂器、石膏像有所連結。〈無人的練唱聲〉中小提琴聲與歌聲的來源，是想考聲樂的女學生；〈徹夜微笑的貝多芬〉中因練琴而遭遇微笑貝多芬的唐裴妮，也同樣想考音樂系。〈落淚石膏像〉連結到形貌相似的學長考美術系卻失利，聽聞他的故事、知曉石膏像怪異的，是美術社的學生；〈中正高中見鬼事〉的學長姊和胎兒標本，都屬於生研社……這些故事裡的角色，不是普通地因為課程來到特別教室，他們是因為社團或準備考試，而來到那些空間。對這些要考藝術系或屬於生研社的學生來說，特別教室不會是他們生活中非日常的空間……這和多數學生的體驗不同。這些故事也沒有強調多數學生較有機會體驗到的，特別教室的氛圍感。少數強調普通學生經歷的〈安X國小之恐怖的慈禧畫像〉，裡面的美術教室甚至被當成了學生日常上課的普通教室——對於這些故事來說，特別教室「偶爾造訪」的非日常特性，一點也不重要。

這並不難理解。臺灣教育向來以升學導向為主，不符合升學考量、大考不教的音樂課、美術課等藝能科，向來不會被視為太重要的課，多半是可以犧牲的。在我國小到國中的這段時間裡，不知道有多少堂音樂課美術課直接被主科取代。尤其是大考前，要上藝能課更是困難。而教室部分，美術課幾乎泰半在普通教室上，國小我唯一有印象的特別教室是英語教室。我以「音樂教室」為關鍵字，查了幾則新聞，假使有某所學校的藝能教室很完備，那麼這完全是值得一提的學校特色；有幾所學校甚至因為學生太多，因此好不容易有了的音樂教室、美術教室又轉變成普通教室，以容納更多學生。這些新聞大約是一九九〇—二〇〇〇年左右的事情。

對於那些在一九九〇年代已出社會、寫下這些鬼故事的作家們來說，要他們想像

「特別教室是日常上課的一部分」，恐怕更是困難。但如果是要考藝術系的學生，就可以理解了——就連鬼故事中，都無意間凸顯了臺灣升學導向的想法。彷彿藝術只有作為升學的目標，才會進入學生的生活。

謝佳靜《學校怪談的台日比較》採集到國小學生間新興的「英語教室傳說」，臺灣不少學校都有充滿較多電子設備的英語教室，這是實際存在的特別教室空間。至少關於英語教室的傳說，應該就可以說是反映了學生實際上會有的特別教室體驗。

那麼回到這篇中所提的特別教室類別：音樂教室、美術教室。假使這些教室可能不是學生生活的一部分，那麼學生讀者在閱讀這些故事時，那種「我能理解那份非日常感」的感受也非常有限。假使讀者感受並非重點，那這些故事存在的原因會是什麼呢？會不會，這些特別教室故事多半帶點「命題寫作」的意味，都是在「已知有這個哏」的情況下加以延伸創作？那為什麼會知道有「音樂教室鋼琴聲」或「畫像會動」的哏？——這應該就是受日本學校怪談影響的部分了。

1 羅問，《校園鬼話》（希代，1992）頁 78-82。

2 松谷みよ子，《現代民話考．（7）学校》（筑摩書房，2003[原立風書房 1989 年刊行]）頁 134。

3 常光徹，《学校の怪談：口承文芸の研究I》（角川ソフィア文庫，2002 年）2013 年電子書版，第一章第三節〈特別教室と移動教室〉。

4 常光徹，《学校の怪談（1）》（講談社 KK 文庫，1990）2013 年電子書版，頁 18。岩倉千春、大島広志、高津美保子、常光徹、渡辺節子編著，《幸福のＥメール：日本の現代伝説》（白水社，1999）頁 43-47。

5 沈公子，《校園鬼故事 PART3》（知青頻道，1995）頁 158-166。

6 王章，《學校恐怖夜話》（希代書版，1996）頁 90-104。

7 朝里樹，《日本現代怪異事典》（笠間書院，2018）頁 335。

8 岩倉千春、大島広志、高津美保子、常光徹、渡辺節子編著，《幸福のＥメール：日本の現代伝説》頁 43。

9 松谷みよ子，《現代民話考．（7）学校》（筑摩書房，2003）頁 135。

10 sjwang，〈琴聲〉，轉引自 tw.bbs.rec.marvel@googlegroups.com，1994 年 12 月 3 日（https://groups.google.com/g/tw.bbs.rec.marvel/c/MEn6kNpmwJs/m/8ulaDPpup0YJ）。

11 岩倉千春、大島広志、高津美保子、常光徹、渡辺節子編著，《幸福のＥメール：日本の現代伝説》（白水社，1999）。

12 謝佳靜，《学校の怪談の台日比較（學校怪談的台日比較）》（南台科技大學應用日語系碩士論文，2009）頁 58。

13 岩倉千春、大島広志、高津美保子、常光徹、渡辺節子編著，《幸福のＥメール：日本の現代伝説》（白水社，1999）頁 43。

14 羅問，《校園鬼話 4》（希代書版，1994）頁 37-47。

15 胡靈，《宿舍鬼故事》（禾馬，1995）頁 201-211。

16 沈公子，《校園鬼故事 PART3》（知青頻道，1995）頁 138-146。

17 Mochawallace，〈Re:［閒聊］高雄的鬼故事〉，PTT Kaohsiung 板，2009 年 3 月 21 日（https://tinyurl.com/4vyae3t5）

18 以下根據報導為〈校長照片流眼淚？　國小盛傳鬧鬼〉，TVBS 新聞網，2005 年 12 月 08 日。（https://news.tvbs.com.tw/life/416261）和〈小學鬧鬼？校史館歷任校長在瞪你…〉，YAMNEWS，2005 年 12 月 08 日。（轉載於

https://groups.google.com/g/tw.bbs.rec.marvel/c/HgIH5L-p7lI/m/AvE7guerTucJ）。

19 常光徹，《学校の怪談：口承文芸の研究Ⅰ》（角川ソフィア文庫，2002年）2013年電子書版，前言〈はじめに——学校の怪談のこと〉。

20 謝佳靜：《学校の怪談の台日比較（學校怪談的台日比較）》（南台科技大學應用日語系碩士論文，2009）頁58。

21 常光徹，《学校の怪談：口承文芸の研究Ⅰ》（角川ソフィア文庫，2002年）2013年電子書版，第一章第五節〈うわさとしての怪談〉。

22 謝佳靜：《学校の怪談の台日比較（學校怪談的台日比較）》（南台科技大學應用日語系碩士論文，2009）頁35。

23 朝里樹，《日本現代怪異事典》（笠間書院，2018）頁81、207。

24 只許州官放火，〈中正紀念堂7個不可思議之謎〉，轉引自tw.bbs.rec.marvel@googlegroups.com，2002年3月25日（https://groups.google.com/g/tw.bbs.rec.marvel/c/-oDFFeE7n7s/m/WS16pkexytcJ）

25 張允中《學生撞鬼記事3》（希代書版，1996）頁55-60。

26 nat417，〈中正高中見鬼事〉，轉引自tw.bbs.rec.marvel@googlegroups.com，2005年5月13日（https://groups.google.com/g/tw.bbs.rec.marvel/c/hLclF4ook1o/m/cAFn0nOY89UJ）。

27 〈板橋國小珍藏標本　驚見嬰胎〉，中國時報新聞網，2011年6月20日。（https://www.chinatimes.com/newspapers/20110620000317-260102?chdtv）

28 〈學校裡的胎兒標本〉，Dcard，2018年2月5日（https://www.dcard.tw/f/talk/p/228252248）。

29 常光徹，《学校の怪談：口承文芸の研究Ⅰ》（角川ソフィア文庫，2002年）2013年電子書版，第一章第三節〈特別教室と移動教室〉。

07 — 逆八卦的大樓

文化大學大仁館

說到「大學鬼故事」，幾乎不能不提「文化大學」。文化大學的大仁館鬼故事相當多，你幾乎很少能看到一個地方，能同時匯聚這麼多的學校鬼故事。在大仁館鬼故事中，最有名的當數所謂的「鬼電梯」：

文化大學的鬼電梯

位在大仁館頂樓的國樂社團練結束後，學生們都要搭電梯下樓。一位女學生快步跑到電梯門口，然而電梯一打開，裡面卻擠滿了人，只剩一個人可以進去，女學生擠進了電梯。同行的其他人走到樓下，遲遲不見電梯下來，過了一陣子電梯終於打開，只見那名女學生躺在裡面，昏了過去。原來，女學生進入電梯後，才發現裡面的人全都沒有頭。在此之後，不信邪的教官決定去驗證眞假，然而教官一進入電梯之後，也看

到了電梯裡滿是沒有頭的人。教官因此嚇得魂飛魄散。在那之後，電梯就封了起來不再開放。（《校園鬼話》，1992）[1]

驚遇鬼打牆

大仁館興建之前，曾有學生溺死在該處水深及膝的水塘中。大仁館興建快完成前，又有一名工人被電梯壓死。大仁館是五行爲本、八卦爲用之建築。但曾有學生在搭電梯時看到血肉模糊的鬼臉，教官原本想破除靈異卻也遇鬼，因此封閉電梯給鬼使用。後來在地理師建議下，封住大仁館的前門，情況才有改善。（《學生撞鬼記事2》，1996）[2]

在文化電梯故事裡，幾乎都會提到「學生在電梯裡看到鬼」，與「教官原本想破除靈異傳聞，卻也在電梯裡遇到鬼」兩大橋段。不信邪、頗具威嚴的教官卻嚇到面色發青，很有「用靈異教訓校內威權角色」的娛樂效果。除了「電梯裡的學生看到鬼」以外，也有「外面看到電梯裡有鬼」的版本。一九九六年，報紙文章〈迎新夜遊好去處，校園鬼故事歡迎大膽求證〉提到這說法：兩個美術系女生坐電梯，明明電梯裡只有她們兩個，電梯停在其他樓時，卻聽到等電梯的同學說：「電梯裡好多人唷，還是走樓梯好了。」此事傳開後，不信邪的教官進入電梯試探，卻鐵著臉出來，電梯因此被封。[3]

文化大學大仁館以它的特殊格局著名，這格局常常被說成是「八卦」或「反八卦」，設計用意是為了鎮邪。在鬼故事中，要不是鎮邪沒效果，就是蓋反了，所以大仁館才會發生怪事，電梯靈異就是其一。

大仁館是一棟什麼樣的校舍呢？為何會成為傳說主角？

它是外文學院和藝術學院所在地，除了教室以外，裡面也有大量的練習室。大仁館格局十分特殊，並非方正的大樓，它一共有六層樓，每一層樓的大小略有不同。館內有兩座電梯，一座停靠一到五樓，另一座只停靠一到四樓。停靠一到五樓的電梯前後兩面都有門可開，停靠一到四樓的門則只有一面。我去大仁館時，搭了停靠一到四樓的電梯，因為另一座電梯正在整修，因此無緣搭乘。但據說鬼故事指的，都是那座兩面有門的電梯。

考量到大仁館的實際空間，羅問的〈文化大學的鬼電梯〉恐怕不夠精準。故事中一群人在頂樓練完國樂社團練後下樓，大仁館頂樓確實為一間比較大的音樂教室，但頂樓並沒有電梯，要搭電梯下樓，無論如何要下一層樓，到五樓搭。但故事裡並沒有提供「走下一層樓」的描述，顯示作者跟大仁館空間並不熟。這表示「大仁館鬼故事」的接受範圍，已經超出那些對大仁館有所了解、會進出這棟校舍的人。大仁館「聲名遠播」，客群有很多是並非學生與校友的人們。

大仁館除了電梯以外，「正門」跟「一樓池塘」兩處也有靈異傳聞。據說正門會通往異空間，因此將正門而關閉；一樓池塘則是據說「曾有人溺死」。

上為大仁館全貌，下排為大仁館電梯。

文化的故事（二）

陽明山在冬天常起霧，只要一起霧，每個館的大門口都是白茫茫的。有些同學在這種情況下走進大仁館，卻發現自己身處的並非大仁館，而是一個陌生地方，但他們卻怎麼走都走不出來，直到霧散。因爲這件事發生很多次，學校決定將大仁館大門封閉，大仁館因此成爲所有館中唯一沒有大門的館，只剩三個小門供大家通行……

(BBS, 1996)[4]

文化大仁館

一天一個女學生從大仁館正門進去後，就沒人再見到她出來。之後學校請風水師來看，原來大仁館格局呈現陰八卦，所以那女學生就……學校只好把正門封起來。

(BBS, 1997)[5]

以上這兩則是正門的傳說。由於正門有傳說，我到大仁館時，曾經想尋找這棟樓的正門，但是繞了一圈半都看不到，只有兩個出入口——原來，大仁館如今已經沒有正門，所以我找不到正門也是很正常的。但大仁館曾經有過正門，檢閱文化大學的數位校史資料庫，可以看到大仁館正面曾有約四扇門的廣門。[6] 一九七〇年文化大學的《華夏導報》還提到，大仁館的正門重新裝修，將木門換成銅門。在一九九〇年代，根據這些鬼故事的描述，正門曾經因為某些靈異原因而封閉。靈異原因或許來自想像，但封閉應該是真的，所以才有現象可供想像。

這扇門如今已經徹底不存在，不只是封閉，它變成了公車候車處。

如今文化大學的網站稱大仁館「為唯一無正門之館樓」，說得好像一開始就沒有設計正門。看如今的一樓平面圖，確實只有兩個側面出入口，沒有其他任何可說是正門的地方。大仁館的正門之所以消失，應該是由於二〇〇一年的大幅整修。根據二〇〇一年二月二十二日《文大校訓》的報導，這次整修調整了大仁館的空間規劃、重新裝置兩座可以容納大型樂器的電梯……報導上的剪綵在懸掛「藝術學院」和「外國語文學院」木牌的側門進行，那裡已經不是過去的正門，而是現在保留的兩門之一。顯然二〇〇一年這時，所謂的「正門」已經不復存在了。

但是為什麼文化大學要撤掉大仁館的正門呢？或許就跟當初把正門封起來一樣，是個無解的謎題吧。也難怪靈異要在這個異狀上做文章了。

除了正門以外，鬼故事中另一個常登場的「一樓水池」，如今也已經不在。

文化的故事（二）

大仁館內有個水深僅及膝的小池，因爲淹死過人，學校把水抽乾。由於大仁館地處陰陽交界，水池上還有小橋，酷似奈何橋。曾有同學不信邪，在水池裡放一點水後踏進去，卻感到一股強大力量把他往下拉，幸好及時發現才沒發生不幸。從此再沒有同

> 學敢踩到那個水池裡。(BBS, 1996)[7]

浮在校園中的奈何橋

> 「我」到文化大學拜訪以前的學妹小金。小金如今在文化任教，「我」與她一同走進大仁館，注意到大停水池上有兩座突兀的拱橋，小金解釋了大仁館的財務糾紛與反八卦設計，鬼門處因此被弄了一座水池。小金曾看過教官淹死在那座及膝的水池裡。那天小金到大仁館找資料，聽到教官對著拱橋上一片虛空喝斥，教官尖叫大喊「放開我」，像是被架著一樣往水池移動。教官在水中被往下拉，掙扎一番後被沉了下去。之後出現了霧，四名鬼魂抬著淹死的教官往外走。隔天，教官的屍體在水池裡被發現。(《學校驚魂鬼話2》，1997)[8]

看來不同版本間的陳述大抵一樣，都是「極淺的池子裡具備某種力量、將人拖下水溺斃」。有些會說這池子是「被填平前的百花池」，前述《學生撞鬼記事2》則說是「大仁館興建前的水池」，但仍以「大仁館館內一樓水池」的說法居多。

一棟大樓裡面怎麼會有個池子？這也是一個如今已經不存在的設計。大仁館一樓曾經為「逸仙堂」，贈獎表彰常在這場所舉行。按一九七二年六月十二日《華夏導報》一篇介紹大仁館的文章，大仁館內可看到「石橋底下的水池」，看來是曾經有過橋與池。大概是因為室內有水池的設計太奇妙，也用不太到，所以才荒廢吧——無論是「水池現在已經不存在」，或是「水池詭異到產生鬼故事」，從任何一面來看，都只能說這顯然是個失敗的設計。不僅不幸地產生了（校方絕對不樂見的）鬼故事。這鬼故事還成了水池本體被拆後，唯一留下來的遺跡。

反八卦說

為什麼文化大仁館會有這麼多鬼故事？所有發生在大仁館的鬼故事，都可以在敘事上歸因於大仁館的建築——故事總會說，因為和大仁館的八卦格局有關。大仁館是不是八卦格局？至少建築理念似乎不是，校方解釋大仁館的設計理念，大仁館為「八角攢尖頂」的「明堂式建築」，因明堂為「中國古代用來作為教學、饗功、選士之處所」[9]。大仁館的設計很中國風，反映某種對於中國儒家文化的美化想像，卻被理解為道教式的驅邪鎮凶邏輯——畢竟後者也是一種「中國風」。

大仁館於一九六四年落成，「大仁館建築採八卦說」當在那之後才開始流傳。但具體是什麼時候，可能難以釐清。一九九三年十月十三日的《華夏導報》刊了一篇〈大仁館傳奇〉的詩，詩中「聽慣了八卦、鬼門的怪譚」一句，顯示這時就有八卦之說。「建築蓋成八卦鎮邪」不獨見於大仁館，在鬼故事裡，這是種常見的公式，陳為民《軍中鬼話III》〈夜半聲響時〉一篇也說，泰山憲兵訓練中心的建築蓋成八卦，是為了鎮住幽冥。[10]

大仁館八卦之說非常有名，有名到像是真的。如今最主流的說法是「大仁館原本想蓋八卦，但建商和校方鬧翻，蓋成了反八卦」——假使這說法為真，又怎麼會存在各種分歧的說法呢？除了「反八卦」說以外，也有「大仁館沒有蓋反，就是八卦格局」的說法，還有「八卦格局被打亂（但並非恰巧逆反）」的說法。在一九九〇年代，這些說法並陳，各有各的擁護者。

【八卦說】

驚遇鬼打牆

文X大學採八卦圖形興建，就格局上而言，倘若館內有人身亡或自殺，亡魂極易被八卦封住而出不去，可想而知，那裡的陰氣的確較難散去。（《學生撞鬼記事2》，1996）[11]

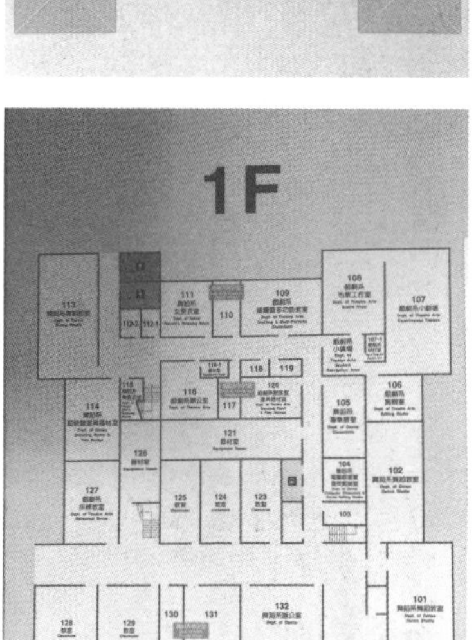

大仁館內六樓與一樓的平面圖。

【生死門說】

生死門

某學校的建築因地處極陰，採八卦格局設計。風水師一再提醒，八卦威力很強，不可有錯，尤其是打開時運的「生門」和堵住鬼魅侵擾的「死門」不可裝反。然而裝門前風水師得了急病，他說的話建築師們沒聽懂，叫工人把門裝上後，校方便進行啟用。風水師出院後去該建築看，卻發現裝門工人的屍體，就意識到門裝反了。但一切已經來不及，八卦雖然不能趨吉，但至少能包住陰鬼，學校也只好繼續使用。遇到陰時或鬼月死門的邪力大增，會發生事情，因此沒有學生晚上七點後願意待在大樓裡……（BBS, 1997.1）[12]

【格局亂掉說】

文化的鬼故事(二)

在文化大學所有館中，大仁館格局最特別。由於大仁館所在地爲陰陽交界，因此特別設計成八卦式格局來鎮壓陰氣，但並未按設計圖建造，以至於整個格局亂掉，此後大仁館便怪事連連，包括大家熟知的鬼電梯。（BBS，1997.6）[13]

【反八卦說】

浮在校園中的奈何橋

蓋大仁館的這塊地本來是墳墓，爲了剋制這種極陰之地，將大仁館設計成八卦陣式，但因爲和工人或設計師有財務糾紛，爲了報復學校，他們把原本驅邪鎮煞的正八卦擺成足以招邪引煞的反八卦（陰八卦），又在鬼門處弄了水池，此後大仁館怪事不斷。（《學校驚魂鬼話2》，1997.11）[14]

大抵來說，八卦說包含三個部分：

1.大仁館所在地很陰。

2.因此採八卦設計企圖鎮煞。

3.由於某些緣故，使八卦設計「無效」或「產生反效果」。

第一則〈驚遇鬼打牆〉較為特別，沒有包含這三階段，反而是說「正八卦」會有聚陰效果，設計上沒有任何鎮邪的企圖。〈生死門〉〈生死門說〉和〈文化的鬼故事（二）〉〈格局亂掉說〉則是「八卦的某些地方出了錯，使得八卦效果無法正常發揮」。「生死門說」的出錯是「門裝反了」，同樣也有因相反而導致效果相反的意味，但該故事裡的八卦並沒有蓋反，依然保有故事邏輯裡八卦該有的正向效果，可以挽救裝反的門。「格局亂掉說」的意思則為八卦格局亂掉，無法發揮應有效果，導致怪事連連。

「反八卦說」則為後來的主流說法：將驅邪鎮煞的正八卦弄反，效果變為「招邪引煞」。

我不懂風水，在此不從風水角度作評論。但流傳這些說法的人，也都是和我一樣不懂風水的人。就像流傳鬼故事者，絕大多數也是感覺不到靈異的麻瓜一樣……既然人們不懂風水，為什麼有辦法判斷「反八卦」，認為那是真的？

大仁館鬼故事裡「反八卦」之類的風水描述，相當於小說中的奇幻、超能力設定——小說中的超能力、奇幻設定不必是真的，它多半都不現實（畢竟是奇幻設定），但只要它自有一番邏輯，就可以說服讀者相信。「正八卦」可以趨吉避凶聽起來很合理，畢竟所有風水都是為了趨吉避凶，那麼正八卦的相反概念「反八卦」（故事裡又稱逆八卦、陰八卦）會導致相反的效果，聽起來也很有道理。至於八卦的八角形到底要怎麼擺，才能稱得上是「反」，或是傳統風水其實很注重的建築和山的相對位置……這些故事裡一概沒提及——因為邏輯順了，這種小事就不用在意了。再加上大仁館方正的「八角攢尖頂」，雖是四方形，但可以根據屋簷構造畫出八角形，讓它看起來和八卦有關（無論是正是反）……只要它具有看似成立的線索，就會讓人相信有那麼一回事，無論這些說法是真是假。

大仁館鬼故事透過某些聯想，令不懂風水的人，也可以被這「八卦/反八卦風水說」所說服。這些鬼故事甚至有幾個，奇幻設定相當完整。有些故事提供了更多設定細節（這是小說技巧中增加寫實感的技巧），例如〈生死門〉一篇提到「生門」和「死門」不可裝反的原因（「生門」必須置於活位，「死門」務必在「生門」的對面），以及生門和死門間容易弄錯的微小差異（生門的內外都有把手，死門只有內面有把手。），用具體細節營造出一個「關鍵卻容易出錯」的情境，來鋪陳後續因風水師缺席而產生的重大錯誤。

八卦說、反八卦說、生死門開反說、格局亂掉說……可以看到大仁館被認為與八卦有關，但大仁館與八卦的關係，曾經百家爭鳴。在這幾種說法中，我甚至覺得提供多樣專有名詞的「生死門開反」說頗具競爭力，也可以和大仁館的正門傳說相連。但後來是如何成為罷黜百家、獨尊「反八卦」說的呢？可能與一篇流傳甚廣的全台鬼地方統計文章有關。

這篇文章題為〈鬼地方〉，約從二〇〇一年開始流傳。文中列出世新大學涼亭、北宜公路、臺大醉月湖、民雄鬼屋等三十處鬼地點，每處地點都非常具娛樂性的給予一顆星到五顆星的恐怖指數，大概因為搜集齊全，這篇文章轉貼非常廣，光是 Marvel 板一撈都能撈到三十次轉貼。其中對於大仁館的描述，就採取了「反八卦說」：

文化大學大仁館

大仁館是陽明山地區中陰間與陽間的交界，採用「八卦式」設計，以便鎮住此地的陰氣……但是當初因爲校方與建商的恩怨，結果蓋成反八卦，不但不能鎮住陰氣，反而會招引大量靈異世界的朋友……★★★★★（BBS, 2001）[15]

這段扼要的文字可說是「反八卦說」的精華，故事中該有的三部分被概括為六、七個句子。它不像其他版本有更詳細的描述、更細緻的伏筆，但成了最通行的版本。或許，這般簡明又戲劇性清晰的版本，才是大家所需要的。

風水是真的？

「反八卦的大仁館」可以說是一種「非常臺灣的鬼故事」。或者說，不只是非常臺灣，它非常漢人。同屬漢人文化的中國、香港都有風水傳說，例如香港的「中銀大樓鋒利如刀壞了風水」之說。儘管在同一個文化中的人們，對於這些說法感到習以為常，但在不同文化的外國人眼中，不會有同樣的思維。將靈異歸咎於建築形狀，並以傳統的風水學為依據，這想法實際上是特定文化的產物。從漢人思維中誕生的「風水靈異」，是非常漢人的靈異故事。

鬼故事中「反八卦」等風水因素的存在太過理所當然了，以致於不會讓人意識到，這類故事真正有趣的地方，在於它揭示了「所有人都不會對『風水』的說法抱持懷疑」——也就是說，聽故事的人們共享一種根深柢固的認知：風水是一門專業知識，並且它是真的。

這份特殊性，研究臺灣學校怪談的日籍學者伊藤龍平看得更清楚，他任教的南臺科技大學也有風水相關的傳說，但他指出，在日本幾乎沒有以「風水」為背景的學校怪談，這完全是臺灣的特徵。[16]

如果要說從鬼故事中可以看出臺灣是什麼，那這就是了：在當代臺灣，多數人依然相信「風水」這份文化中獨有、古老的民俗知識。

風水是否真的有效，先姑且不論。但是「多數人相信它有效」這點，卻無庸置疑。風水就跟「某地以前是刑場/墳場」一樣，是個可以用來解釋「此地有鬼」的萬用原因，並且百分百有效。而「風水」作用的場合，往往是那些構造特殊的建築。這是另一個和風水相關的堅定思維。或許因為臺灣人信仰風水，因此如果遇到那些奇奇怪怪，容易讓人迷路的建築，往往會認為該建築是「因為風水而設計得這麼詭異」。這思維大概是，假使這棟樓對人類來說不好用，那可能它在風水層面上有某種用處。

因此在種種關於大仁館的靈異敘述中，其中一個會來當作佐證的說法，是「大仁館很容易讓人迷路」——一九九八年的 BBS 文章〈陽明山文大的鬼地導遊（1）〉一文，就在靈異描述中穿插了對於大仁館迷路程度的抱怨（「筆者就連續在這裡迷過兩次路」[17]）。依照我（為了寫這篇）跑去大仁館一趟的經驗，確實能感覺到它格局自成一格，還有幾處獨特的中庭，因此無法使用在其他棟樓出入的經驗來作為參照，又因為每層樓格局略有差異，因此不同樓層之間也無法參考，使整棟大仁館全都難以理解。校方大概也知道這件事，在入口處就直接張貼六層樓的平面圖。我相信大仁館若不是這樣彎彎拐拐、匪夷所思，也不會產生各種靈異傳說。人們對空間的敏感度，很可能遠遠超出我們的認知，因此，在一個難以預測又無法習慣的空間裡，會產生各種不安與靈異想像，這是非常自然的結果。

往後還會有更多曲折迷離的特殊大樓，被冠上「反八卦」或「出於特定風水理由」的解釋。而這一切，很可能都是從大仁館開始的。

清大人社院與兒童樂園

清華大學的建築風水傳說，主要集中位於山腰的人社院。人社院內部十分空曠，以走廊空間為主，由於位在半山腰，建築主體的正門位在較低的位置，形成一個挑高二樓和三樓相通的狀況。對於出入人社院的學生來說，他們多半覺得這棟建築形狀很詭異，死角很多。人社院也有「八卦」之說，與文化大學大仁館的「破壞八卦」、「反八卦」十分相似：

清大命案，有此一說

清華校地原本是八卦形，後來蓋了人社院，破壞八卦的一角，從此每一年會死一個教授。(BBS, 1998)[18]

聽說

有人說文化大學的大仁館、清華大學的人社院，本來爲了鎮邪排成八卦，卻因爲某

種因素建成反八卦。(BBS, 2002)[19]

不過「八卦」之說，並非清大人社院最主流的風水說法。由清大學生編輯的清華雙週刊《新新》158期專題「鬼影幢幢在清華」收錄了知名的校園傳說。[20]專題內容從一九九八年開始就在網路上流傳，可說成為清華校園傳說最主流的版本。其中講到人社院風水的部分，主要著重於它的青龍造型：

鬼影幢幢在清華

據說，人社整棟建築是做成一條巨龍盤據狀，鐘樓就是龍尾所在，爲的是鎮住陰氣；還有一個詭異的說法，人社院當初應該依照古代建築的樣式來設計，沒想到，陰錯陽差地找來了陰宅的設計圖，也就是古時君王的陵墓，大家應該都會覺得人社的動線頗差的，第一次去往往會有找不到路的感覺，這就是古時君王陵寢的特意設計，爲的是不讓盜墓者輕易找到主墓所在，不過，這個說法實在太八卦，就姑且聽之吧！更多人聽說的是，人社餐廳外的廣場，中間有塊半圓形的突起地，那就是人社院最陰的地方，突起地的用意就是鎮邪之用；比較合理的說法是，當初的設計者是想在那裡營造一個開放的空間，供表演或演講。（楓橋驛站 BBS, 1998）[21]

根據清華大學網站，人社院確實具有「青龍」的意象，為清華四聖獸之一，此外還有「朱雀」（化學館）、「玄武」（物理館）、「白虎」（資電館）。以下是該建築的介紹：

「人文社會館於一九九〇年落成啟用，是李祖原建築師在清華三棟作品之一，特色為城堡式中庭高挑氣派。整棟建築遠望似盤龍，沿著坡道往上的正門似龍口大張，正門前方的小劇場就是『龍珠』，至於建築上高聳20層的鐘塔，則是高舉朝天的『龍尾』，故有清華四聖獸『青龍』之稱。由於位處高地，高聳的龍尾在校園附近可清楚遠眺，成為清華的地標。」[22]

我們可以參照這段建築理念，來檢證傳說內容。傳說中「人社院為巨龍盤旋」大抵沒錯，「鐘樓是龍尾所在」也符合校方描述；然而所謂「建成龍狀是為了鎮住陰氣」，明顯就是根據龍形外觀而做的延伸。「古代帝王陵墓」則是與設計理念無關的想像，應該是根據青龍意象，延伸想到「帝王陵寢」。「陰錯陽差找來陰宅設計圖」又出現了「建築過程中的意外」這個主題，和文化大仁館傳說中屢屢出現的「建商和校方鬧翻」、「門裝錯」、「蓋成反八卦」等錯誤主題相當一致，可以說是一種，對於大學建築的共通想像。人社院「陵寢說」的立論根據是「動線差」和「第一次去找不到路」，這個特點也和容易令人迷路的大仁館相似，但說是「讓盜墓者找不到主墓」倒是頗有記憶點，也彷彿具有說服力。

可以說，或許不同學校中都有一種類似的建築，它具有鮮明的外貌、同時擁有撲朔迷離的動線——這一類建築，往往容易成為風水系傳說青睞的地點。文化大學大仁館是如此，清華大學人社院也是如此。

一旦一棟建築被視為「很陰」後，所有關於它的靈異傳說都與「很陰」場景相輔相成。〈鬼影幢幢在清華〉還提到兩個人社院傳說「鐘樓磁磚」和「兒童樂園」。據說，由於鐘樓工人在張貼磁磚時出事墜樓，因此磁磚只貼了一半；又說，人社院附近有一個類似公園的場所，放了一些鞦韆與蹺蹺板等設施，那是要給葬在後山的夭折小孩玩的，因為人社院半夜會聽到小孩嬉鬧聲，才建了這個「兒童樂園」。

清大人社院附近，或許可說有靈異傳說的「地利之便」——人社院所在的清華校區南方，曾是一大片歷史悠久的墓地。清大附近的第一公墓始自清代，若檢索日治時代到戰後的舊地圖，會看到人社院附近皆是墳墓的符號。人社院興建時，還曾挖掘出許多墓碑、骨頭及文物。[23] 如此一來，「鎮邪」傳說可以歸因於人社院的公墓前身；學生們講述「兒童樂園」的故事，也可以說是因為墓區也曾有小孩的墳墓，因此會有小孩亡靈。

但遊樂器材區變成「幽靈兒童樂園」，似乎是個意外。根據《政大大學報》採訪，原本是打算把這塊空地規劃為學生健身之處。中文系教授方聖平說，校方當初興建籃球場、高低槓、滑板跟蹺蹺板，是希望可以讓親子同樂。然而由於動線規劃不完整，學生使用率不高，因此逐漸廢棄。[24]

如果有人使用，恐怕就不會淪為「兒童樂園」了。既然沒有人類使用，那空空蕩蕩的器材，自然就會想像是鬼在使用了。

人社院還有一個相關的傳說，是「圖書館的人頭」：

有沒有清大後山的鬼故事？

人社院按照陰宅設計，圖書館的位置就是陰宅裡的藏寶處，因此特別陰，期刊室又更陰更冷。據說人社院剛落成時，有位同學在期刊室翻閱期刊，一抬頭看到書架書本間的縫隙有人在看他，那人卻說「你很吵喔」，這位同學移動幾步，卻又看到對方，於是大步跨開書架，卻看到那個「人」只是一顆飄在半空的人頭。聽說這個人頭連打掃阿姨都有看過。（PTT, 2007）[25]

這個故事也是眾多的人社院傳奇之一。清華《人文社會學院電子報》二〇二一年做過一期「人社院都市傳說」的專題，除了提到人社院設計和兒童樂園等故事以外，還提到這則「人圖人頭事件」。[26]儘管「人頭傳說」只有這則紀錄，或許是因為故事有趣，也被視為代表性傳說之一。故事中「穿過書架看到人頭，從書架側面看卻只看到一顆人頭」依據的是圖書館空間會有的特殊視線狀態，在書架間只能看到局部，從側面看才能看到全貌，這個視線落差，構成了該故事結局的意外性。

中興大學綜合大樓

文化大學大仁館的風水傳說流傳於一九九〇年代初或更早，清華大學人社院的「鎮邪」傳說的早期紀錄為一九九八年，中興大學綜合大樓也是以建築風水或形狀著名的大樓，關於它的靈異傳聞，約從二〇〇〇年開始流傳。

中興大學綜合大樓的風水說出現的時間點較為具體，這和綜合大樓頻繁發生的跳樓事件有關。綜合大樓落成於一九九四年，是歷史系、外文系與中文系所在。落成同年，即發生一位應數系學生在此跳樓的慘劇。[27] 到了二〇〇〇年，又接連發生三起跳樓自殺事件，分別發生於二月、三月、四月。這時校內氣氛已經十分緊張，校方於是在中庭架起安全網，也派校警加強巡邏、請工讀生站崗。同年新聞報導統計發生於綜合大樓的死亡，「六年來已六人在此自殺」。[28] 從自殺事件密集發生的二〇〇〇年春天開始，關於綜合大樓「風水不佳」的種種謠言開始流傳……多起自殺事件使得人心惶惶，這些龐大的恐慌在靈異傳聞中尋找出口。二〇〇〇年二月的跳樓事件發生時，一名電台記者「小義」報導了這起事件，其中涉及了超自然解釋：

> 依據地理師的說法，綜合大樓建造時因陰陽八卦不合，因此陰氣很重，預料會犧牲四名學生性命，不料第五名也出現。（BBS, 2000）[29]

這篇報導還提到了「跳樓者跳的方位分別為東西南北」，似乎想連結跳樓與超自然現象。到了四月，《聯合晚報》報導採訪了中興大學的學生，從學生口中聽到「綜合大樓興建時曾發生風波」的說法：

> 所謂的風波有兩種版本，其一是大樓興建時，曾有工人失足摔死，因而有風水不佳的傳說。另一種說法則是大樓的基地原是農業用地，因地主不滿土地被徵收憤而自殺，這導致大樓蓋成後，一直傳說有「不乾淨的東西」。（《聯合晚報》，2000）[30]

和文化大學大仁館相比，中興綜合大樓的「風水說」較為模糊，通常只說「很陰」，不會提到什麼特別的原則或名詞。《聯合晚報》的報導提供了一些說法，用以說明綜合大樓為何「風水不佳」或「不乾淨」，但這些東西都相當故事性——不是工人失足，就是地主自殺，和文化大仁館或清華人社院那種由「八卦」或「龍」引申而出的風水說法不一樣。

二〇〇〇年上半年的連續自殺事件，使中興大學變得「相當有名」。同一年七月一日，靈異節目《神出鬼沒》播出了中興大學的專題，儘管一連串的自殺事件是悲劇，但引發的話題效應，卻吸引靈異節目打鐵趁熱。

節目中關於綜合大樓為何自殺頻傳，有學生說「聽說大樓佔到了不好的方位」，也有靈異節目常見的那類所謂「專家老師」說，「綜合大樓契合環境的陰陽面，剛好是陰盛陽衰」，還說綜合大樓結合車道形狀，「看起來就是一個凶字」。[31]

這些與綜合大樓有關的風水解釋，常常會提到該樓的形狀：綜合大樓格局相當特殊，呈現一個「口」字形，中央有天井，高十三層樓。所謂的「凶」字說，就從這望形生文而來。這類根據建築形狀聯想到某些字，因而產生某些意義的說法，似乎相當常見。

伊藤龍平在《現代臺灣鬼譚》提到，南台科技大學某四面環繞、中央有中庭的建築Z棟，被學生認為由於中間有種樹或有人群聚集，會形成「困」或「囚」的形狀。[32]書中Z棟的建築形狀，恰恰與中興綜合大樓是一樣的，看來這類四方形的建築，都能產生相似的字型聯想。

綜合大樓還傳說有一位「鬼王」，但其實這說法，也是出自二〇〇〇年同一集《神出鬼沒》。這集《神出鬼沒》到中興大學出外景，請出一位號稱觀音會上身的靈學老師。這位「老師」認為綜合大樓底下住著一隻「正在修煉的魔」，綜合大樓有多處魔界通道，例如某座電梯。然而這位魔王在興建大樓時被挖傷了，因此向跳樓者索命。靈學老師跟魔王溝通之後，說魔王要求「血祭兩百隻雞」來解決自殺事件。

「興建過程被挖傷的魔王」，似乎回到「大樓興建過程出錯」的經典主題。《神出鬼沒》當時播出效果相當好，日後談論中興大學鬼故事時，也時常重複這集裡出現的說法，但將魔王二字改成「鬼王」。出現個「魔王」應該算是比較特別的部分，雖然「挖傷」「修煉」「魔王」等名詞，聽起來一點寫實感都沒有，畫風比較像玄幻小說。我很佩服那位老師，怎麼有辦法臉不紅氣不喘地說出這些玄幻小說名詞，假使我相信這些，要對其他人如實轉述這些詞彙，恐怕也會非常尷尬，難怪「魔王」會演變成「鬼王」，「修煉」之說如今已經較少提到。

關於綜合大樓風水方面，在二〇〇四、二〇〇五年時，還有幾則跟文化大學大仁館很接近的說法，例如說中興綜合大樓「它被設計成內八卦，所以會聚陰。」[33]「八卦」跟

「聚陰」等關鍵字，看起來跟文化大學大仁館說法如此接近。還有一說，「綜合大樓原本要蓋成八卦陣來壓，但在完工時設門的時間出錯，使功能相反，變成吸陰之地。」[34]——這簡直和文化大學大仁館「生死門裝反」、「蓋成反八卦後聚陰/招邪」的說法一模一樣了。很可能這類大樓風水說，要生產說詞時，往往都會向文化大學大仁館傳說汲取資源。文化大仁館就這樣，成為了所有壞風水大樓的原型。

政大綜院與其他

儘管建築風水傳說多數主角為大學裡的大樓，但也有部分高中流傳八卦傳說，例如景美女中以及彰化高中：

景美女中的傳奇！

建校之初，原本將樹建成八卦形狀來鎮邪，後來因爲樹被砍，八卦被破，所以才會發生慘事。(BBS, 1996)[35]

about彰化高中

從空中俯瞰彰中是個八卦，爲的是鎮住蓋中正堂時挖出的屍體。(BBS, 1998)[36]

彰中擁有許多傳說，其中關於八卦的說法不少，一九九八年後可以看到一些流傳紀錄。如說因為彰中一帶以前是刑場，「教學大樓排成八卦形狀」、「彰商也有一個八卦形狀的涼亭」[37]，還有說彰中的中興樓「從天空看是正八卦形」，以及學校池塘、中正堂有八卦圖八卦鐘等說法[38]……整體來說沒有「逆八卦」或「反八卦」之說，傾向於「以八卦鎮邪」。這些八卦也沒有出什麼錯，和景美女中的「八卦被破」之說不一樣。

說到風水，我最熟悉的是政大。政大有兩棟連在一起、分南北棟的綜合院館，平常學生暱稱為「綜院」。綜院在二〇〇〇年落成，隸屬於社會科學院，裡面還有一處圖書館分館。在我二〇一一年進政大時，就聽到學長姊們說「綜院很陰」，原因是綜院很容易讓人迷路，有人目睹電梯停在某個樓層開開關關——後來我在不同場合接觸到了很多政大人，幾乎每個人都聽聞「綜院很陰」的傳說。但是無論是和一九六四年落成的文化大仁館相比，或是和一九九〇年次的清大人社院、一九九四年的中興綜合大樓相比，政大綜院都太年輕了。綜院年輕到，在仍帶靈異熱潮的二〇〇〇年代裡，它還是一棟新生的大樓。然而綜院在完工後的頭兩年，就加入了傳說大樓的行列，成為學生眼中「很陰」的空間。

【公告】誠徵：關於政大綜合院館鬼故事

綜院一帶風水不好，又名「死人口」，以前淹水死過很多人，所以很陰。聽說當初蓋時，也有人發生施工意外過世。有一段時間，晚回去的老師會看到穿牆人。其實綜

> 院裡的感覺很詭異，裡面設計得彎彎曲曲，平常走就怪怪的了，晚上眞的很恐怖。(BBS, 2002)[39]

> **Re: [校園] 政大鬼故事**
>
> 綜院分南北棟的格局很特殊，有同學傳說它以「反八卦」的方式設計，還有傳說落成時，有精通茅山術的某系教授受邀作法，同學戲稱，綜院容易「鬼擋牆」，白天也罷，深夜在綜院迷路，似乎相當恐怖。某天，一位研究生A君爲了撰寫報告，在凌晨離開綜院大樓。他走了很久，都走不到樓梯口。當他爲了找不到出口害怕時，有人拍了他的肩膀，原來是管理員伯伯。管理員伯伯帶他到樓梯口，叮嚀他不要再獨自逗留到深夜。隔天，研究生A買了水果要答謝管理員伯伯，卻聽聞昨天値班的管理員身體不適，十點就回家了。(PTT, 2011)[40]

二〇〇二年時，有政大生因做報告上網詢問政大綜院鬼故事，第一則〈[公告] 誠徵：關於政大綜合院館鬼故事〉就是另一位留言者針對該問題的回答。這個版本也是我目前可見最早的綜院靈異描述。這版本主要提到綜院「很陰」，並沒有「反八卦」等描述。但政大綜院被說與八卦有關的時間可能很早，二〇〇〇年 PTT 一篇討論學校八卦建築的 BBS 討論中，就有人點名政大，當時綜院剛落成，但無法驗證所指是否為綜院。[41] 在二〇一一年的〈Re: [校園] 政大鬼故事〉中，就能見到如今流傳比較廣的反八卦說。

根據綜院傳說的早期版，綜院同樣具有那些傳說大樓常見的特徵——被認為「在施工過程中發生事情」，這點和中興綜合大樓十分相像；「容易迷路」、「動線不佳」的特點，也和文化大仁館、清大人社院一樣。這些相似再次驗證，學校裡大樓那麼多，特別被傳說青睞、學生議論紛紛的那一棟，往往要有點令人迷路的本事。

綜院的形狀確實很特別，南棟約近乎方形，但北棟的主體則像是兩個三角形拼在一起……這太超出人類的經驗範圍了。我們熟悉的多數建築都是方形的，誰熟悉三角形的建築？不規則的形狀會讓人失去方向感，我聽聞學長姊們告誡後，第一次踏進綜院找教室時也有點緊張，平時擅長找路的我，下場也是迷路。而在靈異傳說的邏輯裡，所有的迷路，都可以佐證該棟建築的不可思議。

綜院奇特的形狀被說與「八卦」有關，稱綜院「以反八卦方式設計」，因此建築十分複雜。〈Re:［校園］政大鬼故事〉提到「綜院如此構造，似乎很容易讓人被『鬼擋牆』」，並說了一個「熬夜寫報告的研究生在綜院裡遭遇鬼擋牆」的故事。故事中「隔天才知道自己遇到不應存在的管理員」的轉折，屬於好操作且常見的鬼故事套路。儘管這類故事容易創作，但要說服人，恐怕也是需要一點本事——綜院這個「被認為靈異」的地點，就是該故事最大說服力的來源。「鬼擋牆」指的是走不出去某個地方，可以說是「迷路」這種現實體驗的靈異解釋。「鬼打牆又遇鬼」的情節要是換成學校裡其他平凡無奇的地方，可能不太有說服力，但放在早已傳說重重的綜院，就顯得「像是真的」。

政大綜院的「反八卦」說出現的時間在二〇〇〇年到二〇一一年，不確定具體時間。無論如何，在反八卦這個領域裡，綜院都是文化大仁館的後輩了，這時前輩大仁館的反八卦說，都已經傳了近二十年——當初那些傳說「反八卦」的文化學生們，恐怕也沒有預料到，「反八卦說」竟成了一個鬼故事領域裡興盛的民間風水想像，直到二十年後，仍可以附著在其他學校大樓上，三十年後的今日，也還在流傳。

除了清大、中興、政大有相似的風水傳說，元智大學也有「二館蓋成反八卦」和「施工時有人發生意外」的說法[42]，同樣屬於與八卦或興建過程有關的經典套路。而各種學校裡的同類傳說裡，我沒有看到流傳紀錄早於文化大仁館的，因此應該可以說，大仁館是所有傳說館舍中，第一棟「很陰的鎮邪大樓」。最早關於風水、鎮邪、靈異大樓的想像，都藉由大仁館成立。一旦堆疊出關於大樓的靈異想像後，其他學校若是出現了動線謎樣又形狀奇特的大樓，人們很快的就可以複製貼上那些已存在的大仁館傳說說法——這樣一來，大樓現實的詭異得到故事支持，晉身為超自然的詭異。

1 羅問，《校園鬼話》（希代，1992）頁 58-65。

2 張允中，《學生撞鬼記事 2》（希代，1996）頁 157-163。

3 馬德烈，〈迎新夜遊好去處，校園鬼故事歡迎大膽求證〉，《聯合報》，1996 年 08 月 17 日。

4 悄悄的我來了，〈文化的故事（二）〉，轉引自 tw.bbs.rec.marvel@googlegroups.com，1996 年 6 月 3 日（https://groups.google.com/g/tw.bbs.rec.marvel/c/rDvinPblAOQ/m/-MH_f_mWngcJ ）。

5 az，〈文化大仁館〉，轉引自 tw.bbs.rec.marvel@googlegroups.com，1997 年 12 月 8 日（https://groups.google.com/g/tw.bbs.rec.marvel/c/VjXydEAL3pU/m/MdlRLSRfuhAJ）。

6 中國文化大學數位校史資料庫（https://csh.pccu.edu.tw/Archive/Default.aspx）。

7 悄悄的我來了，〈文化的故事（二）〉，轉引自 tw.bbs.rec.marvel@googlegroups.com，1996 年 6 月 3 日（https://groups.google.com/g/tw.bbs.rec.marvel/c/rDvinPblAOQ/m/-MH_f_mWngcJ）。

8 王章，《學校驚魂鬼話 2》（希代，1997）頁 166-182。

9 《文大校訊》，2001 年 2 月 22 日。檢索自中國文化大學數位校史資料庫。

10 陳為民，《無聊男子的軍中鬼話 III》（希代，1993）頁 186-187。

11 張允中，《學生撞鬼記事 2》（希代，1996）頁 165。

12 22 像我這樣的女子，〈生死門〉，轉引自 tw.bbs.rec.marvel@googlegroups.com，1997 年 1 月 21 日（https://groups.google.com/g/tw.bbs.rec.marvel/c/cTtHM66XCsM/m/bJgjRoBK2z0J ）。

13 beargirl，〈轉寄 -- 文化的鬼故事（二）〉，轉引自 tw.bbs.rec.marvel@googlegroups.com，1997 年 6 月 26 日（https://groups.google.com/g/tw.bbs.rec.marvel/c/1s6vbl5jiRQ/m/gTMzYHoLmKsJ）。

14 王章，《學校驚魂鬼話 2》（希代，1997）頁 174。

15 微笑的預感，〈鬼地方（晚上喜歡夜遊ㄉ人要注意）〉，轉引自 tw.bbs.rec.marvel@googlegroups.com，2001 年 12 月 10 日（https://groups.google.com/g/tw.bbs.rec.marvel/c/UZT8REKCEhI/m/5pWpB-qh2BMJ ）。

16 伊藤龍平、謝佳靜著：《現代台湾鬼譚——海を渡った「学校の怪談」》（青弓社，2012）頁 22-23。

17 汪汪狗，〈陽明山文大的鬼地導遊 (1)〉，轉引自 tw.bbs.rec.marvel@googlegroups.com，1998 年 5 月 28 日（https://groups.google.com/g/tw.bbs.rec.marvel/c/vxwmEvXS19M/m/05ihRQjLCNYJ ）。

18 羊男之女，〈清大命案，有此一說〉，轉引自 tw.bbs.rec.marvel@googlegroups.com，1998 年3月9日（https://groups.google.com/g/tw.bbs.rec.marvel/c/zVQKpOV-vrQ/m/1f2_xueo9iAJ ）。

19 love yiping，〈聽說〉，轉引自 tw.bbs.rec.marvel@googlegroups.com，2002 年 1 月 8 日（https://groups.google.com/g/tw.bbs.rec.marvel/c/HJgPXw2HEjQ/m/scuvn9A7aAcJ ）。

20 這份紀錄上寫著「口述：冠慰 整理：宜均，撰稿：宜均、宜粲、美雪」。anaka，〈[新新 158 期] 鬼影幢幢在清華〉，楓橋驛站 BBS, 1998 年10月29日（https://www.ptt.cc/man/NTHU-NHCTC/DAB6/D6E1/M.947354585.A.html）。

21 anaka，〈[新新 158 期] 神祕鐘樓、動線、兒童公園 《充滿禁忌》 ◎人社院〉，楓橋驛站 BBS, 1998 年10月29日（https://www.ptt.cc/man/NTHU-NHCTC/DAB6/D6E1/M.947354518.A.html）。

22 國立清華大學校園景觀導覽：人文社會學院（https://attractions.site.nthu.edu.tw/p/406-1515-187005,r8697.php ）。

23 〈【校園傳說專題】 清大遊樂園 兒童不宜〉，《政大大學報》，2007 年 11 月 20 日。（https://www.peopo.org/news/7849）。

24 〈【校園傳說專題】 清大遊樂園 兒童不宜〉，《政大大學報》，2007 年 11 月 20 日。（https://www.peopo.org/news/7849）。

25 andree，〈Re: [校園] 有沒有清大後山的鬼故事？〉，PTT marvel 板，2007 年 2 月 9 日（https://www.ptt.cc/bbs/marvel/M.1171027991.A.884.html）。

26 陳愛佳，〈請輸入檢索詞「清大人社院」——建議條目「清大人社院鬼故事」〉，《清華大學人文社會學院電子報》第 432 期，2021 年11月23日（https://hss.site.nthu.edu.tw/var/file/74/1074/img/1854/190977115.pdf ）

27 〈興大學生 跳樓自殺〉，《聯合晚報》，1994 年10月27日。

28 〈男子中興大學跳樓 同地點6年死6人〉，《聯合晚報》，2000 年04月20日。

29 benz200（小義），〈綜合大樓慘案！〉，轉引自 tw.bbs.rec.marvel@googlegroups.com，2000 年 2 月 26 日（https://groups.google.com/g/tw.bbs.rec.marvel/c/O1PFPLCTMQc/m/_ZXecjAa-G0J ）。

30 〈3個月3起自殺 興大架護網防跳樓〉，《聯合晚報》，2000 年4月26日。

31 原影片已下架，可見兩年後影片的回顧片段：〈信不信由你！岳庭喊怕！！中部知名大學"地魔作祟"... 恍如磁鐵般引多人"跳樓自殺"... ｜《經典好節目》 神出鬼沒＿精選版（回顧系列）〉（https://youtu.be/sgutiQDpCl8?si=zGLDlSyKA3SdrNhS）。

32 伊藤龍平、謝佳靜著：《現代台湾鬼譚——海を渡った「学校の怪談」》（青弓社，2012）頁22。

33 雲淡風清，〈Re: 中興校園靈異傳說〉，轉引自 tw.bbs.rec.marvel@googlegroups.com，2004 年 6 月 24 日（https://groups.google.com/g/tw.bbs.rec.marvel/c/QnAwFqqcrMM/m/znTKSCjOAF8J ）。

34 小叮噹X小叮噹，〈關於中興大學〉，轉引自 tw.bbs.rec.marvel@googlegroups.com ，2005 年 6 月 7 日（https://groups.google.com/g/tw.bbs.rec.marvel/c/T58LcYGC2JA/m/i6PkKsOOha4J ）。

35 戲　蝶　兒，〈景美女中的傳奇！〉，轉引自 tw.bbs.rec.marvel@googlegroups.com，1996 年 4 月 18 日（https://groups.google.com/g/tw.bbs.rec.marvel/c/AdQTkDPnn3o/m/KV6tX8lUNM0J ）。

36 神祕 GVC，〈about 彰化高中〉，轉引自 tw.bbs.rec.marvel@googlegroups.com，1998 年 6 月 28 日（https://groups.google.com/g/tw.bbs.rec.marvel/c/4vJ_k_aRWzE/m/5LnCP-PtyGMJ ）。

37 池袋西口公園，〈建築排成八卦型的學校〉，轉引自 tw.bbs.rec.marvel@googlegroups.com，2000 年 11 月 12 日（https://groups.google.com/g/tw.bbs.rec.marvel/c/TMV0ybsG5Tk/m/PC4YdD7c_0QJ ）。

38 贖罪一年…，〈有關彰化高中的小小傳說〉，轉引自 tw.bbs.rec.marvel@googlegroups.com，2001 年 8 月 16 日（https://groups.google.com/g/tw.bbs.rec.marvel/c/sKmQFkL5ej8/m/1SXcZIaizNYJ ）。

39 浪漫撒旦.....，〈[公告]誠徵：關於政大綜合院館鬼故事〉，轉引自 tw.bbs.rec.marvel@googlegroups.com，2002 年 12 月 1 日（https://groups.google.com/g/tw.bbs.rec.marvel/c/fn630S4aFb8/m/Jj6_4VFJ-xcJ ）。

40 jacksunexe，〈Re:［校園］政大鬼故事〉，PTT NCCU 板，2011 年 10 月 28 日（https://www.ptt.cc/bbs/NCCU/M.1319733624.A.433.html ）。

41 小媽咪，〈建築排成八卦型的學校〉，轉引自 tw.bbs.rec.marvel@googlegroups.com，2000 年 11 月 11 日（https://groups.google.com/g/tw.bbs.rec.marvel/c/TMV0ybsG5Tk/m/PC4YdD7c_0QJ ）。

42 可以參見：biggi，〈來說鬼故事吧〉，PTT MLSH_6th_313 板，2004 年 8 月 24 日（https://www.ptt.cc/bbs/MLSH_6th_313/M.1093345326.A.3A7.html ），epola，〈Re:［問題］有沒有元智大學有鬼的八卦〉，PTT Gossiping 板，2007 年 3 月 15 日（https://www.ptt.cc/bbs/YZUfinGrad95/M.1174672951.A.FC2.html ）。

校舍之外

除了特別教室、廁所這些內在於校舍的空間外，校舍的戶外也有一些盛傳鬼故事的地點：操場上傳說有靈異軍人、大學校園的湖畔或者橋上有女鬼徘徊，就學生們搭的公車，也傳說存在載送鬼魂的特殊班次。

這類「校舍之外」空間有個特色：它們往往都是學生們「經過」的地方，其鬼故事的情境，則常常是「移動中」。

大學女鬼傳說的地點包括臺大等各大學的湖畔，淡江大學的宮燈大道，以及東海通往宿舍前的小橋，這些都是大學生為了上課或回宿舍穿越校園時，會經過的地方。有些操場鬼故事以「學生路過操場聽到怪聲」為背景。至於公車，本身就是一種「移動」的形式。

戶外不像廁所、宿舍，學生們會基於生理緣故（上廁所或睡眠）前往或長時間停留；也不像教室或教學大樓，是學生們必須待在那裡上課的地方。戶外空間往往只是經過的道路。但在這些必經之途上，可能會遇到一些奇異的存在。

大學女鬼故事的情境，常常是「學生路過某處，被女鬼問時間」。這般故事情境，呈現了道路「可能遇到任何人」的開放性質。很奇妙的，這些大學女鬼的故事高度相似，地點則時常變換，但無論是小橋上、宮燈下、湖畔邊、傳鐘前，故事地點變來變去，總是戶外空間。

操場則呈現另外一個戶外空間的特性，但凡室內的鬼故事，故事裡能容納的鬼總是不多，因為實際上裝不下，也沒有必要——操場鬼故事則提供了軍容壯盛的鬼魂陣容。軍人鬼魂可以在操場上一字排開，操場上也全都裝得下。

「幽靈公車」歸類在校園鬼故事，其實它所屬的空間已在學校之外。由於上下學也是學生的必經之路，因此公車仍是校園生活的一環。幽靈公車主要的故事類型「有一班載送鬼的幽靈公車」，前提也是乘車路上「可能攔到任何一輛公車、前往任何一個地方」的無限可能性。這份可能性同樣是屬於道路與交通的。

整體來說，室外空間的鬼故事較少。可能因為室外空間往往不需要強迫待在那裡，也較少有某些因空間感而產生的傳說（例如宿舍的「封鎖的房間」或是「記得靠上椅子」）這說明了「對於空間的感受」，依然是影響人們靈異感知很重要的一環。但開放空間「可能遇上任何人事」的特性，也持續吸引著人們的好奇想像。

08 — 殉情女鬼

「殉情女鬼」應該是大學裡流傳最廣的傳說類型，臺大醉月湖、淡江宮燈大道、東海女鬼橋、交大、清大……都有女鬼傳說。傳說內容非常一致，都是「女子被拋棄後自盡，徘徊於校園一角」，其中很多還加上「向人詢問時間」的情節。儘管這麼多學校存在女鬼傳說，但很奇妙，這些傳說的流傳地點僅限大學，鮮少及於高中、國中等大學以下的教育階段。這應該和大學女鬼故事中強烈的戀愛主題有關。然而大學女鬼傳說中的戀愛主題，放到今日也顯得有些尷尬，這可能就是為什麼「大學女鬼」故事到今日的傳承已不如以往。

臺大醉月湖女鬼

在眾多女鬼故事中，臺大醉月湖女鬼和東海女鬼橋的文字紀錄都很早。在一九八五年簡媜的散文集《水問》中，就提到了醉月湖女鬼的傳說。被標定為最早的校園鬼故事

集的黃宗斌、韓小蒂《校園有鬼》，第一個故事就是「醉月湖女鬼」，在眾多校園鬼故事中，醉月湖女鬼似乎擁有某種最早也最經典的特殊地位。和其他鬼故事相比，它確實也定型最早，以下這幾個版本都在一九九二年及以前，而這時，多數的校園鬼故事都還沒有文字紀錄：

水問

臺大的醉月湖記載著一個故事，關於一名困情女子投水的傳說。（《水問》，1985）[1]

醉月浮生一瓢盡

晚上九點時，會有一位白衫女子，出現在沒有橋梁可抵達的醉月湖湖心亭。白衫女子出現時，會伴隨著簫聲。原來她是一個喜歡吹簫的文學院女學生，她有一位交往的男友，然而這個男友的家裡爲他安排了另外一樁前途無量的婚事。男友猶豫不決，因此約定一個禮拜之後的九點，在醉月湖畔給她答覆。女生每晚九點都到醉月湖畔吹簫等候，然而當晚男友失約，女生因此投湖自盡。校工爲了紀念她，敲鐘都敲二十一下。（《校園有鬼》，1991）[2]

臺大醉月湖

×大宿舍裡的垃圾筒有鬼

曾經有個女學生因爲男朋友移情別戀，常常跑到醉月湖畔他們以前常去的地方憑弔、流淚，後來卻因在湖畔撞見男朋友和他的新歡卿卿我我，一時心碎腸斷，憤而投湖自殺，一縷芳魂遂含怨而逝。

從那個時候開始，醉月湖便常常在半夜裡出現一個徘徊不去的白衣女子。不過，從來沒有人看清楚她的模樣，她也從不加害於人，長久以來，人鬼倒也並存而相安無事。（《校園鬼話 II》，1992）[3]

不知道「醉月湖女鬼」傳說的出現具體在何時，但考量到醉月湖興建於一九七二年，定名為醉月湖在一九七三年，[4]傳說應出現於一九七三到一九八五年之間。醉月湖女鬼我所見到的最早紀錄，是簡媜著名的散文〈水問〉，不過由於散文的曖昧調性，很難知道簡媜具體聽說的傳說是什麼。從〈水問〉來看，一九八〇年代的醉月湖女鬼故事應與後來紀錄相去無幾，女鬼當初都是赴約（「說你千里迢迢要來赴那人的盟約」）、被情人拋棄而心碎殉情，因此徘徊在醉月湖畔，並向路人詢問問題（「說有人見你午夜低徊於水陸的邊緣，羞怯地向陌生的行人訴說你破碎的心腸」）。

一九九一年《校園有鬼》裡的故事就清晰很多，對於兩人的感情也提供不少細節，包括男友遲疑要不要和女友分手的猶豫理由也很具體：婚約對象家庭提供男友「畢業後贊助他去留學」的優渥條件。在那之前的一九七〇、八〇年代，「來來來，來臺大，去去去，去美國」之說曾經盛極一時，故事中男友的糾結，完美體現了留學的誘惑，以及世人對於臺大生前途的想像。此外，故事中提到，醉月湖女鬼徘徊出沒的涼亭，並沒有橋梁可抵達。傳說往往根據這點來發揮，有一說這橋是被拆掉的，「後來因為有一個情感失意的女學生午夜在湖中涼亭投湖自殺，校方為了避免悲劇重演……就只好就把橋給拆掉了。」[5]但參考校史資料，醉月湖從來就沒有橋。校史館提供的舊照片上，可以看到醉月湖的湖心亭與湖畔本來就無連接，學生們都是划船抵達湖中央的亭子。[6]然而「湖心亭沒有橋」此一臺大學生熟知的弔詭，被傳說所利用，就增添了傳說的可信度。

儘管《校園有鬼》記錄年代較早，但《校園有鬼》的寫法更接近小說（先講述「我」在醉月湖畔看到白衣身影的經過，再透過「我」和三姊的對話，帶出醉月湖女鬼的故事），沒有後來羅問的《校園鬼話II》概括傳說來得簡潔。可能是因為如此，後者《校園鬼話II》的版本流傳非常廣。當時BBS很常抄錄鬼故事書籍的文字，《校園鬼話II》包含提到醉月湖女鬼的整篇文章〈X大宿舍裡的垃圾筒有鬼〉，曾被抄錄到網路上並多次轉發。[7]有時，若有人問起醉月湖女鬼的故事，就會有人貼上這段文字。這時期的醉月湖女鬼並不會和人接觸，甚至「從來沒有人看清楚她的模樣」，是一個相貌模糊、無聲徘徊的形象，還不具有「向路人問時間」的要素。這一「問時間」的元素，可能來自於其他有問時間元素的大學女鬼故事。

傳鐘女鬼

〈X大宿舍裡的垃圾筒有鬼〉還提到一個現在應該已經消失的傳說「傳鐘女鬼」。傳鐘女鬼和醉月湖女鬼極度相像，只是傳鐘女鬼更強調「傳鐘敲鐘」的部分，《校園有鬼》把這點放在醉月湖女鬼的故事裡。或許這兩個傳說，本來就一直分分合合。以下是兩個獨立的「傳鐘女鬼」傳說版本：

×大宿舍裡的垃圾筒有鬼

除了醉月湖之外，×大的精神指標——傅鐘，也曾發生過女學生在鐘下苦候愛人不至，憤而自殺的情事，後來就有了女鬼在傅鐘下鵠候的傳聞。更玄妙的是，只要有人在傅鐘下看見那個傳說中的女鬼，當天晚上十二點，傅鐘就一定會自動敲響二十五響，似乎是在爲那個女鬼哀悼，鐘聲聽起來都有點悲傷的味道。（《校園鬼話II》，1992）[8]

校園鬼故事歡迎大膽求證

臺大還有個傅鐘，也是鬼故事勝地，傳說有一對即將分手的情侶相約晚上十點在傅鐘下把話說清楚，但是女孩子等到了深夜，男孩卻爽約沒來，女孩傷心之餘便在傅鐘下自殺了。據說深夜如果一個人在傅鐘附近遊盪，常常會遇到個詢問時間的女孩。（《聯合報》，1996）[9]

「傅鐘女鬼」或許因為傳說地點為傅鐘，「時間」的要素非常強烈，包括「等人」與「問時間」。這兩則故事，傅鐘女鬼心碎理由都是「約時等人、對方爽約不至」；相對的，醉月湖女鬼由於鄰近約會聖地，心碎理由還有「撞見男友與新歡」的可能。像傅鐘女鬼這般有「約時與失約」的要素，故事就有理由置入「問時間」的元素。

殉情或輕生？

無論是醉月湖女鬼或傅鐘女鬼，為什麼故事中的女鬼總是因情自盡？若這故事放到現在，故事中呈現的感情與生命觀念，恐怕要教人皺眉——在當代，這些故事可能要在最後呼籲別自殺，並附上衛福部安心專線「1925」；或告知學生若有心理問題，可以向大學心輔中心尋求協助。假如真的存在那位投身醉月湖的心碎學姊，她也有一九六四年成立的臺大心輔中心可以去。

但這些一九八〇、一九九〇年代的故事，顯然比起關心女鬼的生命，更關心她們「芳魂含怨而逝」、「香消玉殞」的淒美感。這種美感十分性別化，只有女性的殉情會被視為淒美，因為女性被視為比較重感情、情緒化的性別，男性殉情，恐怕會被認為有違男子氣概。也因此，這些故事裡的鬼都是女鬼——想像一下，要是有一位被拋棄後自盡的男鬼，這故事恐怕一點都不「浪漫」。

一九八五年簡媜的〈水問〉，在傳說的基礎上渲染了這份淒美感，文中評價醉月湖女鬼：「我想，深情即是一椿悲劇，必得以死來句讀。而這種死也是最純潔的。」殉情被稱之為「最純潔的死」，儼然具有某種時代的美感。而醉月湖之所以會流傳與戀愛主題高度相關的故事，與醉月湖作為約會勝地的性質有關。《校園鬼話II》在講到醉月湖女鬼前，先介紹了一番醉月湖：醉月湖風景美麗，夜晚時是許多戀愛中男女學生的幽會勝地，也是失戀男女痛苦的追思之地。而在說完醉月湖女鬼故事後，又加了這麼一段收尾：

「因為女鬼是女學生為情自殺的化身，所以熱戀中的男女來到醉月湖畔，女孩子們總愛用這個故事為例，警告男朋友不可變心，否則她也會如法炮製，變成厲鬼來找他討命。在這種情況之下，醉月湖女鬼遂成為X大校園裡另一種愛情誓言的見證人。」

這一假想情境裡，醉月湖女鬼不只是單純的傳說，還是女友們用以警告男友的話柄——儘管故事中的醉月湖女鬼無害得不敢接近人，女友們揚言要「變成厲鬼索命」好像沒什麼說服力。但至少情境說明了，在一個與戀愛有關的場所中，存在一個戀愛主題的傳說，具有加乘效果。傳說可以作為良好的約會談資，這可能是「醉月湖女鬼」傳說傳播的原因之一。但並非所有故事都延續消費醉月湖女鬼的「淒美」感，以下這個故事，可以作為「反思醉月湖女鬼」的例證，十分有趣：

醉月湖畔哀冤魂

譚正在校園裡撞見了和一名男子擁吻的怡君，當場被怡君提出了分手。失落的譚正走到醉月湖畔，想要一躍而下結束一切，卻遇到一名女子對他說：「你是男孩子，別這麼軟弱行不行？」女子五官清秀一身全白。女子又勸他說：「痴情是很美的事，但爲了痴情而死就很蠢了。」女子說她也是被背叛的可憐人，原來她曾在醉月湖畔和男友約賞月，男友過了兩小時都沒來，她到男友宿舍，卻發現男友正親吻另一名女孩。女子來到湖邊，想不開地走進湖中。譚正發現女子是鬼，卻只爲她感到可憐，對比女

子的遭遇，他決定振作起來、不再消沉。（《學校恐怖夜話》，1996）[10]

〈醉月湖畔哀冤魂〉設想了一個性別翻轉版的殉情故事：一個男生撞見女友與其他男性親密、也一時衝動想投水尋死。醉月湖女鬼規勸他的話語，強調了他的性別（「你是男孩子，別這麼軟弱行不行？」）點出男生要自殺，是「軟弱」——男生自殺違背陽剛氣慨，無法形成單純的「淒美」，這應該就是為什麼「醉月湖女鬼總是女鬼」的原因。

但有趣的是，〈醉月湖畔哀冤魂〉也沒有歌頌女鬼殉情之美，反而讓女鬼自己說出：「痴情是很美的事，但為了痴情而死就很蠢了。」回憶她當時跳湖，是因為沒有人攔她。這篇小說裡，主角與女鬼間存在一種由惺惺相惜而生的曖昧情愫，主角說出自己依然相信愛情，女鬼不禁感歎：「要是當初我遇上的男孩像你這般重情義就好了……」這是對醉月湖女鬼故事的一個回應。在多數醉月湖女鬼傳說中，鮮少有對女鬼的真心哀悼，女鬼的生命輕如鴻毛，故事裡的死亡，只為了能讓後人消費那份悲劇感而存在。甚至連那名拋棄她的負心男人也不重要，因此女鬼並沒有復仇——故事中的負心男原本就只是為了令女子自殺而存在，並不負擔「被索命」的任務。但〈醉月湖畔哀冤魂〉譴責拋棄女鬼的男方無情無義、甚至讓女鬼說自己的自盡行為「很蠢」，至少凸顯出，這位作者在故事層面上更重視女鬼的一條性命、認為她是值得被珍視的。連帶故事中這名「性轉版準醉月湖男鬼主角」的性命也是如此，他甚至因這次自殺未遂的對談有所改變，故事最後總結：「因為那女鬼，他已成長許多。」女鬼故事不只表達淒美感，還成了生命教育教材。

恐怖版醉月湖女鬼

儘管醉月湖女鬼與人的互動，多半是無害的「人鬼相安無事」（不找男友索命真是很奇怪），但也有些版本，提供了醉月湖女鬼作祟的方式：

> **醉月湖**
>
> 多年前，一位女孩爲了她的臺大生男朋友，努力考上了臺大，但卻發現男友早在之前已經與另外一位女孩十分親近……女孩約了男友在醉月湖畔談談，等到半夜男友依然沒出現，女孩心碎跳湖。後來每晚，她都會問岸邊的情侶「現在幾點了？」有些情侶回答了，便被女孩拉到醉月湖中。（BBS, 1997）[11]

〈醉月湖〉終於是一個比較刺激、比較像鬼故事的恐怖版。不知道是不是是嫌多數版本過於普遍級，所以才有了這個鬼作祟版。即便有活水注入，到了我唸大學的年代（約二〇一一到二〇一二）聽臺大朋友淡淡說起醉月湖女鬼傳說，都像一則不值得一提的老哏了。

醉月湖女鬼到現在，是否仍在傳說？答案可能不太樂觀。我在二〇二一年到臺大課堂演講時，全班十五位臺大生，講到醉月湖女鬼，大家居然一臉困惑。不過一提到「二一傳說」，倒是能齊聲回答我「數完傳鐘二十一下會被當」。顯然不是沒有聽說傳說，而是醉月湖女鬼已經逐漸從大學生視野中退去。

這是正常現象，故事本來就是因為符合眾人價值觀而傳開，當一則故事不再符合時代人心，被拋棄也是理所當然。曾經，大學被視為一個和「談戀愛」劃上等號的地方，戀愛被視為人生中非常特殊的事情、足以上達生死層次，願意為戀情殉身的「純粹靈魂」可以被紀念……在那個年代裡，醉月湖女鬼是這份「浪漫」情調的化身。然而這些情感觀念，如今看來都十分懷舊。如果有人要學羅問《校園鬼話 II》中所建議的那樣，以醉月湖女鬼威脅男友「不可變心」……恐怕也不太浪漫，只會略顯尷尬吧。

▨ 東海女鬼橋

東海大學女鬼橋故事的存在，有可能比臺大還早，兩者屬於同一個年代的產物。然而東海的女鬼橋和臺大醉月湖女鬼相反，醉月湖女鬼是先有女鬼生前故事，才加了女鬼作祟方式，讓她變得恐怖——東海女鬼橋則是先有女鬼作祟的描述，後面才浮現她的生前故事。東海女鬼橋可知的最早記述在一九八三年，比醉月湖女鬼更早，這時只有「女鬼向過路男孩問時間」的作祟描寫，一九九二年的羅問《校園鬼話》版本，才加上女鬼「因男友移情別戀、從橋上跳下」的死因。因為二〇二〇年電影《女鬼橋》以東海女鬼橋為本，東海女鬼橋成了說到大學女鬼時，第一個被聯想到的傳說。

東海傳奇

從男生第十七棟宿舍往各學院教室的小徑上，有一座小小的橋，在早先時候，兩旁種滿羊蹄腳和相思樹。每當風雨一來，在夜深人稀的時候，如果有人打此經過，必定會感到心裡起毛，不覺快步通過，就是連高壯的男孩也不例外。……又有東海人說，每當有風的夜裡，要是有人單獨經過斷魂橋，那個女鬼就會以一個美麗的少女姿態出現，向該過路男孩問時間。如果反應快的人，就該隨便說個時間，絕不可以報出眞正時刻，否則就註定喪命斷魂橋。（《東海雙週刊》，1983）[12]

東海大學的無底墳

在東海校友招待所及男生宿舍中間，以前曾經有座古色古香的橋，然而在東海人的眼中，它卻是一座不折不扣的「女鬼橋」，時常有女鬼在橋上出沒。女鬼橋的由來很簡單，據說當年有個東海女生和同校的男學生談戀愛，兩個人常在這座橋上談情說愛，留下了許多美麗的回憶。

後來那個男同學移情別戀，有意和她分手，她一時想不開，便從這座橋上一躍而下，當場頭破血流而死，從此以後，只要有單身男子經過，都可以看見有個女子徘徊在橋上，可是等他們靠近時，那名女子卻會憑空消失。因此東海人便傳說那個女學生死不瞑目，死後化身為女鬼，在橋上等待負心男友來找她，久而久之，那座橋就稱為「女鬼橋」。（《校園鬼話》，1992）[13]

「女鬼橋」是個與橋密不可分的故事，就像醉月湖女鬼離不開醉月湖一樣。而這座橋似乎非常特定，是男生宿舍區外的某座橋。〈東海傳奇〉描述經過橋的幽冷感覺：「每當風雨一來，在夜深人稀的時候，如果有人打此經過，必定會感到心裡起毛。」說明了這座橋所在的環境，是一個「本來就令人害怕」的地方。東海的校園環境十分幽靜，有貫穿校園的小河流，廣大的校園裡多半是的樹木，白天就足以讓人感覺陰涼清淨。到了晚上——「女鬼橋」之所以是男生宿舍前的橋，或許並非偶然。在這樣宛若森林的校園裡，

圖片來源：《東海大學第 21 屆畢業紀念冊》

深夜的無人時分，為了回到宿舍，必須走經一條無可迴避的窄橋，感覺應該很恐怖吧？恐怕也是橋先讓人感覺到害怕，後續出現了「女鬼橋」之說，才這麼快被接受、成為校園傳說。

這座橋到底在哪呢？它曾經存在。關於橋的詳實考據，可參考 Dcard 上署名「東海隊長」（captainth）所發表的〈東海靈異怪譚—女鬼橋傳說—故事介紹和資料破解〉一文。[14] 原 Po 從畢業紀念冊裡找到了東海女鬼橋曾經的樣貌，從照片上看，確實是被植物所包圍的一片景觀。這座小橋可能因為橫越的是非常窄的溪溝，沒有任何扶手。如今被指為女鬼橋的那座橋，則已經不是當初的舊橋。

參考〈東海傳奇〉，在傳說流傳早期，女鬼作祟的方式就非常清晰：她會向報出真正時間的人索命。這版本甚至連迴避作祟的方式（不可報出真正時刻）都提供了。以傳說角度來說，這一設想相當完整，故事恐怖，但這份恐怖又非無限上綱。當一則故事附帶「提醒」，也往往能流傳得更遠。

除了「問時間」以外，東海女鬼橋的女鬼作祟方式還有一個「數樓梯」的說法。這個說法可以見於以下這則笑話版：

女鬼橋

中部某私立某海大學的外文學院和男生宿舍之間，有一座女鬼橋。相傳只要在午夜十二點，過橋後爬階梯時，邊爬邊數階梯，數到某特定數字「猛」一回頭，就會看見一位長髮白衣的女鬼。

某天中午十二點，一位新生在經過女鬼橋後數階梯，數到那個特定數字，猛一回頭，赫然發現光天化日之下也出現一位女鬼。這位學生鼓起勇氣，問對方：「現在並不是午夜十二點，妳爲何會出現？」女鬼回答：「你說的那位女鬼是念夜間部的，我是唸日間部的～」（BBS, 1995）[15]

女鬼橋有「數到某個數字後會看到鬼」的說法，這是電影《女鬼橋》所採用的傳說版本。但這個傳說演變出了笑話版，笑話版還因為「日間部」跟「夜間部」的笑點而變得十分強勢，一度相當流行。後續有些版本，會把故事中不完整的「某個特定數字」改得更完整，說是「十二階會變成十三階」。[16] 這傳說看來是「有趣到想人讓完善它」。連成功大學也有流傳相同故事：

成大鬼話

成大裡有一座橋，一名女學生因感情問題在那裡自殺，死後常常對路過男生叫「學弟」。一天快上課時，一個男生回宿舍拿書，又聽到女鬼叫「學弟」，男生不禁問對方怎麼會出現，女鬼回說：「晚上出來的是乙部（夜間部），我是甲部（日間部）的啊。」（BBS, 1998）[17]

成大版和東海版可說一模一樣，顯示不同學校間的傳說可以簡單地複製流傳。這一版本提到的「數階梯」加「十三階」兩點，應是承襲自日本學校怪談：「放學後回到學校拿東西的學生，數著樓梯時，發現樓梯多出了一階。」這應該是因為女鬼橋附近有階梯，才附會了階梯傳說。

女鬼橋傳說的變體很多。一篇一九九六年的文章提到，女孩自殺的原因是私奔時男友失約，回答她問時間的要點，是「不要讓她意識到超過十二點（那是兩人相約的時間）」。但就算回答了超過十二點的時間，女鬼也不會索命，只會大叫一聲從橋上跳下。[18]另一篇一九九七年的 BBS 文章，則說女鬼的特徵是「沒有腳踝」，因爲她被前男友從橋上推下去，腳被鐵製的橋所削斷。[19]二〇〇〇年代還出現一篇情節豐富的創作：一名女孩因為男友正華頻繁和朋友小麗出去，以為男友移情別戀而從橋上傷心跳下。但這可能是誤會一場，正華或許是和小麗去買給女孩的戒指。[20]這些各具特色的版本顯示，到二〇〇〇年代，「東海女鬼橋」還是個能令人想改編、重寫的，具有渲染力的故事。

根據〈東海靈異怪譚〉所說，「東海女鬼橋」是當時的東海學生、如今的系上教授想出來嚇唬學弟妹的鬼故事。假使在不討論真假的情況下，把東海女鬼橋的由來的兩個可能性「真實故事」和「學長姊創作」放在同一個天秤上，現在的學生會選哪一個？——恐怕會選「真實故事」的人，已經沒有那麼多了吧。至少一定沒有一九八〇、九〇年代時多。

就像醉月湖女鬼都要死於醉月湖，女鬼橋女鬼也都死於女鬼橋——但小橋橫跨的山溝，只是淺淺一道。溝槽內據說已經乾涸無水，雖然女鬼註定要死在橋下，但橋基本不可能死人——早有東海學生吐槽過：「到東海來看就知道，從那種橋上跳下會死翹翹也是滿奇特的啦。」[21]故事中能存在「橋會死人」的要素，說明了流傳這故事的人當中，非東海學生應該佔了很大一部分。考量到在眾多問時間女鬼中，東海最早，很可能就是那些聽說了東海傳說的大學生們，把女鬼故事中的「問時間」要素搬移到了其他大學，最後形成了如今「所有大學女鬼都要問時間」的奇妙共通現象。

「現在幾點？」的特殊感覺

「問時間」的要素會迅速的複製到其他大學女鬼傳說裡，也十分具有時代性。那與當時有限的科技條件息息相關。現在，每個人都有手機可以隨時看時間，但一九九〇年代的人們可不是如此。有些地方有時鐘，有人會戴手錶，但不是每個人都會戴，「現在幾點」成了一個重要、卻不是所有人都能隨時掌握的資訊。在課堂時間固定教室卻分散，需要學生在課間進行移動的大學校園裡，確實會有人需要了解現在時間，因此在路上抓著別人問：「現在幾點了？」

女鬼傳說中問時間要素要「真實」，需要建立在這個真的有人會問「現在幾點？」的前提下——如今還有這前提嗎？我不敢保證。要是有人無法掌握當下時間，代表他忘了帶手機——「忘記帶手機」比「現在幾點」嚴重太多了，時間相較之下都不重要了。假使要對現在的大學生講述一個「問時間」的女鬼故事，恐怕還要先說明「需要問時間」的古早科技感，那自然會使得這故事有些接受困難。

「東海女鬼橋」如今的詮釋如何？電影《女鬼橋》當中，改寫了女鬼傳說：電影把自殺說是「誤傳」，另編出一個「真實版」：女孩十二點仍等不到男友和她私奔，這時被拖進樹林裡遭到五人輪暴，後來還被溺死。這種改寫彷彿是對原版傳說的一種回應——「自殺」配不上淒厲女鬼的死因，「輪暴」才配得上，自殺已經不夠看了。

淡江宮燈姊姊

淡江的宮燈姊姊傳說也是九〇年代初即存在的女鬼傳說，目前可知的最早記錄為一九九二年的羅問《校園鬼話》。在那之前黃宗斌、韓小蒂的《校園有鬼》（一九九一）雖然有提到淡江的戀愛故事，但講的是「教官愛上女學生殉情跳樓」的故事，並非宮燈女鬼。羅問《校園鬼話》的宮燈女鬼故事相當詳細，比他寫的「醉月湖女鬼」和「東海女鬼橋」篇幅情節都要更豐富。

> **淡江大學無人腳排排站**
>
> 據說第三根宮燈每到晚上十二點，便會有一道白影在宮燈下徘徊，只要有人靠近，便會颼的一聲消逝不見。這道白影就是淡江大學裡最有名的女鬼，那女鬼本也是淡大

的學生，求學期間和一名男同學陷入熱戀，經常約在教室前的第三根宮燈下碰面。

後來他們兩人想要結婚，卻遭到雙方家長強烈的反對，認爲他們兩個人年紀太小，還不適合建立家庭，應該好好把心思擺在功課上。但是被愛情沖昏頭的小倆口決定私奔，相約在半夜十二點，於第三根宮燈碰面，最後一次在校園裡享受他們學生式的愛情。那女孩帶著滿懷的愛在第三根宮燈下駐足等候，然而那個男孩始終沒有出現。

苦等了一個晚上的女孩，認爲是對方屈服於家庭的壓力，不敢和她遠走高飛，於是在羞憤與悲哀的心情之下，衝動地結束了自己花樣年華的生命。

女生自殺身亡之後，那根宮燈下便常常有人在半夜裡看見一個白衣女子駐足徘徊，甚至還會有幽幽的哭泣聲，不過等他們挨近時，宮燈下卻什麼東西都沒有。宮燈下的女鬼在口耳相傳下，成爲一則淒美的故事。（《校園鬼話》，1992）[22]

Re: 誰知道淡大宮燈道的傳說？

傳說在半夜十二點左右，如果男孩獨自走在宮燈道上，將會在第三支宮燈底下聽到女孩的聲音，詢問現在幾點鐘，但看不到說話的那個女子。原來，這裡會發生一則愛情悲劇，一對男女的愛情遭到家人反對，他們約好在某天夜裡，在第三支宮燈碰面，男孩卻沒有出現，女孩失望悲傷之際，氣絕於宮燈下。女孩的一縷芳魂依然在宮燈下痴痴等候，向路過的獨行男孩詢問時間。後來，大家都把那女孩叫宮燈姊姊。（BBS, 1994）[23]

淡江宮燈姊姊的梗概和臺大醉月湖女鬼極其相似，同樣都是女子久候男友不至失落自盡。甚至連這兩個故事中的周邊元素，都是如此相像：醉月湖是臺大的情侶約會勝地，自然具有某種「浪漫」情調；而淡江具特色的宮燈大道，也被評價為優美浪漫，羅問《校園鬼話》在講述宮燈姊姊故事前，還有一番前言介紹淡江大學：「……單單是看這些美麗的路燈，自然就會不自覺地撩起一些浪漫的氣氛，但在聽了下列的故事之後，那就沒有這麼羅曼蒂克了。」儘管說宮燈女鬼「並沒有那麼羅曼蒂克」，實際上女鬼故事只是陰暗了一些，仍是一則與景色相符的浪漫故事。

羅問《校園鬼話》說這故事：「不少淡江大學的女學生，常會故意把她們的男朋友帶到第三根宮燈下，悠悠地講述這個故事，至於她們的用意呢？那就讓她們的男朋友去猜了。」這也是和〈X大宿舍裡的垃圾筒有鬼〉講到醉月湖女鬼時一樣，都把這些女鬼故事開玩笑地說成是用情甚深的女友們的談資。

但宮燈姊姊畢竟不是醉月湖女鬼，醉月湖女鬼的主題是「男友另結新歡」，宮燈姊姊的男方則被描述為單純的私奔失約。但無論如何，在這些粗糙的故事裡，感情背叛或失約都是同樣的意思，都足以造成女方憤而自盡。《校園鬼話》甚至更為隨便，對於男方為什麼沒有來赴約，只說：「這個問題一直找不到答案，因為那個男生從此就沒有出現在淡江大學裡。」〈Re: 誰知道淡大宮燈道的傳說？〉也沒有說明，大抵上只能推測，男方沒有私奔的勇氣。和醉月湖女鬼的劈腿男友相比，宮燈姊姊的男友只是勇氣不足，還不算糟糕，但故事裡兩名悲情女子依然難逃自殺命運。

宮燈姊姊不像醉月湖女鬼有渾然天成的自殺方式，可以理所當然地在傳說地點投湖自盡。東海女鬼橋的溝槽要死人雖然相當勉強，但至少還可以有「從橋上跳下」一說。這兩個地點都自帶死法，宮燈大道就沒有這般天時地利，因此故事裡提到死亡過程時多半有點怪，一說「結束了自己的生命」，沒說死法；另一說「氣絕於第三支宮燈下」，看來是一種意志力生理自殺法。兩種故事都死得讓人出戲，這是在沒有湖或橋的情況下，又要逼迫女鬼「死在傳說現場」（以便連結該地點）的困窘。

為何不傳訊息？

「宮燈姊姊」有一個會令現在大學生無法理解的要素：「久候不至」。故事中男方沒來赴約，女方只是單方面地等，接著再單方面地認為他「不敢跟自己私奔」，中間完全沒有任何和男方確認心意的方式，就潦草地結束了自己的性命。

這是僅限於前手機年代的故事，角色可以在如此資訊不流通的情況下作出決定。要是換成現在的科技感，一定要加上「這幾小時間男友都沒回訊息」或者「沒接電話」的描述，這才能說服聽眾／讀者。

再說，故事中的「私奔」要素也已經太有時代感。姑且不論故事中家長強烈反對兩人結婚十分正常（大學生年紀太小、不適合建立家庭、應該專心課業），在這個登記婚的時代，婚姻成了兩個人去一趟戶政事務所可以解決的事，已經不像過去那般必然需要雙方家庭的全力支持，「私奔」的概念也相較之下變得淡薄。

到了現在，淡江宮燈姊姊也被描述為一則「聽到爛」的傳說，也有人說它是某位教授編出來的故事。從這些反應看來，宮燈女鬼已經失去了它的真實力量，難以使人感受這則傳說的某種靈異淒美氛圍。或許總有一天，臺大醉月湖女鬼、東海女鬼橋、淡江宮燈姊姊都會徹底從校園裡絕跡。但從這些傳說曾這麼迅速彼此影響的痕跡來看，它們曾經擁有某種力量，使大學生們願意講述這些女鬼傳說，讓它成了各校共通的口傳故事。

交大與其他學校

儘管和臺大、東海、淡江相比，交大女鬼的名氣並不大，但交大也曾經流傳女鬼傳說。清大也有相似的女鬼傳說，不知是否來自就在隔壁的交大。

鐘樓的由來

這是好幾年前發生在竹湖邊的故事。一個女孩子和男生約好，晚上十一點在竹湖邊的第十二棵柳樹下見面，等了半小時，男生依然沒有來，她「撲通」一聲跳入湖中。幾個月後，男孩子在十一點經過竹湖，就會出現一位問時間的長髮女孩，如果回答十一點，就會被她拖入湖中，有幾名學生因此無故失蹤。某天一個學生因爲手錶慢，回答時間「還不到十一點」，女孩就消失了。後來校方建了一個鐘，讓她自己看時間，她就不再出現了。(BBS, 1994)[24]

第一章　帆船社事件

多年前，一對戀人八點相約在竹湖畔，她久等不到他後，揚帆滑向湖心，便沒再出現。校方打撈不到，抽乾湖水才發現了她的屍體，她的屍首纏繞在水草中。以後要是遇到一位女孩問時間，最好回答她「現在是晚上八點」，不然……(BBS, 1995)[25]

從這兩則故事看來，交大的女鬼也同樣會問時間。〈鐘樓的由來〉把女鬼連結到鐘樓，和其他女鬼傳說一樣，妥善利用了校園裡的景觀。〈第一章帆船社事件〉則是出現「把水抽乾後才發現屍體沉在湖底」的情節。這一情節也出現在交大著名的「帆船社鬼故事」當中（參見第四章〈詭異的室友〉），看來交大故事似乎偏好描述「抽乾竹湖水、發現屍體」的情況。

不少女鬼故事提到，女鬼會專挑男生問話。女鬼和活人男性之間的連結，有種微妙的艷情感。女鬼不只負擔淒美情調，還負擔艷情想像，讓青春的大學男生能有某種「會有年輕女性找自己搭話」的想像趣味。

大學女鬼似乎遍地開花，連中央大學也有一說：

中央的鬼故事，粉恐怖呦

中大有個鬼故事，一對情侶受到家裡的強烈反對，決定在中大湖裡一同殉情。那晚兩人划著船到湖心，躍入湖中。男孩活了下來，女孩則沒有。午夜在中大湖畔，若有一個女孩問你現在時間，千萬不要告訴她。或者，你願意與她爲伴。(BBS, 1999)[26]

但中央大學版相信的人並不多，不少人在留言吐槽中大湖淹不死人，這可能只是創作，並沒有實際流傳。但有一個「男女殉情而後男方活下來」的版本，也是相當有趣，假使真有中央女鬼，中央女鬼應該是最能向其他女鬼炫耀男友的，畢竟她男友沒有背叛、沒有失約，甚至與她一同殉情，只是受命運眷顧巧合地活了下來。

中興大學中興湖

問時間傳說似乎常跟學校裡的湖綁定。中興大學中興湖也有一個「問時間」傳說，不過這回不是女鬼，而是男生的鬼魂。這名男鬼的死因與感情問題無關，而是溺死：

中興大學的鬼故事

中興大學有一個傳統，畢業典禮開始前，畢業生都會去遊校園，其中兩名學生決定游向中興湖的小島，但一名畢業生不知因體力不支還是被水草勾住，溺死在湖中。

之後有些情侶晚上在那裡約會時，都會遇到一個身穿大學服、腳濕濕的男生，很慌張問：「現在幾點了？」回答他之後，他就會大叫「來不及了」慢慢消失不見。（BBS, 2000）[27]

中興湖的鬼故事出現得略晚，這是二〇〇〇年的流傳紀錄。這故事的設想相當完整，就連男鬼的形象也很具體，是「身穿大學服」的男生，故事最後提到男鬼問時間後大叫「來不及」，應該是與要參加畢業典禮有關。二〇〇四年 PTT 上 Aries 的〈【中興見聞】（三）湖畔的幽靈〉一文，在故事基礎上添加了更多細節：包括將死因定調為「因為湖底的爛泥跟水草纏住了他的腳」，最後也解釋鬼魂這句「快來不及了」的意思：「因為死去的學長要趕去參加畢業典禮。」[28]

這故事跟「湖中女鬼問時間」相像的地方十分有趣，幾乎可以說「徘徊在湖邊」、「溺死」、「問時間」的元素全部保留了下來，但故事內容卻大幅抽換，女鬼變做男鬼，女鬼的「因被拋棄而投水」，變成男鬼的「游泳時不小心溺死」。不過中興湖中央的島嶼「蘭州島」看來距離湖岸不遠，要說從湖岸游過去還「體力不支」，似乎有點不太現實。可能是因為這樣，後來的版本才改成「被爛泥跟水草纏住腳」。大學女鬼故事有的「問時間」因素同樣保留，但鬼魂需要知道時間的理由，改成了同樣需要準時參加的「畢業典禮」。這樣一來，男鬼不用和伴侶約會，也依然有問時間的理由。儘管「中興湖男鬼」改頭換面，變得像是一個新的故事，但它依然可以視作大學女鬼抽換元素的改版。

從中興湖男鬼故事可以看到湖畔鬼魂故事系統的特性。若說是女鬼，很可能的就會「想當然耳」地聯想到與感情有關的死因。認為女性必然與愛情有關，這是對於女性的刻板印象。男鬼的死法就比較多元，反而「軟弱」的因情自殺不被視為好死法，但「和朋友一起游泳意外溺死」，則很符合大學男生給人的年輕、衝動等印象。

具備溺水可能性的湖泊，依然是個傳說的好地點。很多大學傳說中的鬼，都徘徊在湖畔：臺大醉月湖、交大竹湖、中央中大湖、中興湖、以及香港的荷花池……儘管東海女鬼橋和淡江宮燈道也有女鬼傳說，但這些鬼魂傳說最容易附著的，似乎仍是「湖」。湖在故事中一方面作為約會地點，一方面作為主角的死亡場所，負擔足夠的敘事功能。或許，只要一所大學有湖，就可以輕易地移植「湖畔鬼魂」故事。

香港大學女鬼

大學女鬼故事不只限於臺灣——連香港也有。一九九六年的香港電影《怪談協會》裡，就有出現「荷花池女鬼」，推測可能是香港大學的荷花池，但電影故事創作性高，「荷花池女鬼」部分有大幅改編，我們很難憑藉電影了解原始故事，只能得知香港大學「有女鬼」。二〇〇〇年，BBS上可看到香港中文大學未圓湖的女鬼故事：女子因男友失約跳湖，此後十二點都會徘徊在湖上問人時間。[29]以下這版本，則為香港中文大學的學生於二〇〇四年所記述：

中大鬼故事

荷花池——這是一個差不多失傳的鬼故，與港大的荷花池故事雷同。話說，中大有一對情侶，相約晚上十二時正，在崇基的荷花池相會。女的很準時，等著男的到來。但等了很久，男的仍沒出現。女的正想回宿舍時，忽然見到男的與另一名女同學一起。她很傷心，大哭一場，最後投池自殺。事隔一段時間，另一對情侶又約定夜深在荷花池見面。男的很早便到了，踱步等著。一名女子突然從後問一聲：「請問現在到了十二時未？」據說，男的答「到了」，即被該名女子拉著，拖入池裏。男的被浸死了。自此以後，崇基就有一個不成文的規定，凡午夜在荷花池旁遇到女子問時間，就不要答她，連錶也不要給她看，否則性命難保。（《中大四十年》，2004）[30]

這一則中大荷花池故事看起來如此熟悉，即便它流傳於香港，卻和臺灣的眾多大學女鬼故事極其相像，一樣的情侶相約，一樣的男友失約、移情別戀，一樣的女子自盡。就連問時間的作祟方式，以及「不可回答時間」的避免方法，都一模一樣。

到底香港的大學女鬼，和臺灣的大學女鬼之間到底誰先誰後——誰抄誰？二〇〇〇年中大女鬼故事已經存在，但也可能有更早的流傳紀錄。無論如何，我們可以知道，這代表不只臺灣各大學間共享同一個傳說社群，就連香港的大學，都跟臺灣的大學共享相似的傳說社群。那個社群，可能是網路。

在沒有網路的時代，各個大學間的資訊要交流無法如此迅速，但在一九九〇年代網路出現後，一切都不一樣了。網路能建立起跨越學校的傳播管道，迅速連結原本獨立的不同大學社群。原本一則校園傳說，在同一所學校裡，可能透過學生活動聚會、宿舍生活等實體空間傳播，但在網路世代，一段文字紀錄的傳說，可以快速地被轉信到各處 BBS 站、短時間內曝光給許多人看到。

大學女鬼傳說出現的時間很早，早於 BBS。在那之前，傳說是如何在不同學校間傳播的呢？大學生間有許多跨校交流的機會，如聯誼、系際盃等活動。人群聚集時會需要話題，傳說應該會是個好話題。這些大學女鬼往往與學校獨特的空間綁定，這給這些傳說帶來流傳優勢：在學校內，學長姊們可以在慣例的介紹校園時，將與地點相關的傳說介紹給學弟妹；對校外，傳說可以當成是「本校特色名產」推廣出去。如果有外校同學問起：「你們學校有什麼鬼故事？」作為鬼故事產地的學生們，應該會迅速地交出傳說。

大學女鬼傳說的演變，橫跨了線下與線上的時代。一九九二年第一個大學 BBS「中山大學美麗之島站」創站，不少大學 BBS 站也在這之後成立。醉月湖女鬼、女鬼橋的傳說早於 BBS，但淡江女鬼等其他女鬼傳說，流傳應該就跟 BBS 有很大關係。BBS 是大學生很常使用的論壇，這些大學生恰巧是最接近大學校園傳說的一群人，同時也是資訊能力良好、能迅速接收與傳播故事的一群人。

回到開頭所提到的現象，為什麼大學女鬼，總是徘徊在大學？

答案不在大學女鬼身上，而在流傳傳說的大學生身上。因為大學女鬼是大學生會講述的傳說類型，而大學生彼此間又是如此資訊靈通（但靈通對象主要也是大學生）——大學生的話題社群決定了「大學女鬼」的作祟範圍：既然只有大學生聽說，那殉情女鬼們就註定只能在大學裡作祟了。透過大學生們建立的連結，女鬼們可以輕鬆地在學校間移動、轉學。

1 簡媜，《水問》（洪範，1985）。

2 黃宗斌、韓小蒂，《校園有鬼》（知青頻道，1991）頁 19-20。

3 羅問，《校園鬼話 II》（希代，1992）。

4 蘇元良，〈臺大醉月湖名考〉，《臺大校友雙月刊》63 期（2009 年 5 月）

5 馬德烈：〈校園鬼故事歡迎大膽求證〉，《聯合報》，1996 年 8 月 17 日。

6 張安明，〈醉月湖的橋〉，臺大校史漫談部落格，2006 年 5 月（http://ntuhisgal.blogspot.com/2018/07/blog-post_88.html）。

7 目前可看到最早的轉載時間點是一九九四年（https://www.ptt.cc/man/NTHU-NHCTC/DAB6/D50C/M.947217322.A.html），但直到二〇〇〇年代，仍有不少複製轉發，可見：https://www.ptt.cc/man/NTU-dolphin/DA2C/DF2C/D7A7/D7BA/M.1068218307.A.016.html、http://www.gamez.com.tw/thread-14912-1-1.html。

8 羅問，《校園鬼話 II》（希代，1992）。

9 馬德烈，〈校園鬼故事歡迎大膽求證〉，《聯合報》，1996 年 8 月 17 日。

10 王章，《學校恐怖夜話》（精美，1996）頁 72-85。

11 地，〈醉月湖〉，轉引自 tw.bbs.rec.marvel@googlegroups.com，1997 年 8 月 24 日（https://groups.google.com/g/tw.bbs.rec.marvel/c/0K3Hz00TQPs/m/PEfe3PcThg0J ）。

12 收錄於 1995 年出版之《東海四十年特刊東海風》頁 154。

13 羅問，《校園鬼話》（希代，1992）頁 101。

14 東海隊長，〈東海靈異怪譚 - 女鬼橋傳說 - 故事介紹和資料破解（新更）〉，Dcard，2020 年 3 月 15 日（https://www.dcard.tw/f/marvel/p/233264989 ）。

15 自由自在，〈女鬼橋〉，轉引自 tw.bbs.rec.marvel@googlegroups.com，1995 年 11 月 10 日（https://groups.google.com/g/tw.bbs.rec.marvel/c/eDeySb69w7c/m/Szcd0LfPmowJ ）。

16 愛打籃球的女孩，〈好～那個唷〉，轉引自 tw.bbs.rec.marvel@googlegroups.com，1997 年 5 月 3 日（https://groups.google.com/g/tw.bbs.rec.marvel/c/jsLpYTlbrYw/m/s4-K_LFDnKgJ ）。

17 偶素男生，〈成大鬼話〉，轉引自 tw.bbs.rec.marvel@googlegroups.com，1998 年 10 月 8 日（https://groups.google.com/g/tw.bbs.rec.marvel/c/yPc5FvO9dC8/m/GyYFmhrN2V8J ）。

18 無線仔，〈東大吊橋〉，轉引自 tw.bbs.rec.marvel@googlegroups.com，1996 年 12 月 15 日（https://groups.google.com/g/tw.bbs.rec.marvel/c/gXnjSTiFpJk/m/yu--7ktFab0J ）。

19 愛打籃球的女孩，〈好～那個唷〉，轉引自 tw.bbs.rec.marvel@googlegroups.com，1997 年 5 月 3 日（https://groups.google.com/g/tw.bbs.rec.marvel/c/jsLpYTlbrYw/m/s4-K_LFDnKgJ ）。

20 abadboy，〈東海女鬼橋〉，原載於靜宜 BBS, 轉貼至網誌（https://blog.udn.com/sinkei/822364）。

21 小雨，〈東海女鬼橋〉，轉引自 tw.bbs.rec.marvel@googlegroups.com ，1999 年 5 月 30 日（https://groups.google.com/g/tw.bbs.rec.marvel/c/kox0cxGWJJc/m/y3YLsADDYkEJ ）。

22 羅問，《校園鬼話》（希代，1992）頁 188-191。

23 heboy，〈Re: 誰知道淡大宮燈道的傳說?〉，臺大電算中心 BBS ，1994 年 8 月 2 日（https://www.ptt.cc/man/NTHU-NHCTC/DAB6/D50C/M.947217369.A.html ）。

24 〈鐘樓的由來〉，交大資工鳳凰城資訊站，1994 年 4 月 21 日，見轉載：https://groups.google.com/g/tw.bbs.rec.marvel/c/TX63xx0TP3Q/m/rpqRSQMfbjEJ 。

25 AIDE 資訊站，1995 年 5 月 19 日，見轉載：https://groups.google.com/g/tw.bbs.rec.marvel/c/TX63xx0TP3Q/m/rpqRSQMfbjEJ 。

26 變身豬頭，〈中央的鬼故事…粉恐怖呦〉，轉引自 tw.bbs.rec.marvel@googlegroups.com，1999 年 4 月 11 日（https://groups.google.com/g/tw.bbs.rec.marvel/c/FxqGzIK7hpQ/m/4-HCErt-bXsJ ）。

27 物換星移，〈中興大學的鬼故事〉，轉引自 tw.bbs.rec.marvel@googlegroups.com，2000 年 1 月 10 日（https://groups.google.com/g/tw.bbs.rec.marvel/c/s7dhTn5MxRQ/m/Yvn0L1mQHFoJ ）。

28 AriesH，PTT marvel 板，〈【中興見聞】（三）湖畔的幽靈〉，2004 年 6 月 19 日（https://www.ptt.cc/man/marvel/DFB6/D155/DA7A/DAF2/D616/D632/M.1359707037.A.ABB.html ）。

29 哉絲，〈中大鬼故事〉，轉引自 tw.bbs.rec.marvel@googlegroups.com，2000 年 6 月 1 日（https://groups.google.com/g/tw.bbs.rec.marvel/c/GiHwkdxe_NE/m/sLy70Uo1f2UJ ）。

30 鬼王，〈中大鬼故〉，《中大四十年》，2004（https://cusp.hk/?p=1287 ）。

09 操場上的靈異軍人

許多校園鬼故事，都會說學校「以前是墳場」或「以前是刑場」。這些陳述多半沒有對應特定的靈異模式，無論靈異的類型是什麼，只要有鬼，就能對應到「墳場」或「刑場」的想像。（可以參見《臺灣都市傳說百科》的〈37學校從前是刑場或亂葬崗〉一篇。）在這篇裡討論的，是與「學校從前是刑場／墳場」有點相像的校園鬼故事：傳說，操場上會傳來操兵聲，還會有人看到日軍出操的幻影。有些故事會說，因為學校以前是日本人的練兵場或刑場。

這類故事的核心為「靈異軍人正在操練」的形象，地點主要是操場，有些故事可能改成宿舍；軍人的種類主要是日軍，但偶爾也有並非日軍的中華民國軍；行為主要以操練或行軍為主，是最典型的軍人行為。無論細節怎麼變異，這類故事核心都是「靈異軍人」，鬼魂的軍人形象非常重要，故事往往強調鬼魂「身著軍服」。

操兵的靈異軍人

這類「靈異軍人」傳說，應該在一九八〇年代就已經存在。一九八一年姚鳳磐的恐怖電影《鬼屋禁地》中，有一棟鬧鬼的大宅，主角遇到的其中一個靈異現象，就是「晚上聽到日軍行軍前進的聲音」，這種想像當時已經成形；一九九一年陳為民的《軍中鬼話》系列裡，出現了不少「軍營中看到靈異軍人」的故事，顯然「軍人鬼」的要素在軍中鬼話類型也十分重要；隔年一九九二年，在校園鬼故事類型中相當具有影響力的羅問《校園鬼話》一書，裡面相當多則故事提到「學校有軍人鬼影」。作者前言裡自稱做過一些調查採訪，這應該表示「學校有軍人鬼影」的想像相當普遍。以下四則故事都收錄於羅問的《校園鬼話》：

基隆高中的斷頭鬼

某個下雨天，一位同學經過操場，突然聽見操場傳來一陣嘈雜的腳步聲，似乎是有人在上軍訓課的操練聲，然而放眼望去，操場上卻連個鬼影也沒有。嚇得這位同學拔腿就跑。

馬公國中的恐怖鋼琴聲

據說馬公國中通往操場的階梯，在日據時代是日軍墳墓。因此操場常常會有人聽見操兵的前進聲、跑步聲等，還有模糊的日語參雜其中。

台南二中的池畔歌聲

台南二中晚自習時，包正剛躲到草叢裡抽菸，聽到游泳池裡傳出唱軍歌以及答數的聲音：「我有一支槍，扛在肩膀上……」還以爲是有人半夜在游泳池裡上軍訓課，或教官又在操人。但包正剛的朋友卻沒有聽到軍歌聲。包正剛攀到游泳池牆頭，看到游泳池池面泛起一層藍霧，隱約出現幾道人影，正在練唱軍歌與答數。

海洋學院國軍站崗

李瑞看到操場兩端站了兩名衛兵，同學卻沒看到。李瑞走近，看到看見衛兵穿得不太像現代軍人的服裝，而是土黃色制服、打綁腿，端著笨重的槍，看起來像電影上二次世界大戰士兵的模樣。衛兵身影朦朧，在李瑞走到他身邊之前，衛兵便消失了。李瑞回家發起高燒，夢中看到自己穿著軍服、手持帶刺刀的槍殺得血流成河。後來李瑞白天時，還會看到那兩個衛兵戍守，操場有許多軍人在操練。

這四個故事裡的靈異分成兩種類型：聽得到的，以及看得到的。〈基隆高中的斷頭鬼〉、〈馬公國中的恐怖鋼琴聲〉只聽得到軍人亡魂的聲音，看不到軍人的模樣；〈台南二中的池畔歌聲〉和〈海洋學院國軍站崗〉則可以看得到軍人亡魂的形影。「靈異軍人」

故事的軍隊多半是日軍，但《校園鬼話》則有不同國籍類型：〈基隆高中的斷頭鬼〉只說「操練聲」，沒有提到是國軍或日軍；〈馬公國中的恐怖鋼琴聲〉有提到「模糊的日語參雜其中」，屬於日軍；〈台南二中的池畔歌聲〉則更稀少，唱的是「我有一支槍，扛在肩膀上……」的中文軍歌，顯然是中華民國軍。〈海洋學院國軍站崗〉說是「二次大戰士兵的模樣」，「土黃色制服」的是常見的日軍軍服描述，但標題卻說是「國軍」。

地點上，這四則故事中有三則的背景是操場，只有〈台南二中的池畔歌聲〉比較特別，場地為游泳池。游泳池恰巧擁有和操場接近的特質——兩邊都是寬闊的開放場地。故事中游泳池面浮現的霧，化作隱約軍人鬼影，那是在一片足夠化作想像操練場的平坦水面上。不只這三則，多數的「靈異日軍」故事背景都是操場空間。為什麼總是操場？

操場，前有司令台，這是臺灣校園很常見到的景觀。但所有學生在操場中集合，聽司令台上的長官訓話，稍息、立正，對國旗敬禮，唱國歌——這些行為，其實與軍隊無異。操場本來就是學校裡的軍事化空間，代表著軍隊意識形態進入校園的痕跡。因此想像著在學校模擬軍隊的操場中，出現真的軍隊——這樣的故事，似乎非常合理。

在這幾個故事中，學生聽到軍隊的聲音，常常會誤以為是「有人在上軍訓課」，或是「教官又在操人」，如〈基隆高中的斷頭鬼〉、〈台南二中的池畔歌聲〉兩篇所提。軍訓課的內容包括練習稍息、立正，以及練唱軍歌（我高中時有軍歌比賽，軍訓課就是練習時間），完全是軍隊訓練的一環。授課教師為教官，同樣是學校裡「軍事進入校園」的證明。因此鬼故事中的角色聽到靈異軍人操練的聲音，會當成是「軍訓課」，或是「教官在操人」，都是合理的推測。但之所以能有這樣的「合理推測」，背後的原因，是學校本來就已經非常軍事化。

如今軍訓課如今已改成國防通識，未來教官也將逐漸退出校園，這些威權、軍事痕跡或將逐漸變淡，但在這些故事流傳的一九八〇年代，學校中的軍事氣息還是比現在濃厚許多。

「靈異軍人」的流傳範圍主要為國小到高中階段，以及部分技術學校，應與「靈異日軍」主要空間為「操場」有關。高中以下校園，操場所佔空間比例很高。我讀過的幾所學校，校舍都是環繞操場而建，幾乎從每棟大樓都可以看到中央顯眼的操場。操場也是學生生活中必然經歷的一環，每週都會有集合學生的朝會……這些，都加強操場空間在學生心中的存在感。

但在大學裡開放的校園環境中，操場（準確來說是田徑場）僅僅是學校裡的一塊空間，學生可能選修相應的體育課，才會有機會到操場。大學也不會有那種高中以下要求學生「全員到操場集合」的情況——因此就算是有日軍傳說的海洋大學、成功大學兩校，故事空間也不是操場，而是宿舍。

除了像《校園鬼話》這類書籍以外，在 BBS 上也可以看到不少「靈異軍人」的討論，時間也在一九九〇年代，說明當時校園裡確實廣泛地流傳著這類傳聞。

西樓

西樓是校園內唯一的日據時代建築。傳說某晚，兩個輪值的人在軍械室旁喝酒，看見一群排列整齊的日本兵在操練。（BBS, 1994）[1]

這是眞的

新學校「和春」建在山頭上，是日軍在台的養兵據點，老一輩都知道日軍喜歡在夜間視察，晚上練兵。日軍戰敗，死傷慘重退回日本。不久後由於地價便宜，在此建私立學校，練兵場成了學校操場。學生晚上在宿舍睡覺，會聽到日本話的口令和兵馬走動聲，還有人在晚上十二點多時看到。（BBS, 1998）[2]

操場練兵

民國七十二年時，一位住宿舍的高三同學唸書唸到凌晨三、四點，到陽台上走走，正要回寢室時，聽到操場上傳來很大一聲吼叫，同學轉身一看，操場上黑壓壓一片都是人。有人大聲喊著，聽不懂在說些什麼，能聽到皮鞋著地的聲音……這位同學跑回寢室說他見鬼了，回到操場，卻連個鬼影子也沒有。這種事不算少見，只是通常見不到。有時半夜籃球場也會傳來人馬雜沓聲，就知道又在操兵了。（BBS, 2000）[3]

這三篇中，只有〈西樓〉的背景不是操場，而是學校留下來的日治時代建築。〈西樓〉指的是師大附中裡的西樓，確實是學校內的古蹟，可能是因為建築的日治時代痕跡，而聯想到日軍。第二篇〈這是真的〉講一所學校「和春」的靈異軍人故事，新學校不像師大附中有日治遺留下來的痕跡，因此說法是，學校校地以前是日軍的軍事遺址，如今「練兵場成了學校操場」——但在二戰時美軍繪製的五萬分之一地形圖上，位於旗山山區的和春校地一帶，並未看到任何軍事相關痕跡。然而「練兵場如今成為學校操場」的想像，倒是非常傳神的道出「操場」的軍事性本質：它確實本來就是為了練兵而存在的，和練兵場一樣。

故事中出現的軍人靈異類型，多是「操練」、「喊口令」、「走動」等行為，描述模糊而大同小異，同屬於最典型、最能想像得到的軍人行為。此外的其他行為，如軍人生活化的用餐、就寢、打掃、點名行為，或者更專業的一面如實彈射擊、砲操等，都不在想像內。甚至連「站哨」，前述七則故事也只有一則提及。顯然，這些故事中「對軍隊的認知」是相當淺層且片面的，但軍隊生活本來就異於常人，學生也無從想像。那為什麼學生會對喊口令等操練行為有所認知呢？很可能是因為，這是軍訓課的上課內容。

除了操練以外，「唱軍歌」也是故事中常見的軍人行為。〈台南二中的池畔歌聲〉一篇裡有「我有一支槍，扛在肩膀上……」的軍歌聲，謝佳靜論文《學校怪談的台日比較》採訪楠梓國小學生，其中一位高年級男生提到：「楠梓國小十二點以後，燈會全部熄滅。這時從四面八方傳來一聲聲日本軍歌，只要一有人走進學校，就會開始唱軍歌。十二點到兩點之間，沒有人敢進學校。」的故事。[4] 軍歌也是學生所熟悉的軍隊行為，

「我有一支槍」就像是軍歌比賽可能會被選到的軍歌之一。

以現實來說，軍隊並不存在於學校裡。但因為學校本身已經高度軍事化，足以孕育「操場上的靈異軍人」想像：學校具備場地（操場），還有學生們的軍訓經驗——令他們足以想像「軍人的行為」。從象徵層面上來看，戒嚴校園確實是有軍事的幻影縈繞：學校不是軍營，但它的軍事色彩卻揮之不去。正是因為生活在其中的學生們，心中早已縈繞各種軍事想像，才會誕生那些「學校有靈異軍人」的傳說。

是刑場，還是練兵場？

「靈異軍人」的要素，有時也出現在「學校以前是刑場」的傳說。有些刑場傳說會出現「行刑者」角色，既然是「日據時代」的刑場，那麼行刑者理當是「日軍」，有時刑場也稱「日軍刑場」——實際上完全是誤會一場。臺灣日治時代的死刑，應由刑務所官吏於封閉式內執行絞刑，並非砍頭。像這種「日軍砍頭執行死刑」的想像，更接近於中日戰爭的記憶，不可能發生在臺灣。關於這部分的詳細討論，可參見我的書《特搜！臺灣都市傳說》中〈「日據刑場」哪有這麼多？：靈異傳說的政治性〉一篇。

可知學校、日軍、刑場，是三個很常交會的要素，明明這三個元素現實中並不是同一回事。

您知道哪一個學校蓋在墳墓旁嗎

淡江中學男生宿舍是以前日據時代處決犯人的刑場改建的。宿舍每天都要在集合場集合點名，一天凌晨大家還在睡時，突然從集合場傳來集合口令，學生們都覺得很奇怪，有人往集合場看去，看到一隊穿日本軍服的士兵在那裡集合，還缺手缺腳。那天很多人都看到了，有人說站在前面號令的把自己的頭拿在手上。（BBS, 2001）[5]

刑場鬼校

兩個日本官兵，穿著以前日據時代日本官兵的服裝，拖了七、八個人，每個人都有手銬腳鐐，囚犯被他們拖到黑白無常面前，一個個下跪，日本士兵把他們的頭都砍掉。後來去問舍監老師，舍監老師說，學校操場在日據時代是刑場。（靈異節目《神出鬼沒》，2001-2004 之間）

〈您知道哪一個學校蓋在墳墓旁嗎〉提到的故事，地點性質很模糊。一下說以前是「處決犯人的刑場」，但靈異描述卻是軍人們集合的樣子，而軍人還是「缺手斷腳」或「拿著自己的頭」的模樣。假使是刑場的話，身體殘破、有斷肢的，應該是犯人，不是軍人吧？「斷肢斷頭的軍人」也沒有想像的依據，鬼故事往往出現軍人斷肢的描述，他們被描述為戰死的亡魂，因此身體殘破。但臺灣在二戰時期並未被登陸，沒有淪為陸地上的戰場（然而有空戰與空襲），要找到符合「大量軍人傷亡」的戰爭事件並不容易。因此，這些「斷肢斷頭」的描繪，只是為了嚇人而已，與歷史無關，也與故事中的「刑場」之說無關。

《刑場鬼校》是一名藝人在《神出鬼沒》中說的鬼故事，據她所說，她的同學看見了日軍砍頭的幻影。這是非常典型的，誤以為「行刑者是軍人」的想像（實際上並非軍人而是官吏）。這般想像的地點，也往往發生於遼闊的操場，而非密閉的空間，不符合日治時代在室內進行絞刑的行刑方式。

《您知道哪一個學校蓋在墳墓旁嗎》的集合場雖非操場，也是足以集合的寬闊空間，與操場相似，但並非所有「靈異軍人」類的故事，都以這類像是操場般的遼闊空間為背景。

宿舍裡的靈異軍人

除了操場以外，「靈異軍人」故事還有不少發生在宿舍。以下是幾個宿舍版本：

基隆．培「得」商職——一根繩子和十一隻腿

學校校址在日治時代，曾經是日軍運轉犯人的中繼站。當時有犯人忍受不了日軍酷刑，在中繼站自殺。之後，中繼站就傳出「午夜恐怖哭聲」的駭人傳聞，日軍找法師鎮壓不成，只好將中繼站遷至他處。臺灣光復後這裡改爲學校用地。然而日本鬼子

陰魂不散，只要有男生走進女生宿舍，當晚日本鬼子一定會現身，因此女生宿舍嚴禁男生進入。一晚，校長夜巡女生宿舍，一名女學生突然倒地不起，醒來後重複以日語說：「你們去把盒子找來！」通日語的校長搞不清楚，總之罵了對方一頓，女生昏迷後又恢復正常。另有一次，一個女生讓男生進入宿舍搬東西，當晚卻看見穿著軍服、只有上半身的日本人浮在半空中，陰森地瞪著她。（《校園鬼話III》，1993）[6]

拿武士刀的日本軍官

「我」週末留宿學校宿舍，晚上聽到軍用長靴傳來的腳步聲，卻沒有看到軍人的身影。在宿舍浴室洗澡時，「我」自然而然唱起歌，卻聽到有聲音喊「別唱了！吵死人了！」那人的聲音，是日本腔調很重的中文。「我」還以為是日本籍的同學，繼續唱時，那聲音又說：「你還繼續唱！不想活啦臭小子！」一個身穿日本服的軍官從牆中默默冒出來。那人影只有上半身，拿著武士刀就要砍下。「我」大吼一聲，那人影隨之消失。（《宿舍鬼故事》，1995）[7]

明志工專的故事

明志的學生集體住校，某天A學長為了準備期末考到凌晨四點，他去上廁所時，聽到有人在唱歌。循著聲音來到傳說中鬧鬼的寢室，聽到聲音是日本軍歌，學長探頭，看到整間都是斷手斷腳、殘缺不全的日本兵排列整齊在唱軍歌。離他最近的日本兵，

隔了一層玻璃，瞪著他快掉出來的眼睛看著A學長。（BBS, 1998）[8]

這三個宿舍的「靈異軍人」故事中，一樣都是日軍。靈異行為部分，宿舍故事多少有因地制宜，改成較適合宿舍、不需寬闊空間的靈異，如鬼魂幻影、附身等現象。只有〈明志工專的故事〉仍有「列隊整齊唱軍歌」的形容，不禁讓人疑惑，一間寢室是能塞得下幾排列隊整齊的日本軍人？這像是將原本該發生於操場的靈異，強硬地移到宿舍後，產生了違和感。

〈一根繩子和十一隻腿〉中的「培得商職」被說是轉運犯人「中繼站」，但檢閱地圖，培德商專位置在基隆山腰，日治時代那裡是一片墓地，並無建築。所謂「中繼站」，在故事中的位置也只像是另一種「刑場」，敘事功能相同：都只是為了營造「有人在此慘死」的背景，以服務後續的靈異故事。而明明說是「轉運站」，出現的卻不是官吏或犯人，又是日本軍人——這說明在靈異故事中，「日軍」是如何頑強的要素。

〈一根繩子和十一隻腿〉和〈拿武士刀的日本軍官〉都出現了「只有上半身的日軍」。軍人原本就給予人恐怖、肅殺之感，作為想像中敵人的日軍，又比不是敵人的軍人而更加可怕、帶有惡意。敵人、軍人，再加上「只有上半身」，就形成了鬼故事裡具備各種恐怖元素的「完美」怪物。然而形象可怕的日軍，在這些故事裡卻十分軟弱，〈一根繩子和十一隻腿〉的日軍被校長罵退，〈拿武士刀的日本軍官〉明明是拿著武士刀、充滿敵意的日軍，卻被學生喝退。假使怪物日軍是要來嚇人的，被輕鬆逼退也未免太不可怕。

〈一根繩子和十一隻腿〉和〈拿武士刀的日本軍官〉這兩則故事裡的日軍，都有與人類的對話。這時候，就產生了語言問題。日軍必然說日語，但其他角色要是聽不懂日語，那日軍的台詞就會失去意義。這兩則故事都意識到了語言問題，因此做了一些調整：〈一根繩子和十一隻腿〉裡安排一位曾受日本教育的校長來理解日語；〈拿武士刀的日本軍官〉則沒有讓這名主角聽得懂日語，反而是讓日軍講「日本腔調很重的中文」——老實說，這並不真實。如果真是日治時代的日軍，他又學了臺灣本地語言的話，那他也應該是講臺語，怎麼樣都不可能說中文。這樣的設計非常荒謬而沒有歷史感。

但是對於當時的人們來說，「讓日軍說中文」或許沒有那麼荒謬？因為在這則〈拿武士刀的日本軍官〉所屬的時代，也有其他電影讓日軍說中文。一九九〇年時，台視播出國片《八百壯士》，新聞報導，因為片中日軍指揮作戰的畫面以日語發音，「台視主管認為應淨化頻道，不要讓日語出現在台視的畫面中，所以今晚看《八百壯士》時，日本軍官都操著怪音怪調的中國話指揮作戰或研析戰情。」[9]雖然說「日軍說中文」這件事本身並不合理，但它卻由於「日語是敵人的語言（因此需要淨化）」的不合理原因，成為影劇裡的現實。

同樣是以宿舍為背景的「靈異日軍」故事，還有海洋大學與成功大學的傳說。海洋大學男生宿舍傳說曾有二〇〇五年報導，據說早期為海防部隊營舍，曾有軍人在此自殺。因此有同學讀書到半夜時「不時會聽到奇怪聲響，甚至有阿兵哥答數聲」。[10]二〇一五年則有 PTT 文章記錄「男生宿舍的學生，看到廣場上有日軍行軍踏步」的傳聞。[11]看來同類的傳說也流傳了很長一段時間。成功大學則傳說「光復男生宿舍是日軍的行刑場」，時常作為各種靈異現象的背景，如「穿牆人」或「毛球」等（見第一章〈封鎖的寢室〉中的「毛球」，以及第二章〈格子狀的房間〉「成大穿牆人」）。成大光復校區實際上為日軍宿舍，已經是很適合發生「靈異軍人」靈異的地方了，但「刑場」之說似乎表示了，只是軍人宿舍還「不夠刺激」，要刑場才對味。

為什麼總是日軍？

為什麼故事的靈異軍人，常常是「日軍」？

若要說脈絡，國軍比日軍更有脈絡。曾有段時間，軍隊會駐紮學校。蕭蕭的徵文得獎作〈小學生與阿兵哥〉，描述了民國四十五年（一九五六年）時，軍隊來到國小裡的情景。士兵們喊「一、二、三、四」地跑步，在學校裡操練、喊口令[12]——所做的事情，就像是那些鬼故事裡的想像一般。儘管這篇文章將阿兵哥來到學校一事寫得親和而逗趣，但抽離來看，「軍隊在學校」一事對於年幼的學童來說，卻是潛伏著危險暴力的情況。一九五〇年代「士兵駐紮在學校」一事，應該有機會成為「學校裡的靈異軍人」傳說的來源，但傳說卻不是以這段歷史為本。

這些校園傳說裡的鬼，不是人們較為熟悉的國軍，更常是日軍。這可能是因為，日軍比國軍更多了一份獵奇的「異國情調」。由於臺灣曾是日本殖民地，因此在不理解殖民歷史的情況下，臺灣各地都可以發揮這種「異國情調」，想像日本人鬼魂——其實只要對臺灣歷史有初步的理解，自然而然就不會認為「日本人曾經在此統治」是什麼稀奇的事。但在戰後的戒嚴教育中，臺灣的日治時代並未被持平的介紹與評價，以致於成為一個誤會重重的年代。因為大眾對日治時代不理解，因此光是「日本人曾經在這裡」這段理所當然的歷史，都十分新奇；大眾可能也難以想像，日治時代有除了刑場以外的其他建設（官署、學校等）。

板橋高中是個有趣的例子。板橋高中也曾被說成是「日據刑場」，「有人看見日軍鬼魂」。但討論中果然有人留言回應，板橋高中日治時已是公學校，當然不會是刑場。[13]板橋高中曾是板橋公學校的一部分、後成為日本人就讀的海山小學校。[14]假使要消費這段歷史，鬼故事中出現的也應該是日本教師的鬼魂，而非日軍鬼魂。板橋高中所呈現的誤傳，說明學校的戰前身世到了戰後如今已經斷裂，而這份斷裂，又在某些時刻被「日據時代遍地刑場」的歪斜歷史想像所覆蓋。

鬼故事所能乘載的歷史觀，是最大眾的歷史觀。在那份歷史觀中，「日治時代究竟是怎麼一回事」，非常模糊。日治時，臺灣這塊土地上充滿了許多種類的日本人，警察、官僚、教師、商人、職員……軍人只是其中之一，甚至還是這群人中，臺灣人最少有機會接觸到的。儘管日治末期曾經歷「全島要塞化」的階段，為了抵抗敵軍而鞏固臺灣防禦，但最後美軍登陸了沖繩，臺灣並未成為地面的戰場，因此也沒有靈異想像中那些「在戰爭中大量死傷的日軍」。

那鬼故事中那種「說到日治，就想到日軍」的歷史觀是怎麼來的呢？

那應該是被移植到臺灣的「中日戰爭記憶」。在戰後，國民政府握有話語權、掌握了全臺灣所有人的歷史想像。主導的外省人並未經歷日治時代，經歷的是「抗日戰爭」……因此臺灣日治時代，大抵被描述為中日戰爭的延長版：悲慘、貧乏，臺灣人群起抗，也成了某種「以日軍為敵人的戰場」。官方還規定，描述日治時代需用「日據」二字，意味著日本「占據」臺灣的，強調這段統治的臨時性與不合法。連較為中立的「日治」一詞（代表「統治」或「治理」），對於戒嚴年代而言，都嫌過於親日。這一立場背後，是國民政府對於日本根深柢固的恨意。恨意將日本妖魔化，隨著教育深入人心後，就會造成這些言說：

「我的國小是日軍在華基地，日軍拷問屠殺了很多人……」[15]

「我覺得『臺灣有很多刑場』的說法不為過啊，以前日軍統治時，到哪都可以是刑場吧？我爺爺說的，看你不高興就可以把你當場處決！」[16]

這是在討論學校與日軍關係時，可以見到的兩則討論。這兩則討論都非常典型地出現了歷史觀的錯位。臺灣是日本殖民地，任何國小當然都不會是「在華基地」，因為臺灣全區都屬於日本領土，只有中國大陸需要「在華基地」。而「當場處決」的描述，也並非日治時代——噍吧哖事件中的武裝抗爭者們，經歷受審後被判刑。在日治時代屢次參與社運的楊逵，每次都在拘留後被放回，並未被「就地處決」。要發生「當場處決」，反而可能是在中國的中日戰爭中。張拓蕪散文〈鬼域三年半〉回憶抗日戰爭：「人們不敢上街，因為怕上街被砍。汪精衛軍抓了人，不經審問槍決；日軍則為省子彈，使用軍刀砍頭。」[17]無論是「在華基地」或是「日軍當場處決」，都是中國的中日戰爭印象。

「在華基地」與「當場處決」來到了臺灣，說明：儘管中日戰爭並未發生在臺灣，卻經由教育與各種言說，成了臺灣的「新記憶」。鬼故事在解嚴後大量浮現，這時戒嚴年代的教育已經深入人心。人們因此記得了這種可恨的「日本鬼子」形象，接受了「遍地日軍」的歷史觀。這種歷史觀中妖魔化的、殘暴的日軍，完全足以成為鬼故事裡令人戰慄的恐怖怪物。儘管這並不符合臺灣歷史，卻符合當下臺灣人已扭曲的歷史觀。

美國與日本的戰爭亡靈傳說

不只臺灣有「靈異軍人」的傳說，這一類傳說存在於許多國家，「戰爭亡靈」是常見的鬼魂形象。一九八六年出版的《見鬼奇談》收錄許多世界怪奇故事，其中〈亡靈們的戰爭〉描述第二次世界大戰時，美軍在菲律賓聽聞當地樵夫看到日軍鬼魂：

「扛著來福槍、鮮血淋漓的士兵們正在墓地走來走去。然後，他們會用我們聽不懂的語言（大概是日語吧！）高聲交談著，並且拿著炸彈把岩石炸得粉碎……轟隆的巨響非常嘈雜，當我們被爆炸聲嚇一大跳時，這些情景卻又突然地消失了……」[18]

這是發生在戰場的傳聞，故事裡也有很明確的戰爭描寫，符合當地剛經歷戰爭的鮮明記憶。但在日本，也有不少「靈異軍人」的傳說：

半夜兩點，學校會出現三十人左右的士兵列隊步行，從校門口走向舊校舍。在第二次世界大戰時，學校這裡曾是慘烈的戰場。五年前蓋新校舍時，還從土裡挖出了士兵的頭盔。在新校舍蓋好後，就沒有深夜軍隊的傳說了。（《現代民話考（7）学校》）[19]

栃木某所國小的游泳池第三水道，晚上會看到持槍的士兵站在那裡。（《学校の怪談（1）》）[20]

A與朋友一起走路回家，迎面看到一名男子，他穿著破舊軍服、肩上揹著日軍使用的舊式槍、臉色慘白宛如死人。但其他朋友們都沒有看到這名軍人。A決定不說自己看得到對方，強裝鎮定。在經過時，那名軍人說對A說：「你明明就看得到。」（《学校の怪談（5）》）[21]

二二六事件慰靈塔，會聽到士兵們穿著靴子行走的腳步聲。附近的國小學校中庭也會出現士兵們……（讀者回函，《幸福のＥメール》，1994）[22]

百貨公司所在的地方是以前的美軍醫院，閉店後，從衣服間會出現美軍士兵的幽靈。據說附近的中學在十幾年前，會看到無頭的士兵跟戰車出現。（《幸福のＥメール》）[23]

這些故事多記錄於一九八七至一九九六年之間。這些故事裡出現的士兵，有日軍也有美軍。第一則故事發生在沖繩，由沖繩出身的比嘉豐所述。沖繩在二次大戰中曾被美軍登陸，發生慘烈的戰爭，是日本唯一被登陸的領土。或許正是沖繩留存的戰爭記憶，產生了「靈異軍人」的傳說。除此之外，也有與二二六事件（發生於一九三六年的叛亂事件）、美軍有關的靈異軍人傳說。這些靈異與歷史的對應都較為具體，例如發生在二二六事件慰靈塔的「士兵腳步聲」傳說，能對應到慰靈塔所記念的事件（二二六事件為軍人所發動）。儘管不能說這些靈異傳說「忠於現實」，畢竟傳說本來就是出於想像。但或許可以說，跟臺灣比起來，日本的「靈異軍人」傳說，與真實歷史有更多交集。像臺灣這樣，移植了不在此地的記憶，產生夾雜誤會的傳說，才是比較「不正常」的狀態。

整體來說，日本和戰爭亡靈有關的怪談傳說，型態較為多元，靈異型態不是只有「軍隊在操場列隊前進」而已。也有「與軍人擦肩而過」、「戰死軍人在半夜彈鋼琴」、「軍人附身學生」、「美軍從衣服間出現」等類型的傳說，海軍學校裡也有與海軍高度結合的傳說，以及空襲、原爆等相關傳說。比較之下可以知道，儘管日本跟臺灣都有「靈異軍人」的傳說，實際上為獨立發展，兩者之間並沒有鮮明的承襲關係。而臺灣「靈異軍人」的傳說，與臺灣的學生的軍訓經驗、歷史觀等有高度相關，因此也是相當具臺灣特色的傳說。那為什麼同樣的戰爭亡靈主題，在美國、日本也會有呢？只能說戰爭容易產生大量死亡，依然是怪談、靈異傳說十分容易援引的要素。

假使未來學校裡還流傳靈異傳說，應該會繼續強調「學校裡曾有過大量死亡」吧？但要用什麼事件、哪場戰爭或誰的屠殺來強調呢？未來或許會有改變吧。畢竟戒嚴年代已經過去三十多年，戒嚴歷史觀裡的殘暴日軍、遍地刑場，也不再那麼理所當然。下一代的傳說又會變成什麼樣子呢？

---

1 sjwang，〈西樓〉，轉引自 tw.bbs.rec.marvel@googlegroups.com，1994 年 12 月 3 日（https://groups.google.com/g/tw.bbs.rec.marvel/c/eCeyfK5lwV8/m/u9ASMfMtdKAJ ）。

2 野風，〈這是真的〉，轉引自 tw.bbs.rec.marvel@googlegroups.com，1998 年 9 月 10 日（https://groups.google.com/g/tw.bbs.rec.marvel/c/oxwradwdf2c/m/_MhQeAFRSlwJ ）。

3 泥巴星球，〈［轉錄］操場練兵〉，轉引自 tw.bbs.rec.marvel@googlegroups.com，2000 年 3 月 21 日（https://groups.google.com/g/tw.bbs.rec.marvel/c/i6VMvS-DNMA/m/yJmtaCosB6oJ ）。

4 謝佳靜：《学校の怪談の台日比較（學校怪談的台日比較）》（南台科技大學應用日語系碩士論文，2009）頁 60、67。

5 流浪狗，〈您知道哪一個學校蓋在墳墓旁嗎〉，轉引自 tw.bbs.rec.marvel@googlegroups.com，2001 年 4 月 14 日（https://groups.google.com/g/tw.bbs.rec.marvel/c/Na0v2IDZYYk/m/DY1IPL9J7lcJ ）。

6 羅問，《校園鬼話III》（希代書版，1993）頁81-89。

7 胡靈，《宿舍鬼故事》（禾馬文化，1995）頁94-105。

8 巴，〈明志工專的故事〉，轉引自tw.bbs.rec.marvel@googlegroups.com，1998年10月16日（https://groups.google.com/g/tw.bbs.rec.marvel/c/WtptwwU30dU/m/xFR7MBa7oR8J）。

9 〈日本兵螢幕說中國話〉，《聯合報》，1990年01月21日。

10 〈校園有鬼 網友批：泡妹伎倆〉，《自由時報》，2005年07月31日（https://news.ltn.com.tw/news/society/paper/27234）。

11 cdcardabc，〈Re:［轉錄］海洋大學 - 學姊的手 ...〉，PTT Marvel板，2015年4月2日（https://www.ptt.cc/bbs/marvel/M.1427964148.A.7DF.html）。

12 蕭蕭〈小學生與阿兵哥〉，《聯合報》，1982年09月26日。

13 加拿大純正大米鼠，〈Re:［校園］板x高中〉，轉引自tw.bbs.rec.marvel@googlegroups.com，2008年6月12日（https://groups.google.com/g/tw.bbs.rec.marvel/c/WkM9zXEhTjA/m/UhlI8W187B0J）。

14 《飛揚70非凡板中：板橋高中校慶紀念特刊》，2016年。

15 ○==[ㄧㄧㄧㄧㄧㄧㄧㄧㄧㄧ，〈我ㄉ國小ㄉ七不可思議〉，轉引自tw.bbs.rec.marvel@googlegroups.com，2003年10月26日（https://groups.google.com/g/tw.bbs.rec.marvel/c/4J3Llr6bxUw/m/jG4_E_xoRSUJ）。

16 gray，〈成功大學的宿舍〉，轉引自tw.bbs.rec.marvel@googlegroups.com，2004年6月7日（https://groups.google.com/g/tw.bbs.rec.marvel/c/Pb_uoagb8JU/m/qF-Y1uUaiOUJ）。

17 張拓蕪，〈鬼域三年半〉，《聯合報》，1985年7月7日。

18 《見鬼奇談》（將門文物出版社，1986）頁112。

19 比嘉豐所述。松谷みよ子，《現代民話考．（7）学校》（筑摩書房，2003）頁71。

20 常光徹，《学校の怪談（1）》（講談社ＫＫ文庫，1990）頁71。

21 常光徹，《学校の怪談（5）》（講談社ＫＫ文庫，1994）学校の怪談：すれちがいざま。

22 岩倉千春、大島広志、高津美保子、常光徹、渡辺節子編著，《幸福のＥメール：日本の現代伝説》（白水社，1999）頁183。

23 岩倉千春、大島広志、高津美保子、常光徹、渡辺節子編著，《幸福のＥメール：日本の現代伝説》（白水社，1999）頁189。

10　午夜幽靈公車

不只是校園內會有靈異傳說，同樣屬於學生生活的通學路上，也會醞釀鬼故事。關於通學最著名的傳說，當數「午夜幽靈公車」。「午夜幽靈公車」通常指的是「深夜會有一班末班公車，專門載鬼魂通往另一個世界」。這個傳說不只臺灣有，香港、日本、中國也有流傳，是個流傳於多個國家的國際型傳說。在臺灣，「午夜幽靈公車」傳說大抵可以分成兩類：一類傳說幽靈公車行駛於文化大學附近的仰德大道上；另一類則沒有限定地點，也不一定在學校附近。在本書中，將這傳說置於「校園鬼故事」的框架下，是因為第一類「文化大學260末班公車」屬於校園鬼故事。

文化大學的260公車

「午夜幽靈公車」最主要的流傳學校為文化大學，流傳的路線為260。「260幽靈公車」傳說流傳早期，似乎主要靠文化學生口耳相傳，校外的其他人較少有機會聽

陽明山 260 東經中華路園
模範公車
DAEWOO

說。我現在可見到的較早文字紀錄，為一九九六年六月，BBS 上有人提到一句「２６０最後一班車的故事」，接著便開啟了話題。不少人追問故事內容，因此有人陸續留言或發文解釋。可以看得出來，這時「２６０幽靈公車」的流傳範圍還不廣。在那些解釋中，我們可以看到傳說的樣貌：

> ２６０公車行駛於仰德大道，仰德大道常出車禍，死了很多人。所以每天到了十一點後，就會從陽明山發出一班公車，這班公車並不載客，只開小燈，每站皆停。這是爲了讓仰德大道上因車禍死於非命的人，能搭那班公車下山。在文化，我們都稱爲幽靈公車。據說曾有一次幽靈公車沒開，隔天就發生了死亡車禍。（〈文化的末班２６０公車〉，BBS, 1996.6）[1]

幽靈公車從何時開始流傳？在這波討論中，其中一位留言者 Chiyuan 說：「我是７４年上文化的，那時就曾聽學長們說那是很久以前的『傳說』了，而且當時說是 301 號公車，而不是２６０，沒想到傳了這麼多年，車號都變了……」[2] Chiyuan 還與室友跑去驗證傳說，確實見到了深夜公車，然而車上有司機，看來不符傳聞。由此可知，一九八五年前，「幽靈公車」傳說就已經在文化大學流傳了。

文化大學位於陽明山上，位置十分偏僻，學生上下山多半搭公車。公車則主要為２６０、３０３這兩路，約三十至四十分鐘路程，可以來回士林或劍潭捷運站。

一九九六年時，臺北捷運淡水線尚未通車，文化大學的交通不便感比今日更強烈，對公車的依賴也更高。其中260公車可以往來臺北車站，對當年的文化學生來說應該非常方便，這可能就是為什麼，傳說會以260路線公車為主。

這個版本結合了一些文化大學周邊環境的感覺。首先，是關於「幽靈要搭公車下山」的思維：如果是鬼的話，應該有「飄下山」的可能吧？鬼都能飄了，還要仰賴交通工具，未免太有辱鬼的異能。但這傳說中的鬼卻是「搭公車下山」，不是開車也不是計程車——這份對交通方式的想像，非常符合文化學生的體驗：既然人（如文化學生們）要搭公車下山，那麼鬼也該要「搭公車下山」。這是因為「公車」是學生們最熟悉的交通形式，也是因為在學生的認知中，回家必然要「下山」。鬼的移動路徑鮮少為「上山回家」，僅有少數故事為「鬼搭公車上山回陽明山上的墳墓區」。

其次，故事中提到公車行駛目的與車禍有關（「這是為了讓仰德大道上因車禍死於非命的人，能搭那班公車下山。」）仰德大道是來往陽明山的主要道路，非常容易發生車禍，二〇一七年時臺北市交通局一名科長指出，過去五年仰德大道「約不到三天就有一件車禍事故」。[3] 文化大學校友兼作家朱宥任跟我說，他就讀文化期間（約二〇〇八至二〇一二），每個月都會看到出了車禍、腳打石膏或拄著拐杖的學生。可見「仰德大道常發生車禍」對文化學生來說，是非常切身且深刻的感受。

因此只說公車會「載人下山」，感覺還不夠強烈——說公車是載那些車禍死者下山，就很符合文化學生的感受了。結尾的「曾有一次幽靈公車沒開，隔天就發生了死亡車禍」的說法，再一次將幽靈與車禍連結，暗示「幽靈沒被載下山，會在山上作祟，造成死亡車禍」。考量到仰德大道頻繁的車禍，「那天就發生了車禍」聽上去很像是真的。透過「幽靈公車」的傳說，車禍原因也有了靈異解釋。

２６０公車傳說流傳時間很長，有各式各樣的版本：

仰德大道上的午夜公車

據說每到晚上十二點後，２６０都會開出一班公車，車內一片陰暗，不開任何的燈。如果有人想上車，司機會拒絕你。但這班公車每站都停，開一下車門後，又關起門繼續前進。據說是爲了大道上喪命的幽魂所開，所以不能讓生人上車。司機是唯一的生人。好奇的人可以注意一下！(BBS, 1997)[4]

２６０接魂公車的傳說

這段路風光明媚，但也有不少人命喪於此，爲了讓芸芸眾生能順利上下山，公車處貼心在末班公車後，再加開一班「專用公車」。老王首次輪值這班「接魂公車」，依據吩咐不開車內大燈、也不必打開車前的２６０標示燈。駕駛這班車有個不成文規定：「這一路上，不管司機看到什麼，都得停車、開門，讓對方上車，再繼續前進；而且，沒事千萬別開口。」據說曾有公車司機惹到好兄弟，隔天在仰德大道山谷裡發現了失事公車與司機屍體。也曾經有司機載到一名頭戴安全帽的女孩，女孩上車後，公車與一輛重型機車對撞，然而很奇異的是，撞擊發生後，卻沒有看到重機與駕駛的年輕人。反而是戴安全帽的女孩這時下了車，消失於附近的草叢。後來，這名司機聽說，一個月前這個彎道發生了一起車禍，重型機車後座的女孩當場被彈了出來，因爲有安全帽保護，撐到醫院後才不治身亡；而騎車的男孩，因爲把安全帽給了後座的女孩，不幸當場死亡。（BBS, 2001）[5]

陽明山的260末班車

有個女生住在陽明山上，因工作關係常常坐260末班車回家。某天她錯過了末班車，正在站牌前懊悔時，一輛260停了下來。那女生高興地從後門上了車，車內只有她和司機兩人，女生發現司機每站都會停車開門，但每一站都沒有乘客上來，她覺得非常奇怪。要下站時，她從司機旁投錢下車，司機卻很驚訝，低聲跟她說：「這輛車不是給活人坐的。」她打聽後才知道，這班車是給好兄弟坐的，爲了讓他們回到陽明山上的墳墓。開末班車的司機也都有拿紅包避免厄運。（BBS, 2010）[6]

這三則的第一則〈仰德大道上的午夜公車〉，更具體的想像乘客與司機的關係（「如果有人想上車，司機會拒絕你」），並且強調「司機是唯一的生人」。強調司機的這點，有可能受到香港一九九五年從司機角度講述幽靈公車的電影《鬼巴士》影響。第二則〈260接魂公車的傳說〉的小說感更強烈，故事從司機角度來講述接魂公車，開頭甚至想像一名公車司機「老王」起身上班、準備駕駛接魂公車的忐忑心境。故事創造了業界禁忌（「不管看到什麼都要讓對方上車」），以及幽靈公車曾經發生的事件（觸犯禁忌的司機、目睹車禍情侶動人感情的司機），可以說是在「幽靈公車」的前提下，提供了很多想像性設定的一篇故事。從這篇故事的出現，可以知道「幽靈公車」這個主題，完全有發展為更完整故事的敘事潛力。

第三則〈陽明山的260末班車〉同樣是從乘客視角講述幽靈公車，但是跟多數文化學生視角的「搭車下山」相反，這故事是「鬼魂搭車上山回到墳墓」。陽明山上有公墓，想像鬼魂上山回墳墓也很合理。但這個方向與（非住校）學生搭乘的下山方向相反，只有像故事中的女乘客這般陽明山居民，才有機會搭到深夜上山的公車。「搭公車上山」的路線並非多數人熟悉的經驗，這應該就是為什麼，上山路線沒有成為「260末班車」最主要版本的原因。

一九九七年時「260幽靈公車」傳說更加擴散，靈異節目《玫瑰之夜—鬼話連篇》在「台灣恐怖路段」單元裡，講述了「陽明山仰德大道午夜十二點會有幽靈公車」的傳聞。《玫瑰之夜—鬼話連篇》在當年收視率相當高，幾乎可說是一代人的童年，應該對於「午夜幽靈公車」的傳播影響頗大。節目播出後，一名觀眾曾小姐來信「澄清」，說該班公車是260總站開的交通車，本來就是不載客的。人們誤傳說是幽靈公車，是因為看到公車來往而沒有載客。節目組也打電話詢問，確定確實存在這一班交通車。[7] 儘管幽靈公車傳聞有被「澄清」，但從如今傳說的流傳廣度看來，這份「澄清」似乎幫助不大。不過這提供了一個線索：「幽靈公車」傳聞，有可能起源於載完客後的交通車。如今這類車一般會打上「暫停服務」，避免被認為仍可載客。或許也可避免一些靈異誤會。

其實像這樣的「澄清說」或「闢謠說」並不少。二〇〇〇年時，還出現了一則自稱是公車司機所發布的闢謠文。儘管說是「闢謠」，卻相當不可靠，真實性與傳說本身一樣成謎。但相信這則「闢謠」的人不少，在往後有人提到２６０公車傳說時，幾乎都會有人提起這則「闢謠」，企圖說明公車傳說只是一場誤會：

> 傳說在午夜十二點，逗留在陽明山上的文大學生，會聽到一台２６０公車從遠方駛來，車內只有死氣沉沉的司機，沒有看到其他乘客，還依稀看到一台機車……但在二〇〇〇年的今天，一切謎底都解開了。一位任職２６０的司機出來講話，以下是他的談話內容：
>
> 「你們在講什麼幽靈公車，那司機就是我啦！我開最後一班上山的車，上山後跟同事聊天喝酒，回家剛好開公車回家。誰知道剛好差不多十二點。不開公車回家，隔天上山開什麼。沒開車頂標示２６０？我又不載客。車上有鬼影？那是我同事。車上有摩托車？我開車回天母我走路回去嗎？當然把我的摩托車一起載下去。」
>
> 以上應該是眞的，不信去看時報週刊。(BBS, 2000)[8]

這則「闢謠」就跟公車傳說一樣有趣。司機的回應挑出了幾個鬼故事常間的描述，並一一用現實的角度來回應，包括為何車子沒人、為何260標示燈沒開，車上為何會有鬼影與機車影等……有趣的是，就像這些現象可以被解釋為靈異，這些現象也可以被解釋為現實，只是因為靈異解釋更為有趣，因此往往吸引人相信。然而這篇闢謠文似乎也擁有同等的魅力，足以使那些不相信的人，也可以享受相似的解讀、翻轉現象的樂趣。這應該就是為什麼，它後來仍常常被提起。

最末尾一句「不信去看時報週刊」則是為這段說法增加一點權威性，彷彿實際存在的報刊雜誌為傳說背書。這是都市傳說說故事時常用的手法，例如盜腎傳說會說「這故事登在《每日德州人》上」，事實上很少會有人實際去比對出處，因此這麼說多半不會被戳破，但卻能夠成功引導多數人，因此不少傳說中都有類似的說詞。

香港與日本的幽靈公車

「午夜幽靈公車」擁有眾多版本與眾多流傳地點，不只臺灣，香港、日本、中國也有流傳。在臺灣，流傳地點除了陽明山的仰德大道外，也有辛亥隧道的說法。辛亥隧道的版本流傳的時間也很早，原故事已經不得而知，但是笑話版本卻流傳了下來：

可怕的辛亥隧道

在將近十一點的晚上，一位青年逼不得已要搭十一點十分的公車，公車來了，年輕人上車後打算睡一會，不必睜眼經過辛亥隧道。然而他一覺醒來，卻發現全車的人都不見了，車子還在緩慢行駛，這時司機回頭，面無表情地說：「少年，大夥都在推車，你還在睡！」(BBS, 1995)[9]

這則故事張貼時，有人留言說這則笑話已是「老掉牙」，可知笑話已經流傳了一段時間。但是這則笑話之所以能成為具有意外性的笑話，其前提是，存在「有人搭上深夜幽靈公車」的典型鬼故事。在司機揭示「乘客下車推車」前的部分，都屬於鬼故事的描述。這則笑話的時間戳記，和文化大學２６０公車被記錄下來的時間十分接近。看來辛亥隧道與陽明山仰德大道，同時都有「幽靈公車」之說流傳。

「幽靈公車」概念最早進入大眾影像媒介，應該是一九九五年的香港電影《鬼巴士》。電影中的公車司機「大俠」是一名專門行駛鬼巴士的司機。由於曾經有某輛巴士發生事故，造成十幾人死亡，厲鬼陰魂不散，司機「大俠」只好開末班公車接送他們。這班鬼巴士不載人類乘客，只給鬼搭，收到的錢當中也有冥紙。

這類「幽靈公車載鬼乘客」的概念，其實很像是中文版「消失的搭車客」的衍伸，只是將汽車改成了公車。「消失的搭車客」為美國都市傳說，在一九三〇年代時已在美國流傳。故事裡，一名女子在深夜攔車，要下車時駕駛轉頭，卻發現女子憑空從後座消失。這故事傳到臺灣，一九八一年姚鳳磐的電影《半夜人》與一九八九年司馬中原《吸血的殭屍・恐怖夜車》一書，都有女鬼搭車的主題，後續不少傳說常提到「女鬼付的車資會變成冥紙」的情節，與《鬼巴士》「乘客付冥紙」的情節極為相似。考量到付冥紙的都是「鬼乘客」，說不定「幽靈公車」與「消失的搭車客」之間真的有某種連結。臺灣的鬼故事書籍中，也曾出現「公車司機在辛亥隧道載到一名老婆婆上車，下車卻沒看到人，隔天被一名老婆婆投訴，司機根本沒讓她上車就關了門」的笑話，「下車時沒看到人」的故事重點與「消失的搭車客」相同，這個「原以為載到鬼，實際上是誤會」的笑話方向，也與「辛亥隧道搭車女鬼」的笑話版（有些笑話是「駕駛開門後發現乘客消失，後來才意識到乘客掉到水溝裡」）有異曲同工之妙。[10]

電影《鬼巴士》呈現了一種「幽靈專車」的想像，「孫叔叔說鬼故事」系列中的〈末班公車〉一篇也同樣講述幽靈公車故事，開頭還提到了電影《鬼巴士》——很可能是作者看了《鬼巴士》之後，以劇中的公車為靈感，再添加一點想像後的創作。這篇〈末班公車〉的主角，設定成不小心搭上幽靈公車的一名無心人類乘客：

末班公車

「我」十一點四十看完電影，原本要搭公車回家，但已經錯過末班車時間。沒想到有一輛公車卻停了下來，司機說可以繞路載「我」一程。車上有五位乘客，司機說他們都會在同一站下車。接著又上來四位乘客，乘客上車並未投幣，但他們並不像是坐免費霸王車的人，每一位都衣著整齊，並化了妝。車上冷氣很強，但司機抱歉地說，這是因爲其他九位乘客都怕冷的緣故。「我」在目的地下車後，目送公車，才發現公

車的電子螢幕顯示下一站爲「XX 安樂園」，「我」這才明白，爲何所有乘客都化了妝。（《老師，有鬼！》，1995）[11]

「孫叔叔說鬼故事」系列慣例以孫叔叔為第一視角講述，加上孫叔叔同時也是系列的作者，因此故事便被包裝成「作者本人經歷」。誤打誤撞搭上幽靈公車的「我/孫叔叔」，在故事中的說明是因車子壞了，因此只好以公車代步。和《鬼巴士》相比，〈末班公車〉以乘客視角來說故事。電影《鬼巴士》中說明「鬼巴士」的人是負責開鬼巴士的司機，對他來說，鬼搭車早已見怪不怪，不會有不明究理的乘客那般「逐漸意識到不對勁」的戲劇效果。正如同多數的「260午夜公車」都是以乘客視角講述，以這個故事來說，「突然進入靈異情境的乘客視角」是更好的敘事觀點，能提供更多閱讀樂趣。〈末班公車〉在這點上有不少發揮。

〈末班公車〉的敘述者上車後，起先，他只是覺得這班車很怪，提出了幾個異狀，包含「乘客都要在同一站下車」、「乘客未投幣」、「乘客衣著整齊有化妝」等，但並未特別描述這幾位乘客長得像鬼。在敘述者下車後，才意識到目的地是「安樂園」（指的應該是墓地），直到這時才揭露「這班公車是載鬼的幽靈公車」的真相：正是因為乘客是鬼，以入殮的盛裝狀態上車，才會全部的人都化了妝。「孫叔叔說鬼故事」畢竟是兒童向讀物，在最後多加了幾句結語：孫叔叔在那之後又見到那名司機，打了招呼。他認為司機十分偉大：「他都敢載『那個』去它們要去的地方了，我又有什麼好怕的呢？」這句結語，大幅和緩了「幽靈公車」的恐怖，增加一些「教人不必以恐懼的眼光看待死亡」的生命教育意味。

日本也流傳著類似的「幽靈公車」傳說，同樣是「載幽靈通往另一個世界」的類型。這一傳說似乎並非特別典型，在朝里樹《日本現代怪異事典》和白水社出版的「日本現代傳說」系列都沒有收錄。然而相似的故事，可以在早期的學校怪談主題動畫《學校有鬼，花子來了》第十五話中看到：

もう一台の通学バス（再一台通學巴士）

主角搭公車上學。某天他錯過了慣例與父親一起搭的七點五十八分的公車，只好等下一班。五分後，下一班公車來了，明明是尖峰時段，車上乘客卻很少。主角上車打算坐到最後一排，四處張望時驚訝的發現，車上有上個月死去的一郎同學，仔細一看，車上還有死去的鄰居老爺爺，所有人都了無生氣，臉色發青。原來這班是通往「另一個世界」的公車。主角想開門逃走，這時他發現駕駛座上沒有任何人，但方向盤卻自行轉動。主角不停喊「救救我」，幽靈們卻不斷逼近主角。花子出現救了主角。（《学校のコワイうわさ花子さんがきた（學校有鬼，花子來了）》，1995）

〈再一台通學巴士〉和典型的「午夜幽靈公車」不一樣。午夜公車的模式中，幽靈公車往往都是十一、十二點出現的深夜公車，有些故事會形容這班車是「時刻表上看不到的公車」，「孫叔叔說鬼故事」的〈末班公車〉中，幽靈公車就是孫叔叔錯過末班公車後遇到的那班車。〈再一台通學巴士〉的幽靈公車時間並非深夜，而是白天的通勤公車。雖然是白天的公車，但故事中的車班同樣具備這種「並非預期中的公車」的特別性質。鬼故事常常跟非日常有關，對多數人而言，「不小心在外面待到需要搭末班公車回家」就已經是相當非日常的狀況。〈再一台通學巴士〉裡的「沒有搭上平常搭的那般公車」，也是逸出日常狀況的非日常。

主角搭上了陌生公車，因為不是熟悉、常搭的班次，就連車上的乘客也與平常不同，因此特別端詳。就在端詳的時刻，他發現了這班車的異常：車上的乘客都是已逝之人。故事最後，主角差點遭遇幽靈的襲擊，是花子出面救了他。這是《學校有鬼，花子來了》的慣例：花子往往會在人類遭遇幽靈或妖怪的攻擊時，出面瓦解危機。

為什麼公車靈異的起點，往往是「搭上了不是平常搭的公車」呢？對於搭公車的人來說，熟悉的公車所有事情都是可預測的，但陌生的公車卻不然。在現實生活中，如果搭上了不熟悉路線的公車，就會進入一個「不知道會抵達哪裡」的不安情境。這是公車這種交通工具的特性。相較於捷運、火車等，公車的路線更多元，在同一個地方上車，也會搭到不同路線、前往不同地方。坐捷運或火車可以坐錯後再坐回去，坐錯公車卻可能會被送到陌生的地方，要等同一班公車坐回去，又不知道要等到什麼時候……從這種特性加以延伸，就能連結到「抵達陰間」的想像——公車是從「此處」，抵達未知「彼處」的方式，既然彼端是未知，那也可能是未知的陰間。

北京深夜末班公車

除了「專門載鬼魂的幽靈公車」以外，「午夜幽靈公車」還有另一類相似的故事，情節為：鬼搭上了普通行駛的公車（並非鬼專車），並害死司機。這類故事裡，這班公車並非為他們而開，鬼只是搭上了一班普通公車；因此鬼並非要「搭公車前往另一個世界」，他們目的並非乘車，而是來作祟的。但深夜末班車、鬼乘客等要素，和「專門載鬼魂的幽靈公車」傳說相似，因此在提到「幽靈公車」時，也常常有人提到這則故事。

這一類故事可見的最早記錄，為一九九四年某集靈異節目《玫瑰之夜：鬼話連篇》。《玫瑰之夜：鬼話連篇》的節目形式為「邀請藝人名人上節目分享聽說或經歷的鬼故事」，該集來賓為中國女歌手那英，她說了一個發生在北京的故事：

這是發生在北京從鬧區開往郊區的公車上。深夜十一點的末班公車上，除了司機和售票員以外，還有一名老頭和一名小夥子。這時上來一女兩男，神態都很怪異。小夥子注意到，剛剛車門並沒有打開，但他也覺得可能是自己沒注意到，便繼續休息。過了一會，老頭開始嚷嚷著他的錢包被偷了，指責年輕人偷了他的錢包，小夥子不服，兩人差點打起來。車上的女性售票員把兩人請下車，下車後，老頭才跟小夥子說：「我救了你的性命。」原來剛剛上來的三名乘客是飄上來的，女性是殭屍，男性是鬼。老頭預言司機和售票員會被索命，隔天小夥子看報紙，果然看到公車失事、女性售票員和男性司機都死去的報導，一女一男，剛好差他一個男的。（那英，《玫瑰之夜：鬼話連篇》，1994）[12]

這故事可能是那英在北京聽說的傳說。我們不知道傳說的起源為何，但它有明顯的創作痕跡，破綻也相當多。首先，那幾名乘客上車時，先說「他們沒有腳，是飄上來的」，後續又說女性是殭屍，明顯前後不連貫。假使女性是殭屍，那她就該有腳。其次，故事預設「一女兩男都會抓與自己性別對應的死者索命」，讓故事中的小夥子有「逃過一劫」感。但這並非公認的鬼故事邏輯，因此也沒什麼說服力。而故事中的老頭對小夥子說「我救了你一命」看起來也有點可笑，要是老頭沒下車，老頭也會跟著喪命，哪來的架子對小夥子說「我救了你一命」呢？結尾說「剛好差一個男的」，藉此增加「小夥子本應喪命」的危機感——其實算上小夥子與老頭，一共為兩名男性，但老頭的角色卻始終沒有被放在索命對象中。

儘管如此，故事中「原以為是吵架，後來發現是一場為了脫險演的戲」的翻轉，揭露「乍看對方帶有惡意，其實出於善意」，應該算引人入勝。因此仍有不少人願意相信它是真的。那英講述公車傳說的後續影響相當驚人，如今網路上流傳「北京公交車靈異事件」一則傳說，內文總言之鑿鑿說是真實事件，但檢視文字，這故事與「那英版」簡直一模一樣：

北京375路公交車靈異事件

一九九五年十一月十四日深夜，一輛公共汽車駛出公車總站，這是末班車，車上有一位年紀偏大的司機和一名年輕的女售票員。車上有幾名乘客，車子半途又上來兩名乘客，中間架著第三個人。中間被架著的人披頭散髮，另外兩人則穿著清朝官服樣子的長袍，所有人都很緊張，女售票員安撫說，可能是附近拍古裝劇的。當車上乘客只剩下一名老太太和一名小夥子時，老太太突然罵小夥子偷了她的錢包，小夥子也罵老太太血口噴人。兩人說要到派出所評評理，下了車後，小夥子還問派出所在哪，老太太卻說：「我救了你的命啊！」老太太解釋，車上那三名乘客是鬼，車窗的風吹起兩個穿旗袍的下身，他們根本沒有腿。老太太催促小夥子去報警，第二天，公交總站也報案，末班車的司機與女售票員失蹤，警方找到前天深夜報警並被懷疑爲神經病的小夥子。當晚，《北京晚報》和《北京新聞》迅速報導這起事件，並對小夥子和老太太做了現場採訪。第三天，警方在距離終點站一百多公里的水庫裡，找到了失蹤的公共汽車，並在車內發現三具已嚴重腐爛的屍體。這起案件有一些疑點：公交車不可能開這麼遠，油箱裡的也不是汽油，而是鮮血；屍體腐爛得不像是兩天前的死者。警方調閱了路口監視器，什麼也沒發現。這起離奇事件在當時轟動了整個北京醫學界和公安部門。（百度知道，2009）[13]

這則傳說更常題為〈北京３７５路公交車靈異事件〉，約二〇〇六年後在中國網路上廣泛傳播。[14] 這時間點無疑晚於《玫瑰之夜：鬼話連篇》。故事中一樣有兩名後來遇難的工作人員（司機與售票員），故事發展也一樣是「老人先指控小夥子—兩人下車—老人揭示剛剛只是為了下車演的戲」的模式。

這個流傳廣泛的版本，比那英版更細緻。在這個故事裡，「乘客是鬼」的線索必須出現兩次。第一次是作為小夥子視角的伏筆，小夥子必須注意到這幾位乘客有點怪，但又不能看穿他們是怪物或鬼魂（否則他就應該立刻下車）。第二次是老人把小夥子拉下車後，揭露他／她看到了什麼，因此判斷「這些人是怪物／鬼」。第一次的線索必須曖昧，第二次的線索則更清晰、更關鍵。這樣一來，既能有效安排「這些乘客很詭異」的伏筆，又能在恰當時刻揭露謎底。

那英版中，小夥子注意到的異狀是「車門並沒有打開」，老頭注意到的異狀相同，但老頭還發現「乘客用飄的」。換言之，「乘客用飄的」這件事本來就存在，只是故事作者強硬的讓小夥子打瞌睡，避免讓他發現這件事，讀者也連帶一起被蒙蔽了。

〈北京３７５路公交車靈異事件〉的第一個異狀是「穿清朝服裝」，這個異狀足以使人起疑，但經由售票員解釋「北京有拍古裝戲的」，也還在合理範圍內；第二個異狀才是「沒有腳」。「沒有腳」的異狀被老太太發現也很偶然，老太太是因為車窗的風吹才發現的，那也不會是小夥子視角一定能看到的事。因此小夥子和老太太的認知落差就較為合理。整體來說，〈北京３７５路公交車靈異事件〉的線索安排較精細許多。

儘管有些問題還是無法解決，例如那英版的詭異乘客有鬼又有殭屍，複雜得很沒必要；〈北京375路公交車靈異事件〉也沒辦法解決這個「是鬼還是殭屍」的問題——雖然老太太說是鬼，但那些「鬼」身著清朝官服，完全是一九八〇年代香港殭屍電影裡的殭屍形象。這版本最具原創性的部分是結尾，包括「鮮血油箱」與「腐爛屍體」這些獵奇點。結尾提到警方的調查過程，以及舉出「《北京晚報》和《北京新聞》」等媒體，都使得這則傳說看起來更像是真的——只是看起來而已，以一些煞有介事的客觀性說法來烘托傳說的真實性，是都市傳說的典型伎倆。

在一九九〇年代或更早，中國似乎有不少這類「帶有殺意的危險乘客」傳說。一九九二年臺灣出版的《午夜怪談》中有一則相似的故事，同樣說發生在中國：

夜半乘客

「我」與同伴要去姨媽家，在凌晨兩點抵達上海，搭上了三點的公共汽車。到了其中一站，兩名身材魁梧的男人抬著一名病人上了車。病人戴著帽子與口罩，身上罩一件雨衣，身體僵直不能動彈。那三人坐在「我」和同伴的對面，「我」忍不住多看了病人幾眼，兩名大漢面露凶光，然而「我」和同伴注意到病人口罩下有拉長的舌頭，以及病人膚色青白，顯然已經是個死人。兩名大漢在外灘下車後，「我」和同伴驚恐地對司機與售票員說這件事，司機決定下車看看。四人看到那兩人抬著死屍，把死屍拋下黃浦江，駕駛員意識到不敵壯漢，一行人逃回公共汽車上，司機繞了幾圈才把

「我」和同伴送到姨媽家。（《午夜怪談》，1992）[15]

作者曾焰說這則故事是她「年少時的親身經歷」，但中國作家張震的「張震講鬼故事系列」中的〈末班車〉這一故事部分與之非常相似。這則故事張震可能寫於一九九八年，前半同樣是兩名壯漢抬著死人，後半則接上了「老頭刻意誣賴小夥子偷錢」的情節——因為老頭意識到壯漢是殺人犯。[16]看來「兩名凶手抬著一具屍體」，似乎是恐怖故事裡常見的一種特定組合，某種「定番」。這樣看來，所謂「年少時的親身經歷」相當不可靠。但無論是經歷或傳說，可以看到二十世紀下半葉的中國，有著「夜半公車上會出現殺人犯、鬼魂乘客」的想像，而當這些詭異的乘客出現時，車上其他人類乘客也會陷入危險。這時其中一種自保方法，就是由意識到的人，主動發起演一齣戲——但戲要兩人合演，要是只有一方知道要演戲脫險，該怎麼辦？「誣賴對方偷東西」，正好是即便對方沒有意識到危險性，也可以在不知情狀況下配合演出、讓兩人成功下車的完美戲碼。

或許在一九九〇年代以前，中國就已經流傳某種「公車靈異」的傳說。那英上節目時，這故事便隨著收視率奇高的《玫瑰之夜—鬼話連篇》傳播出去，後續再度回到中國。如今，「北京375路公交車靈異事件」已是廣為人知的都市傳說。甚至在日文與英文世界裡，我查詢「幽靈公車」傳說，很可能會查到這則「北京公車的都市傳說」的文章或影片。

介於夢與現實的交會

午夜幽靈公車的類型有很多，有像是「文化大學２６０」那類鬼專車，也有〈北京３７５路公交車靈異事件〉這類鬼謀害司機的故事，還有一類，是「乘客誤上失事後的靈異公車」。這類故事中司機也是鬼，早已隨公車一同遭遇事故。儘管這幾種故事情節都不完全一致，卻有許多共通處，也常常被視為相似的故事。

聽到的一件鬼故事

一間偏僻的山區小學裡，一名小學生留下來寫作業。他平常搭公車上下學，但這天要回家時已經夜幕低垂。他看到了一班公車緩緩駛來，這裡的公車只有一線，他心想「應該不會有其他路線的公車吧」，於是招手上車。車上光線昏暗，他找了一個靠窗的位置坐下，打起瞌睡。醒來之後發現公車即將過橋，那是小學生的下車地點，他通知公車司機要下車，司機卻沒聽到。公車過了橋後繼續行駛，小學生很著急，司機完全不理會，小學生趁著車速減慢時跳窗下車。小學生記住了公車車牌號碼，回家跟媽媽解釋。媽媽聽到車牌號碼後倒抽一口氣，說前一晚電視新聞報導，有輛公車駛過橋時失速翻落橋下，車上乘客無一倖免，兩者車牌號碼一模一樣。那時是午夜十二點。

(BBS, 1997)[17]

〈聽到的一件鬼故事〉的原Po說，這是他的作文老師說的。故事中的主角小學生誤打誤撞，坐上了前一天早已失事的公車。在BBS上也有其他相似故事，有公車專程來載主角去到命定的事故現場，但主角卻逃過一劫。[18]儘管現在較少聽說這類「失事公車」故事，但它可能也曾經是個鬼故事子類型。

無論哪一類公車靈異，在中文世界裡最無法脫離開的要素，是「午夜」的時段。260公車是午夜末班車，香港鬼巴士和北京靈異公車也是深夜末班車，有些故事會說十一點，上了車後就差不多接近午夜十二點，但鮮少有像日本《學校有鬼，花子來了》那般、不在午夜而在白天行駛的幽靈公車。〈聽到的一件鬼故事〉甚至為了追求午夜時刻而犧牲故事的合理性。以小學生的年紀，就算在學校待得如何晚、車又開得如何慢，沒有補習的情況，回家時間應該不至於晚到午夜十二點。但這故事卻相當強調「午夜十二點」的元素，甚至放在最後一句當靈異點。

〈聽到的一件鬼故事〉提到小學生上車後打瞌睡，因此當公車出現異狀時，他以為是自己的錯覺或是夢境。「上車睡覺」也是這類午夜公車故事常見的描述，辛亥隧道笑話版提到「年輕人上車後打算睡一會，不必睜眼經過辛亥隧道」，當年輕人再醒來，就發現了笑話中誤導人的「公車上空無一人」異狀。那英版「北京午夜公車」裡的小夥子上公車也在睡覺，發現異狀「車門沒打開時」，也誤以為是自己搞錯。這些上車睡覺的環節，有讓主角保持無知的敘事作用，也凸顯出午夜公車乘客介於夢與清醒之間的精神狀態。常搭公車的人應該都理解那種感覺，上公車後感覺昏昏欲睡，一覺醒來後，卻發現景色跟剛剛入睡時完全不同，車窗外是沒看過的街道與風景。這時不確定是否已經過站，也不知道自己在哪。這些特殊體驗，再加點想像，就是奇幻或靈異。

深夜本來就是個近乎睡眠的時刻，無論是那些在這時要搭末班車回家的人，或者為了自己似乎錯過末班車而忐忑的人，都會陷入極度的疲憊與焦慮。公車意外性較高、常常不按時刻表，時常連「會不會有下一班」都無法確定。故事中的乘客沒有確認時刻表就直接上車，因此坐到「理應不存在於人間」的幽靈公車，也很合理。直到現在，即便公車站牌會直接顯示公車還有幾分抵達，也往往不準確。基於公車這般難以掌控的特性，或許無論下一班車的顯示多麼清晰，公車靈異都會永遠存在吧。

1 悄悄的我來了，〈文化的末班 260 公車〉，轉引自 tw.bbs.rec.marvel@googlegroups.com， 1996 年 6 月 28 日（https://groups.google.com/g/tw.bbs.rec.marvel/c/9Q9j0Vvg9Xk/m/n_lduKRtWRwJ ）。

2 Chiyuan，〈260 幽靈公車〉，轉引自 tw.bbs.rec.marvel@googlegroups.com，1998 年 11 月 20 日（ https://groups.google.com/g/tw.bbs.rec.marvel/c/o8KIf5vNShE/m/XbEN2ntHcTQJ ）。

3「臺北市交通局交通安全科長張仲杰指出，近 5 年來仰德大道事故共 733 件，約不到 3 天就有 1 件。」〈「仰德大道不到 3 天就有 1 件事故」臺北市研擬大型車管制及縮減車道〉，《風傳媒》，2017 年 9 月 29 日（https://www.storm.mg/article/338056 ）。

4 qpqpqp，〈仰德大道上的午夜公車〉，轉引自 tw.bbs.rec.marvel@googlegroups.com，1997 年 6 月 25 日（https://groups.google.com/g/tw.bbs.rec.marvel/c/kQRap_bpZRs/m/9cMkWduow7sJ ）

5 風和雨之戀，〈260 接魂公車的傳說〉，轉引自 tw.bbs.rec.marvel@googlegroups.com，2001 年 11 月 27 日（https://groups.google.com/g/tw.bbs.rec.marvel/c/092VzqMDd6U/m/vhRLzNgfEcEJ ）。

6〈陽明山的 260 末班車〉，「＊閱讀都市傳說＊」網誌，2010 年 5 月 5 日（https://urbanlegends.pixnet.net/blog/post/6737925- 陽明山的 260 末班車 ）。

7「玫瑰之夜 - 鬼話連篇 澎恰恰 曾慶瑜 來賓 沈洋. 闇驊 (1)」，台視 Youtube（https://www.youtube.com/watch?v=Nvh20BabAJM ）。

8 格琳，〈鬼（粉好笑）[轉載]〉，轉引自 tw.bbs.rec.marvel@googlegroups.com，2000 年 8 月 24 日（https://groups.google.com/g/tw.bbs.rec.marvel/c/-djM8uDGaO0/m/OhSXcUMBpS8J ）。

9 緣起緣滅，〈可怕的辛亥隧道〉，轉引自 tw.bbs.rec.marvel@googlegroups.com，1995 年 11 月 11 日（https://groups.google.com/g/tw.bbs.rec.marvel/c/KUzRFEAN-_Y/m/wCCydt9kl-QJ ）。

10 黃玄，《那一夜我們鬼話連篇》（禾馬文化，1994），頁 161-163。

11 孫叔叔，《老師，有鬼!（4）》（輔欣書局，1995），頁 109-124。

12「玫瑰之夜 - 鬼話連篇 澎恰恰 曾慶瑜 來賓 司馬中原. 那英」，台視 Youtube（https://www.youtube.com/watch?v=aDtoCxKenlk ）。

13 百度网友 c15f120，〈「北京 330 路神祕失踪」回答〉，百度知道，2009 年 05 月 22 日（https://zhidao.baidu.com/

question/98320648）。

14 關於此傳說研究部分可參見叶辰渊：〈“北京375路公交车灵异事件”的真相是什么?〉，知乎，2020年10月8日（https://zhuanlan.zhihu.com/p/59109406）。

15 曾焰，《午夜怪談》（知青頻道，1992），頁80-86。

16 叶辰渊：〈“北京375路公交车灵异事件”的真相是什么?〉，知乎，2020年10月8日（https://zhuanlan.zhihu.com/p/59109406）。

17 銀河英雄，〈聽到的一件鬼故事 ...〉，轉引自tw.bbs.rec.marvel@googlegroups.com，1997年1月22日（https://groups.google.com/g/tw.bbs.rec.marvel/c/MOu5rLd0wmA/m/qotBFp6KS-sJ）。

18 頑皮豹，〈詭異的故事〉，轉引自tw.bbs.rec.marvel@googlegroups.com，1998年5月6日（https://groups.google.com/g/tw.bbs.rec.marvel/c/KxYFi0TSM5w/m/0lGKcKhCTgMJ---）

結語

結語——女校的鏡子

高中那三年，我住在學校宿舍裡，那是我第一次住進宿舍。住進去之前很緊張，住進去後覺得原先的擔心是多餘的。只是宿舍生活真的很特別，早上晚上都要在地下室集合點名，點名時要注意儀容，不可以穿拖鞋。因此樓梯的其中一側，面對下樓者的轉角，非常貼心地放了一面鏡子。

直到一天，那面鏡子被翻了過去。

鏡子被翻過去不是什麼大事——但原本仰賴那面鏡子的我因此有點困擾。我確實曾經透過那面鏡子，看到我還穿著拖鞋，而回房間去換。大家盛傳鏡子翻過去的理由，是：「有同學在鏡子裡，看到了不是人的影子。」

後來每次下樓，看到被翻過去的鏡子，我就會想到這件事。

這大約是我十七歲時的事。十幾年後，在寫這本書的期間，我再度想起了這件事。

我查到一篇貼文，是關於鏡子的靈異——地點正是我住過的台中女中宿舍。

話說臺中女中宿舍的配置是這樣的，每層樓梯的轉彎處都有公共電話和一面鏡子，上下樓梯時就會照到鏡子，有整肅儀容的意思。但住了一段時間之後，就會發現其中一個地方是與眾不同的，那是在四樓的樓梯間，鏡子不知什麼時候已被拆除了，只剩一具公共電話在那裡。

詢問學姊之後，才知道四樓樓梯間不放鏡子是有原因的。那是在多年前的夏天，也就是大考將近的時候。由於大考將近，許多高三生都會熬夜讀書，其中有位學姊讀完書經過四樓樓梯間時，看見一個女子在鏡中向她招手……後來陸陸續續又有好多人遇過，包括打公共電話時也有人看到……不久四樓的鏡子就被拆除了，再也沒有裝上去過。（BBS, 2006）[1]

這篇貼文的時間是二〇〇六年，發文者這時畢業一年，聽說故事時間在二〇〇五年以前。那是我遇到「鏡子翻過去」的三年前。我看到這則資料時，彷彿觸碰到了命運。在我聽說的幾年前，同一個地方，也發生過一樣的「鏡子裡有人」靈異事件嗎？這則貼文裡說「只有四樓沒有鏡子」，但我進宿舍時，記得應該是「只有二樓有鏡子」，也就是說，二樓到三樓也曾有一面鏡子——這三年間，那面鏡子又到哪裡去了呢？難道也是被以「鏡子裡有人」為由拿掉了嗎？二樓到四樓的三面鏡子，難道就是這樣，接二連三地被以相同理由撤除或翻面嗎？

這不是我知道的唯二鏡子靈異傳聞。在這篇貼文的留言裡，一位雄女的學生說，雄女的二樓樓梯轉角處也有一面鏡子，「聽過不少同學學姊在講，那裡晚上常有人看到，有個女生在對她招手。」景美女中也有傳說，二樓中間的一面位置很奇異的鏡子，「晚上照出來的影像不是自己」[2]。

我宿舍發生的鏡子靈異，不是孤例。

假使這是小說，一定有很多可以發揮的空間吧？如果是小說，我會說，鏡子是通往異界的空間，曾經有學姊踏進去後，就一直在那裡面了。她在鏡子裡對人揮手，是想跟別人說，不要進來。

可惜這不是小說。所以我會說的是，我理解為什麼會有這些「鏡子靈異」的傳聞。

我也害怕過那面鏡子。

宿舍十點熄燈，不只寢室內大燈關閉，公共區域如樓梯也會關燈，只留下幾盞小燈。在我當值星時，負責宣布「熄燈」的人是我。所以我宣布完後，勢必要從一樓摸黑走上樓梯，走回我所住的五樓。那時候，我會害怕轉頭不小心看到那面鏡子。

我不知道在鏡子裡看到鬼影的是誰，但我膽子要是再小一點、或者走樓梯時再遇到一些風吹草動，那個人就會是我。

在高中宿舍那三年，我聽說過不少鬼故事。據說宿舍裡的綜合活動室「很陰」，有人聽過裡面發出聲音，打開時卻沒有人。綜合活動室對應其他樓層的第六寢，但不知為何，只有這層的這一間改成了綜合活動室，它的空間感，確實還是第六寢的樣子。只是撤去了書桌床鋪，鋪上木地板，十分空曠，能聽到樂器強烈的回音。我曾經在那個據說很陰的空間裡，一個人練琴。據說那一間是因為「發生了某些事」，因此才改成活動室——假使讀過〈封鎖的寢室〉那章，應該會對這說法感到一點都不陌生，是的，這也是「特別的房間」。

宿舍裡的生活按部就班，每個時間都有每個時間該做的事，但在十點熄燈後，我們是自由的。大家圍坐成一圈聊天，有時，會突然開啟「鬼故事時間」——通常都是有人先欲言又止地起頭，夾雜一些「看得到」、「那個」之類的模糊言詞，然後很快會進入正題。

聽說，我們宿舍外那排矮房有鬼。

我們宿舍門外，不知為何有一排矮房。我們點名完結伴出門時，總是會一起走過那排矮房。我對那排矮房非常在意，每次經過都會多看兩眼。但矮房外有一道牆遮擋，大門也上鎖，我只能透過低矮外牆，看到矮房內部懸掛著一些衣服，剩下是深不見底的漆黑。

還有一說，我們宿舍原本是刑場。在刑場之後，改建成為監獄，由於監獄男生多，陽氣很盛，可以鎮壓這邊的鬼魂。如今換成了女生宿舍，沒有陽氣來鎮壓了，鬼故事就多了起來。在這本書中，我聽聞的這個故事，屬於「男女宿舍對調」的陽氣主題，也屬於「學校以前是刑場」的主題。

〈格子狀的房間〉中重點講述的「找到了」故事，我也是在高中時聽說。那是當時唯一一個我聽說後，每次想起來都會害怕的故事。我腦中想起它時，永遠有一個對應的空間，那就是我高中時的宿舍。我曾經在跟著幹部一起巡視宿舍時，想起這個故事。那是所有學生都離開宿舍、幹部檢查清空、準備將宿舍上鎖之時。那時見到的宿舍樣貌令人印象深刻，平常人來人往的嘈雜宿舍，如今安靜而空無一人。那就是我生活中難以窺見的縫隙，我忍不住好奇：在我們都離開宿舍以後，這個空間會不會也有我們不知道的、它自己的故事？女鬼在空曠宿舍裡以頭跳動的傳說，聽起來就像是屬於那個奇異時空的傳說。

另外一件事，或許近到很難算是故事。

我高二時，宿舍發生了一次「靈異騷動」。某一次，一位A學姊回到寢室時，隨口呼喚了一聲室友B學姊。A明確地聽到，B從上鋪回應了一聲。但就在這時，B本人打開門，回到了寢室。

所以剛剛出聲的不是B……？

A跟B我都認識。這件事情發生時，在宿舍引起不小的騷動。在這之後，宿舍裡的學姊學妹，提起這件事都會特別小心。儘管大家諱莫如深，但如今看來，靈異騷動似乎也不是什麼太稀有的事。常光徹研究校園怪談，也提到國小學生幾乎每年都會發生妖怪騷動——這類靈異騷動，就像是校園裡的天災。

後來我有機會，跟當初那位據說「從上鋪回應」的B學姊同住一間寢室，我的床緊鄰著學姊的。某天我爬上床時，看到B學姊的床上，放了一張心經。

我當下心情很複雜。我突然意識到，我和「鬼故事主角」同住一間——但我也很同情B學姊，那表示她也很害怕吧。連她都如此害怕了，我又有什麼好怕她的呢。

這件事不會有合理的解釋。但無所謂，我從這份不合理中，領悟了很多事情。面對那張心經，我突然覺得，有某種超越真假的東西。就算那場「靈異」是一場誤會又如何？無論如何，它都已經成了一起「需要在床邊放心經」的事件。

在寫作這本書找資料時，我看到了更多「床上有人」或「床下有人」的鬼故事。[3]這些鬼故事多以經驗談的方式講述。在其他篇章，我會刪掉這種「經驗談」性質的記述，但我知道，這類故事的性質就是如此，它就是充滿經驗感。而且我理解那種「這是真的」的感受。我知道，這一切都與寢室裡的空間有關，我們寢室的床位在書桌上方，位置剛好略高於人站起來的視線，上鋪屬於寢室內的死角，死角會產生無法掌握的恐怖感——這些我都懂。但是當我聽說那些宣稱是真實的宿舍鬼故事時，我也可以懂，裡面有真實的恐懼。

我在那之前，與在那之後，都不再經歷相同的空間——我只有作為住宿生的那幾年，入住了那個上床下桌的環境。我一開始非常不習慣，但我沒有選擇。高一，十五歲的我剛住到宿舍時，我連上鋪的梯子都不會爬。爬上去還好，爬下來卻十分困難，我幾乎看不到自己身下的階梯，因此下幾階我都用跳的，有幾次落地力道比較大，發出了重重的聲音。

我不會說我討厭宿舍，或說我害怕宿舍。因為我可能連感覺都沒有。但實際上我真的沒有感覺嗎？還是我只是還沒感受到？……我有過躺在床上，跟同學學姊們持續交談，直到入睡的時光。如果沒有這些時間，我可能一輩子也無法習慣宿舍。

宿舍充滿鬼故事，除了因為它獨特的空間感，還因為它的社群特質。熄燈後圍成一圈講鬼故事的時刻，我遇到的應該不只一次吧？有時我還會在找資料過程中，再度與這些場景不期而遇，只是這回，它發生在別人生命中——有些發文者會提到，她在宿舍裡大家一起講鬼故事的時刻，聽來這個故事。

我在這種時刻聽來的「矮房裡有鬼」的故事，雖然是令人害怕的事，我竟然一點也不覺得意外。甚至在那位同學遲疑地開口的那一刻，我覺得，我和她、和在場所有的人，都變得親近了起來。我們是同樣害怕那排矮房的人了，我們是聽說過同一個鬼故事的人，我們是共享恐懼的人——「恐懼」這種心情非常幽微，幾乎就是一個人最基本而深刻的情感，而我們能夠彼此分享，表示我們比起先前，更像是同一個群體。

那年我在宿舍裡，說起來是舉目無親。我非常需要經歷某些時刻，得到一些心靈上的同伴。

我的心情，可以解釋「為什麼宿舍鬼故事特別多」——和日本以廁所為主的學校怪談相比，臺灣的校園鬼故事，宿舍的比例特別高。在準備寫這本書的期間，我跟幾位朋友聊起校園鬼故事，一說起這個話題，很多人會告訴我：「我聽說過宿舍的鬼故事。」或是跟我說：「宿舍的鬼故事很多。」

在寫作過程中，我真實體驗到，宿舍鬼故事到底多麼地多——這本書以空間編排章節，我原本天真的以為「宿舍可以一章了結」，在我最早的預估目錄裡，我甚至以為兩萬字可以寫完宿舍——現在你知道，我失敗了。十章裡宿舍占了四章，字數約全書一半。

在寫宿舍這段時我一直相當挫折：我寫完了一篇又一篇，但我還卡在宿舍裡，遲遲無法進到「廁所」。這簡直是鬼打牆。

鬼故事中的臺灣

檢閱日本的學校怪談書籍，宿舍都沒有這麼高的比例。常光徹的《學校怪談：口傳文學的研究I》以最多篇幅談論的，是廁所怪談；松谷美代子的《現代民話考》裡有一節收錄宿舍怪談，但比較故事數量、完整度、變化性、活力，都是臺灣宿舍鬼故事更突出。而意識到這個差異，就是意識到「臺灣學校鬼故事的特色」。

我在找日本學校怪談的資料時，往往看到論文引用常光徹的論點，指出「廁所和特別教室是學校怪談裡常見的空間」——要得出這樣一句概括，背後需要許多論證。日本學校怪談經過民俗學者們的研究，已經能整理出這樣一句話。學校怪談被認為承襲了日本「民俗的感覺」，所以那類廁所與特別教室的怪談，也反映了某種「日本性」吧？但是臺灣呢？臺灣的鬼故事反射出的「臺灣性」又是什麼？

我不敢保證我能回答這個問題。但我想我如今可以概括地說：

1.臺灣校園鬼故事中，宿舍故事最為突出，數量與完整度都超越其他空間的故事類型，可說是臺灣校園鬼故事的代表。

2.和日本相比，臺灣以大學為主要流傳地的鬼故事比例相當高。臺灣不少校園鬼故事，都以某大學為著名產地——臺大醉月湖女鬼、東海女鬼橋、政大屍水宿舍、宿舍文化大學大仁館、清華大學兒童樂園、中興大學綜合大樓……但相同的狀況，並未在日本的學校怪談裡看到。相對地，日本學校怪談的相關作品，呈現的空間多是高中以下：常光徹當初以中學生為研究對象，以眾多學校怪談為創作來源的《靈異教師神眉》場景設定為國小，比較近一點的學校怪談主題漫畫《地縛少年花子君》則以高中為背景。

「大學鬼故事多」和「宿舍鬼故事多」，其實是同一件事。說起來，宿舍鬼故事也以「大學宿舍」為主。大學以下雖然也有宿舍，如我高中所住的宿舍，但大學恐怕還是多數人初次離家、住進宿舍的階段。為什麼大學生愛講傳說呢？除了宿舍本身的特殊性與社群特性以外，應該也和媒介有關。這本書使用了大量的 BBS 備份資料，當時在 BBS 上活動的，以大學生為多。他們記錄下自己聽到的故事，而後來 BBS 又成了傳說流傳的重要媒介……這些「大學生間流傳的傳說」因此在鬼故事中佔有重要地位，如今也影響了我們對於鬼故事整體的理解。

「大學」和「宿舍」，是臺灣比較具備原生特色的兩大類型傳說。相較之下，臺灣的廁所、特別教室類傳說，就跟日本學校怪談主題重疊——說到這兩類，果然還是日本的專長。但也不能因為臺灣受到日本影響，因此就說，臺灣的校園鬼故事沒有自己的特色——兩者一比較就知道，即便是主題和日本重疊的故事，也往往帶有某種臺灣性：特別教室反映音樂、美術等課程在臺灣人生活中的陌生感，「操場上有軍人」的傳說則反映軍事要素如軍訓課在學校裡的痕跡。至於廁所鬼故事，時常結合臺灣的重要怪談空間「宿舍」，變成宿舍廁所鬼故事；廁所鬼故事中帶有轉折、更加小說化的版本，也反映BBS平台鼓勵Po文者「要把鬼故事說得好、說得恐怖」的特性。

和日本相比，臺灣校園鬼故事有特殊性，就連和臺灣更早的鬼故事相比，這批一九九〇年代鬼故事也有其特殊性——根據金儒農〈恐懼主體與異質空間的再生產〉一文，在這批鬼故事出現之前，臺灣流行的是司馬中原式的中國鄉野奇譚。戒嚴期間臺灣被視為「文化中國」，多數人對中國文化懷抱強烈認同，司馬中原的中國鄉野奇譚正符合這種文化想像。然而那些中國鄉野奇譚總在彼方，在多數人一輩子也不會去到的山東、湘西、北京，然而這些一九九〇年代的鬼故事都發生在臺灣，並且會刻意標明地點：陽明山文化大學、基隆海事職校、苗栗斗煥坪營區……在那些故事裡，地點就是鬼故事不可分割的一部分。就算不刻意標示地點的，故事也一定在臺灣。儘管中國式的鄉野奇譚能夠提供某種古老情懷，但這些在地鬼故事，更有「靈異就在這裡」、「一個不小心就可能遇到」的真實恐懼。

恐懼也是一種在地想像。這些你我都知道的、感覺發生在身邊的鬼故事，實際上是「臺灣在地感」的代表。

「寫臺灣的故事」乍看很理所當然，以臺灣文學史來看，卻要耗盡數十年奮鬥才能走到這裡。戰後反共文學占據主流聲音很長一段時間，一九七〇年代臺灣掀起「鄉土文學論戰」，其中一批倡導書寫鄉土的人，被另一批人質疑「只寫臺灣過於侷限」、「臺灣民族文化的忠誠度不足」；然而官方意識畢竟壓制不住時代浪潮，一九八〇年代鄉土文學經由改編而進入大眾視野，到了一九九〇年代，連在恐怖小說、鬼故事這般「邊緣」領地中，在地意識都已經全面占領。

鬼故事的在地轉向，意味著多數臺灣人心中這份「我活在這裡」的感覺終於落地。這本《校園鬼故事》在我的分類上屬於都市傳說系列，與《特搜！臺灣都市傳說》一樣，都談論那些「眾人信以為真，實際上並非真實」的傳說。但臺灣對於「鬼故事」，可以說，有比都市傳說更特殊的認定。

在BBS上，可以看到幾篇貼文中，原Po發表完後還問：「夠恐怖嗎？」底下也會有人留言「這篇寫得好」，或者提出故事的某些疑點（「他是怎麼知道的呢？」）。這些「宣稱是真實」的鬼故事，實際上帶有「虛構」的創作成分。而發表者與閱讀者，應該其實對此有認知。因此，鬼故事的真實性位置變得相當奇妙：它必須是一則完整的好「故事」，但它恐怖，又是因為它被認為是「真實的」。若是對小說文類略有了解的人都知道，「真實」跟「好故事」不可能同時成立，好故事往往經過虛構的變造——這就是為什麼「小說」必須視為虛構，就算小說家們以事實為本，在追求小說好看的寫作過程中，也會有意無意的偏離事實。

BBS文章之所以有這樣的特性，應該與略早的鬼故事集形式有關。《校園鬼話》這類書實際上屬於「恐怖小說」，不過敘事者常常是第一人稱，打造出一種「真人實事」的效果。這類「帶有真實感的第一人稱恐怖小說」，有不少被張貼到 BBS 論壇中，影響了 BBS 講述鬼故事的形式。

因此本書收錄的校園鬼故事，包含很多創作色彩濃烈、高度小說化的例子。這些故事因為以文字寫下，帶有強烈的書面特性。和日本學校怪談研究中，主要由學者寫下採集故事不同，因此那些故事多半梗概鮮明、較少鋪陳。這兩類材料放在一起比較，或許不能全然反映實情，但無論如何，我是一個在二〇二三年做一九九〇年代研究的人，我已經錯過了那個口傳的時代，唯一能讓我時光旅行的只有文字。而臺灣鬼故事的文類特色，我想應該也可以說，「這很臺灣」。

現在的學生還流傳校園鬼故事嗎？

校園鬼故事曾經有它的輝煌時刻，在本書裡屢次引用的羅問《校園鬼話》出版於一九九二年，曾經在學校裡擁有不少讀者。一九九四年時，記者訪問國中學生，詢問受訪者是否聽過《校園鬼話》裡「學校動物雕像半夜會動起來」的故事」，那名學生回答他沒有聽過，但他覺得很有趣，未來會去找書來看。

我在二〇二二年時去到新北市明德高中，在那邊發了一批問卷，詢問學生聽過的校園鬼故事。其中好幾個人，回答了「三峽國小半夜十二點時，大象溜滑梯會走動、踩死人」的故事，顯然這傳說曾經流傳在三峽國小中。在我寫這本書的期間，我去臺北市中正區公所演講，在場的都是十二歲以下的小朋友，我問「有沒有人聽說過學校的鬼故事」，其中一位很小的小孩很努力的告訴我，「學校裡的動物雕像會動」。

從一九九二年到二〇二三年，經過了三十年。三十年前的國中生，如今已是四十幾歲的青壯年，他們居然與只有我半身高的小孩一樣，腦中都曾有過「學校裡的動物雕像」會動的想像——這不是很不可思議嗎？雖然不少學校鬼故事到今日的流傳痕跡已經變少了，但沒有絕跡。未來，應該還會繼續流傳下去吧。

---

1 毛球呼嚕羽小靈，〈[校園] 台中女中——樓梯間的鏡子〉，轉引自 tw.bbs.rec.marvel@googlegroups.com，2006年6月26日（https://groups.google.com/g/tw.bbs.rec.marvel/c/NNwL8i3SSU0/m/GM5nm1qi3UsJ）。

2 wujowei，〈【分享】景美的鬼故事...?〉，Deep Blue深藍論壇，2004年4月23日（https://www.student.tw/topic/264-【分享】景美的鬼故事/）。

3 或比如這個跟我當初聽說很像的故事：mrqbaby，〈Re:［閒聊］大家來分享雲科鬼故事吧!~〉，2008年3月30日（https://www.ptt.cc/bbs/NYUST/M.1206851885.A.7C4.html）

國家圖書館出版品預行編目資料

必修！臺灣校園鬼故事考/謝宜安作. -- 初版. --
臺北市：蓋亞文化有限公司, 2024.02
面； 公分. -- (知識樹；10)
ISBN 978-626-384-080-5(平裝)

1.CST: 社會史 2.CST: 鬼靈 3.CST: 報導文學
4.CST: 臺灣

540.933 112022200

知識樹 010

必修！臺灣校園鬼故事考

作　者　謝宜安
黑白插畫　Kan
彩色插畫　安品
設　計　莊謹銘
編　輯　沈育如
總 編 輯　沈育如
發 行 人　陳常智
出 版 社　蓋亞文化有限公司
地址：臺北市 103 承德路二段 75 巷 35 號 1 樓
電話：02-2558-5438　傳真：02-2558-5439
電子信箱：gaea@gaeabooks.com.tw
投稿信箱：editor@gaeabooks.com.tw
郵撥帳號 19769541　戶名：蓋亞文化有限公司
法律顧問　宇達經貿法律事務所
總 經 銷　聯合發行股份有限公司
地址：新北市新店區寶橋路二三五巷六弄六號二樓
電話：02-2917-8022　傳真：02-2915-6275
港澳地區　一代匯集
地址：九龍旺角塘尾道 64 號龍駒企業大廈 10 樓 B&D 室
電話：+852-2783-8102　傳真：+852-2396-0050
初版二刷　2024 年 05 月
定　價　新台幣 499 元
Published and printed in Taiwan

ISBN 978-626-384-080-5